메이지의 도쿄

메이지의 도쿄

논형

❖ 메이지의 도쿄 시가지 지도

1890년경으로 상정한 지도이지만 이전에 없어진 건물과 이후에
건설된 건물도 표시되어 있다.

1 니쥬바시
2 구스노키공 동상
3 경시청(M.44)
4 제국극장(M.44)
5 상공회의소
6 미쓰비시 2호관
7 미쓰비시 1호관
8 도쿄부청
9 경시청(M.7)
10 지폐료
11 일본은행
12 미쓰코시
13 니콜라이 대성당
14 야스쿠니 신사
15 다케하바시 진영
16 등명대
17 포병공창
18 육군사관학교
19 동궁어소
20 노기 저택
21 히카와 신사
22 히에 신사
23 육군성
24 참모본부
25 외무성
26 고후대학교
27 국회임시의사당
28 해군성
29 고등재판소 · 대심원
30 사법성
31 히비야 공원
32 로쿠메이칸
33 제국호텔
34 닛포샤
35 하토리 시계점
36 이와타니 담배
37 가부키 극장
38 쓰키지 세이요켄
39 농상무성
40 해군병학교
41 훈맹원
42 호라이샤(제15은행)
43 체신성

44 엔료칸
45 쓰키지호텔
46 신토미 극장
47 쓰쿠다지마
48 옷카이토 에키테이료
49 제일국립은행
50 시부사오 저택
51 개척사매팔소
52 도미오카 하치만
53 에코인
54 국기관
55 센소지
56 나카미세
57 파노라마관
58 료운가쿠
59 마쓰치야마 쇼덴
60 미카에리 야나기
61 오도로키 신사
62 사이고 동상
63 우에노 세이요켄
64 도쇼구 궁
65 동물원
66 미술학교
67 음악학교
68 제실박물관
69 야나카 덴노지
70 야나카 묘지
71 네즈 신사
72 간쵸로
73 아카몬
74 유시마 덴신
75 간다묘진
76 고이시카와 식물원
77 고코쿠지
78 아카기 신사
79 아오야마 묘지
80 일본적십자병원
81 센카쿠지
82 게이오 대학
83 조죠지
84 고요칸
85 아타고야마

A 다케야 선착장
B 야마노슈쿠 선착장
C 아즈마바시
D 고마가타 선착장
E 우마야바시
F 오쿠라 선착장
G 후지미 선착장
H 료고쿠바시
I 신오바시
J 나카스 선착장
K 에이타이바시
L 오이아이바시
M 쓰쿠다 선착장
N 쓰키시마 선착장
O 가치도키 선착장

(주) 고토토이바시, 기요스바시,
가치도키바시 등은 모두 쇼와
시대에 다리 놓음

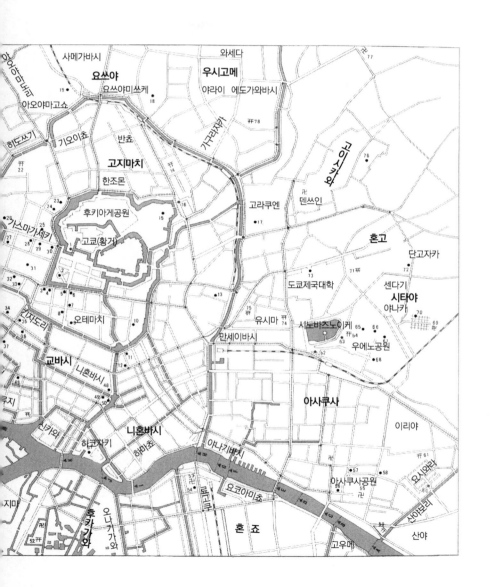

제8부 메이지의 쇠퇴기

일본의 연호일람

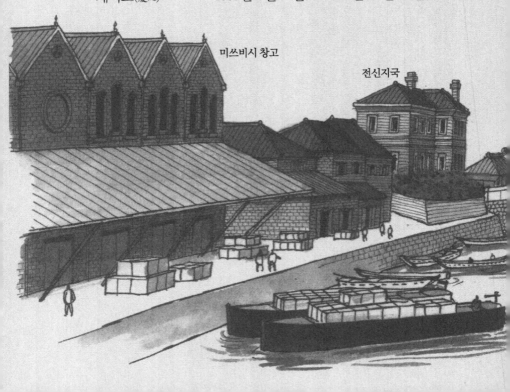

미쓰비시 창고

전신지국

메이지(明治) 明治天皇　1868년 10월 23일 ～ 1912년　7월 29일(明治 45년)

다이쇼(大正) 大正天皇　1912년　7월 30일 ～ 1926년 12월 24일(大正 15년)

쇼와(昭和) 昭和天皇　1926년 12월 25일 ～ 1989년　1월 7일(昭和 64년)

헤세이(平成) 平成天皇　1989년　1월　8일 ～ 2019년 4월 30일(平成 31년)

레이와(令和) 令和天皇　2019년　5월　1일 ～

니혼바시

메이지 초기의 니혼바시

어시장

제 1 부

문명
개화

제1부
문명개화

메이지시대가 시작되다

메이지시대는 1868년에 시작되었다. 이 해는 게이오慶應 4년
이었지만 9월 8일(양력 10월 23일)부터 메이지 원년이 된 것이다.

메이지 이후부터 다이쇼大正, 쇼와昭和, 헤세이平成라는 원호는
1세1원제一世一元の制(재위기간에 원호를 바꾸지 않는 제도)이지만, 그 이전
까지만 해도 재해나 나쁜 역병이 유행하면 점이나 역학 등에 의
존해 자주 바뀌곤 했다. 만엔万延과 겐지元治는 1년 만인 이듬해에
원호가 바뀌었다. 원호가 바뀌는 것은 흔한 일이지만 이번에는
사정이 달랐다. 어쨌든 지금까지 천하를 군림하고 있던 도쿠가와
德川 막부가 무너지고 세상은 한순간에 정권교체라는 소용돌이에

휘말렸다. 정권교체라고 해도 현대의 그것과는 사정이 많이 다르다. 일본 역사에서도 최대라고 할 만한 큰 변화가 일어난 것이다.

새해 벽두 1월에 도바·후시미 전투鳥羽伏見の戰い에서 막부군이 관군(삿쵸도히)[1]의 막부토벌연합군에게 패하여 5월에는 에도성을 관군에게 내주게 되었다. 하타모토旗本 등 막부幕府(쇼군을 중심으로 하는 무사정권)의 잔당은 쇼기다이彰義隊(15대 쇼군의 경호를 목적으로 결성된 부대)를 결성하고 우에노 산에 틀어박혀 저항을 시도했다. 시민 중에는 관군의 약탈과 폭행사태에 깊은 반감을 갖고 쇼기다이에게 지지를 보내는 사람도 있었지만 무심코 숨겨 주었다가 처벌되기도 했다. 오랜 기간 평화로운 시대에 익숙해진 에도의 사무라이들은 근대장비를 갖춘 사쓰마 군대의 상대가 되지 못하고 불과 하루 만에 어이없이 평정되어 버렸다. 지금 생각해 보면 세상이 크게 변화했을 터인데 대다수 일반 서민은 남에게 폐 끼치기를 아랑곳 하지 않는 무사들이 제멋대로 전쟁을 하고 있는 것으로 생각하며 대수롭지 않게 여겼거나, 혹은 직접 연루되지 않은 지역에서는 일상생활에 그다지 아무런 변화를 느낄 수 없었던 탓이었을까. 연극과 요세寄席도 평소대로 영업하고 있었고 후쿠자와 유키치福澤諭吉는 쇼기다이 진영으로 쏘아대는 대포 소리에도 근처에서 태연히 학교 강의를 계속했다고 한다.

---

1 메이지정부의 주요 관직에 인재를 공급했던 사쓰마번(薩摩藩), 쵸슈번(長州藩), 도사번(土佐藩), 히젠번(肥前藩)의 4개 번(藩)의 총칭. 웅번(雄藩).

이렇게 시대의 흐름은 어쩔 수 없이 에도에서 메이지로 옮겨가고 있었다. '왕정복고'의 구호에 실려 쇼군대신 천황이 직접 정치를 하는 메이지 신정부가 탄생했다.

이를 계기로 일본의 수도를 지금까지의 교토에서 좀 더 편리한 장소로 옮기자는 안건이 정부 내에서 나와 이런 저런 논의 끝에 에도가 정식으로 수도로 정해졌다. 에도라는 지명도 東京(도우케이라고 했기 때문에 東京=京의 속자=라고 쓴 적도 있었다)라고 변경했다. 에도는 그 누가 뭐라고 해도 일본의 중심적인 대도시였다. 막부측 대표인 가쓰 가이슈勝海舟와 관군측 리더인 사이고 다카모리西鄉隆盛가 담판하여 에도라는 도시가 전쟁을 피할 수 있었던 것도 행운이었다.

즉위한지 얼마 되지 않은 젊은 메이지천황은 교토에서 에도성으로 입성하여 새로운 수도, 도쿄의 존재를 알렸다. 그러나 그 무렵 아이즈會津와 홋카이도北海道에서는 신정부군과 옛 막부 주전파主戰波와의 공방전이 아직 지속되고 있었다. 메이지시대는 소위 '유신'의 동란 중에 막을 열었던 것이다.

이렇게 해서 출발한 것은 좋은데 신정권이라고 해도 사쓰마, 쵸슈, 도사, 히젠이라는 각 번의 대표로 구성된 정부는 별다른 정책상의 플랜과 비전을 가지고 있지 않았다. 어쨌거나 선진 서구제국을 본받고 따라잡기 위한 새 나라 만들기의 기본으로, 우선 '서구화정책'을 내걸고 일본의 제도와 관습의 서구화를 도모하게 된다. 이른바 '문명개화'가 새 시대의 키워드가 된 것이

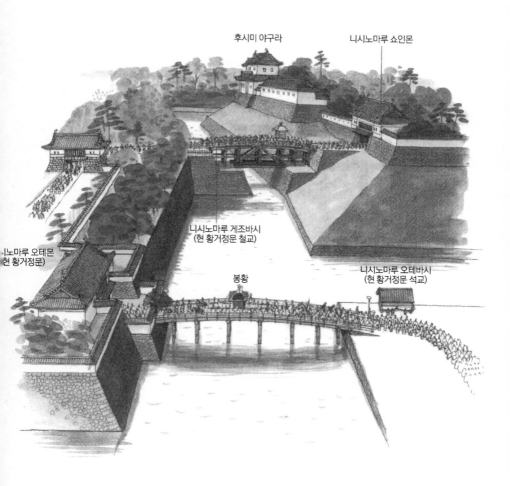

후시미 야구라

니시노마루 쇼인몬

니시노마루 게조바시
(현 황거정문 철교)

|노마루 오테몬
현 황거정문)

봉황

니시노마루 오테바시
(현 황거정문 석교)

천황 에도성에 들어가다

메이지 원년(1868) 10월 13일. 메이지천황은 옛 에도성 니시노마루에 입성하였다.
앞쪽 니시노마루 오테바시. 메이지 20년(1887)에 현재의 이중 아치(Arch)의 석조교(황거
정문)가 놓였다. 안쪽의 니시노마루 게죠바시는 1614년에 조영된 이후, 이중으로 교량이
놓이게 되어 이중교라고 통칭하였고 메이지 21년(1888)에 정문철교가 되었다. 현재는 두
개의 다리를 합쳐서 '니쥬바시'라고 부르고 있다.

다. 불과 얼마 전까지 양이론자攘夷論者이던 무리가 정권을 잡자마자 180°로 바뀌었다.

그리고 메이지유신 이후의 에도막부시대에 각 국가와 맺은 불평등조약의 개정과 선진국의 국정시찰을 위해 이와쿠라 도모미岩倉具視 이하 각료 절반 이상이 2년간이나 일본을 벗어나 구미로 떠났다. 결국 국제조약에 대한 무지로 인해 조약개정은 이루지 못하고 시찰견학만 하고 돌아왔다. 이것이 메이지 4년(1871) 견외사절단으로 이를테면 국가만들기를 위한 수학여행이었다. 그 사이에 반정부군에 의한 쿠데타라도 일어났더라면 어쩔 뻔했겠는가?

근대국가건설이라는 하나의 목표를 향해 정부뿐만 아니라 각계 지도자들도 서구화정책에 동조하고 전력질주하여 서구의 기술과 문화를 섭취하고 동화하는 일에 착수했다. 온 나라가 결속하여 거기에 쏟는 열정과 속도에는 놀라지 않을 수 없었다. 정말 메이지시대는 터무니없이 정열적이고 엉망진창이라고 해도 좋을 만큼 활기가 넘치는 청년기였다고 말할 수 있다. 지금의 일본과 비교해 보면 그저 부러울 따름이다.

한편 에도시대 이후의 문화도 뿌리깊게 남아있었다. 둘은 마침내 미묘하게 얽혀 독자적인 메이지문화를 낳았다. 에도 이래의 전통과 서구의 근대문명이 뒤섞여진 이상한 이국정취야말로 메이지의 독특한 매력이라고 할 수 있을지도 모른다. 이 전통과 근대화라는 이중구조는 현대를 살아가는 우리들의 생활과 사고

방식까지 영향을 주고 있다고 여겨지는데 그 원점이야말로 메이지에서 찾을 수 있을 것이다.

메이지문화의 중심은 뭐니뭐니해도 도쿄다. 어쨌든 도쿄는 도쿠가와 쇼군이 거주한 곳으로 약 270년간 번성해 온 에도의 도시를 온전히 그대로 물려받은 수도다. 동란으로 황폐해졌다고는 하지만 메이지인이 처음으로 꿈꾼 문명개화의 중심지이며 모델도시였다.

메이지정부가 목표로 한 것은 '근대도시'로서의 도쿄였다. 그것은 어디까지나 '제국의 수도' 즉 국가의 수도로서의 딱딱한 관리사회를 의미하고 있었다. 요컨대 걸핏하면 쾌적성보다도 국가의 체면과 통치가 우선되어 정치성과 경제성을 추구했다. 그러나 도쿄의 일반시민들은 에도 이후의 시민문화를 이어받아 자유로운 생활공간을 추구했다. 메이지의 도쿄는 '천황'의 의향과 '시민'의 목소리라는 두 개의 요소가 대립과 공존하면서 성립했다고 해도 좋을 것이다.

1868년부터 1912년에 이르는 메이지 45년 동안 도쿄는 급속히 발전하고 변화했다. 우선 메이지 초기부터 시대와 함께 변해가는 도쿄의 도시모습을 상상해보자.

문명개화의 소리가 나다

메이지가 막 시작된 도쿄는 새로운 수도라고는 하지만 에도의 거리가 그대로 남아 있을 뿐, 이전보다 나아진 것이 없는 것 같았다. 나아지기는커녕 도쿄 면적의 60% 이상을 차지하고 있었던 예전의 광대한 무사의 거주지역은, 에도에서 근무하던 각 번藩들의 다이묘大名와 무사들이 저택을 버리고 각자의 고향으로 철수해 버렸기 때문에 완전히 삭막해졌다. 다이묘들의 텅빈 저택은 나무가 썩어 들어가기 시작했고, 넓은 정원은 잡초가 무성하게 자라 황폐해진 채로 거지가 들끓고 여우와 들개 소굴이 될 지경이었다. 부랴부랴 그런 황무지를 개간하여 차밭과 뽕밭을 일구도록 장려했다. 시부야渋谷의 쇼우토松濤에서 채취한 차茶

시타마치에는 인위적으로 파논 수로가 종횡으로 이어져 있었다.

는 쇼우토차라고 하여 당시에 이름 있는 상품이었다. 그러나 이 것도 단순히 즉흥적인 정책이었기 때문에 메이지 4년(1871)에는 폐지되었다.

에도에서 근무하던 50만 명이나 되는 지방무사들이 고향으로 돌아가 버리자 단골손님을 잃고 가게 문을 닫는 상인도 생겼다. 도쿄 인구는 한순간에 절반 이하로 급속히 감소했다. 18세기 초기에 이미 인구가 130만 명이나 되어 런던과 파리를 능가하 는 세계 최대의 도시였다는 에도의 인구도 눈깜짝 할 사이에 50만 정도가 감소했다.

평화로운 세월이 오랫동안 유지되어 왔다고는 하지만 결국 에도는 제도상으로 군사도시였다. 상인과 장인職人(숙련된 기술자), 그 외의 가난한 서민들도 그 덕분에 생활을 유지해왔던 것이다. 이제 어떻게 할 것인가! 상황은 참으로 사활이 걸린 문제, 황폐한 도쿄가 옛날처럼 또다시 번성하게 될런지 어떨런지. 앞날은 정말로 불안하기만 했다.

도쿠가와 막부를 대신하여 들어선 메이지 신정부는 이를테면 삿쵸(사쓰마와 쵸슈)의 점령군이기 때문에 시민들의 반정부 감정도 뿌리 깊었으며, 게다가 전쟁으로 인한 화재와 흉작 탓에 쌀값도 폭등했다. 서민의 불만은 점점 격해질 뿐. 메이지 초기 몇 년간은 생활물자의 운송도 순조롭지 않았다. 일자리를 잃어 노숙자가 늘어났고 버려진 아이들과 길가에 쓰러져 죽은 사람도 많았으며 수로에 익사자가 떠다니는 것도 드문 일이 아니었다. 혼잡한 틈을 타서 도둑과 소매치기도 횡행했고 치안은 악화되어 세상은 불안하기만 했다.

게다가 에도 막부로부터 텅 빈 금고를 물려받은 신정부는 국가 자금이 거의 한 푼도 남아있지 않아 수도재건의 목표도 세울 수 없는 상태였다. 우선 황거皇居(천황의 거처)가 된 에도성 주변의 무사의 거주지였던 넓은 저택 터를 이용해 관청과 병영 등 정부 시설을 우선적으로 정비하기 시작했다.

한편 서민이 거주하는 지역, 특히 시타마치下町² 일대는 변함없는 과밀지역으로 아직 에도의 옛 정취가 그대로 짙게 남아 있었다. 그물망사의 눈처럼 사방으로 뻗어있는 수로에는 작은 배가 수없이 오가고 강변이 초록으로 물든 스미다가와隅田川 강의 뱅어잡이와 오바야시大林의 김채취도 활발했다. 메이지 10년(1877)경까지 도쿄의 도시모습은 에도시대와 거의 변함이 없었다고 여겨진다. 사람들은 아직 촌마게(일본식 상투)를 묶었고 무사는 큰 칼과 작은 칼을 옆에 차고 다녔다.

그러나 드디어 문명개화의 물결은 확실히 도쿄 거리에 확산되기 시작했고 사람들의 생활과 풍습도 서서히 서양의 영향을 받게 되었다. 그것은 예전에 누구도 경험해보지 못한 충격적인

---

2 도쿄(에도)에서 고지대를 '야마노테(山の手)', 저지대에 있는 동네를 '시타마치(下町)'라고 한다. 대표적인 시타마치는 니혼바시(日本橋), 교바시(京橋), 간다(神田), 시타야(下谷), 아사쿠사(浅草), 후카가와(深川), 혼죠(本所) 등이다.

것이었으리라. 문명개화의 풍조는 신정부의 방침이었으나 서민 속에서도 점차로 유행하게 되었다.

시대가 변하면 풍습도 변한다. 새로운 것은 우선 양복차림이었다. 막부군이나 신정부군도 이미 일부는 서양식화 되어 양복을 군복으로 채용했다. 마침내 관청의 제복으로도 도입하고 일반인에게도 착용이 허락되었다. 당시 남성의 양복은 만텔(외투를 뜻하는 독일어)이라는 프록코트(남성용 예복)였다. 요코하마에는 이미 재봉소도 개업해 있었다.

그러나 아무리 양복을 입어도 촌마게라는 일본식 상투를 올린 머리스타일로는 모양새가 어색하다. 촌마게는 위생적인 면에서 잔기리散切り라는 서양풍의 짧은 스타일로 바꾸도록 장려했다. 조상대대로 내려온 상투를 고집하는 완고한 노인과 시타마치의 세련된 젊은이들도 있었지만 그들의 저항에도 불구하고 촌마게는 허무하게 봉건시대의 유물이 되어 점차 그 모습을 감추게 되었다. 단발은,

'잔기리 머리를 두들겨보면 문명개화의 소리가 난다'

라고 칭송되며 바야흐로 시대의 상징이 되었다. 메이지 9년(1876) 무렵에는 단발 60%, 장발 40%였다고 한다. 메이지 4년(1871)의 견외사절단 중에서 이와쿠라 도모미만 촌마게를 하고 있었는데 여행 도중에 시카고에서 단발한 것 같다. 6년(1873)에는 천황

이발소

도 솔선해서 단발하여 잔기리 머리의 유행은 급속히 전국으로 퍼져나갔다, 지금까지 머리카락을 묶어주던 에도시대의 이발소 는 재빨리 서양의 이발기술을 익혀 금세 서양식 이발소로 호황 을 누리는 가게도 생겨났다. 에도시대의 이발사인 도라키쓰虎吉 가 요코하마橫浜에서 기술자를 고용하여 가이운바시海運橋 옆에

개업한 것이 도쿄 이발소 1호라고 한다.

두발뿐 만이 아니다. 옛 무사는 사족이라는 명칭으로 바뀌었지만 큰 칼과 작은 칼을 허리에 차고 다니는 사람이 아직도 있었다. 오랜 관습으로 인해 칼 없이는 허리가 허전하다고 하지만 이것도 점차로 유행이 사라져 메이지 9년(1876)의 폐도령廢刀令에 의해 이런 위험한 관습도 마침내 모습을 감추게 된다. 이윽고 짧게 자른 머리에 서양모자를 쓰고, 양복에 구두를 신고 박쥐우산(서양우산)을 든 모습이 시대의 첨단스타일이 되었다.

메이지 5년(1872), 정부는 문명국으로서 체면을 세우기 위해 위식주위조령違式註違条令[3]을 정하고 발가벗고 거리를 활보하는 것이나 노상방뇨를 금지하는 등 도시에서의 풍속단속에 나섰다. 지금의 경범죄법과 같은 것이다.

드디어 거리에는 가스등이 점화되었다. 마차가 달리고 쇠고기 전골가게가 번성하기 시작했다. 그러나 이러한 문명개화의 새로운 풍속도 단순히 정부의 슬로건에 부응해서 갑자기 생긴 것은 아니라고 여겨진다. 근대화의 태동은 막번체제幕藩體制[4]가 흔들리고 있었던 에도 말기부터 이미 세상에 살아 숨 쉬고 있었던 것이다.

---

3 1872년에 도쿄지사가 발령한 조례로 풍속과 위생, 교통 등에 관한 경범죄를 단속하고 위반자를 처벌하는 법률이다.

4 무사계급에 의해 조직된 지배체제로 막부라는 중앙집권적인 존재이면서도 번이라는 분권적인 존재를 허용하는 체제.

흑선내항⁵ 이전부터 나가사키長崎의 데지마出島⁶를 통해 세계의 정보가 들어오고 있었다. 신변의 생활물자부터 과학, 경제, 사회제도에서 정치체제에 이르기까지 근대화의 물결은 어느새 스며들어 있었다. 우물쭈물하다가는 그 물결에 뒤쳐져 일본이 선진국의 식민지가 되어버릴지도 모른다는 두려움도 있었다. 독자적인 에도문화를 길러온 에도 토박이들의 왕성한 호기심과 이런저런 새로운 것을 좋아하고 낙천적이라고도 할 수 있는 기질이 이러한 근대화의 기운에 안성마춤이 아닐 수 없다. 막부도 어느 정도 개화에 대한 대응책을 준비하고 있었겠지만 일이 잘 이행되지 않은 채로 시대가 변해버린 것이 실상이었다고 여겨진다. 그리고 일본 전체가 새로운 통일국가로서 다시 태어나게 된 것은 역시 유신 동란이라는 쇼크치료법을 치러야만 했을지도 모른다.

사람들은 메이지유신의 변혁에 대해 존경하는 마음을 담아서 '고잇신御一新'이라고 불렀다. 이 단어에는 세상의 짜임새가 완전히 일신될 것이라는 서민의 기대가 담겨있었다.

---

5 1853년에 페리 제독이 이끄는 미국 해군 동인도 함대의 증기선 2척을 포함한 함선 4척이 일본에 내항한 사건.
6 1636년 기독교의 포교금지를 목적으로 만든 부채모양의 인공 섬. 그 후 200여 년 동안 일본 유일의 해외무역 창구 역할을 했다.

외국인이 왔다

거리에는 그때까지 본 적이 없던 서양식 건축물이 드문드문 세워지기 시작했다. 그 시작은 외국인 거류지였다.

막부는 외국무역과 해외정보의 독점을 목적으로 개항 후에도 가능한 한 외국인과 일본인의 접촉을 피하기 위해 이미 고베神戸와 요코하마의 항구 한편에 외국인 거류지를 정해두고 있었다. 메이지정부도 나가사키 데지마의 사례에서 배워 메이지 원년 11월에 도쿄 쓰키지築地에 거류지를 조성했다.

거류지는 주위를 수로로 둘러 조성한 이리후네쵸入船町, 신사카에쵸新榮町, 신미나토쵸新湊町, 아카시쵸明石町에 이어진 86000평방미터의

쓰키지 거류지

쓰키지 호텔관

나가야몬

부지가 배정되었다. 여기에 각국의 상관과 숙사가 연이어 개업하고 세관도 설치되었다.

쓰키지는 본디 에도 난학蘭学(네덜란드의 학문)의 발상지로 현대적인 분위기였다. 후쿠자와 유키치도 처음에는 뎃포즈銃砲州에서 에이가쿠쥬쿠英学塾(영문학 사설학교)를 열었는데 이것이 게이오 기쥬쿠慶應義塾의 전신이 되었다. 쓰키지에 있었던 막부의 군함조련소(나중에 해군전습소海軍伝習所) 일대도 잇따라 신정부의 해군용지

가 되어 메이지 4년(1871)에는 해군병학료海軍兵學寮(사관학교)가 신설
되었다. 현재의 국립암 센터의 구내에는 '해군병학료 터'의 비석
이 세워져 있다.

거류지에는 서양관이 늘어섰다. 일요일이 되면 교회에서 찬미
가가 흐르고 잔디 위에서는 외국인들이 스포츠를 즐기는 모습
을 볼 수 있게 되었다. 기독교 학교와 병원도 있어 마치 도쿄 안
에 작은 외국이 생긴 것 같은 형국이었다. 게다가 거류지 안에

해군병학료
(메이지 4년)

서는 치외법권이 인정되기 때문에 설사 범죄가 발생하더라도 일본의 법률은 적용되지 않았다.

거류지 가까이에 있는 옛 무사의 거주지 터에는 외국 손님을 상대로 한몫 보려는 호텔과 유곽도 들어섰다. 교토의 시마바라 에서 이름을 따온 신시마바라新島原 유곽은, 거류지에는 유곽이 필요하다는 당시의 극히 일본적인 발상에서 정부가 스스로 계획하여 지은 시설이다. 지금의 하루미 거리晴海通り의 남쪽 해변에는 거류지에 인접하여 여관과 무역소를 겸한 호텔도 개업했다. 이 쓰키지 호텔관은 도쿄에 세운 최초의 본격적인 호텔로 에도호텔이라고도 불렀다. 원래는 막부의 계획에 의해 전년에 착공한 것이었는데 메이지정부에서 그대로 계승하여 메이지 원년 11월에 완성되었다. 건축을 맡은 사람은 에도 도편수(목수 우두머리) 2대째 시미즈 기스케淸水喜助(시미즈건설 창업자)이다. 기스케는 에도성 니시노마루 궁전의 건축공사와 닛코 도쇼구日光東照宮

궁의 수리에도 참가했고, 이미 요코하마에서 서양식 건축에 관여한 경험이 있었다. 호텔관을 설계한 사람은 미국인 리차드 브리젠스Richard P. Bridgens라고 한다. 그러나 건축재와 공법은 예부터 전해 내려온 일본풍 기술을 따르지 않을 수 없어서 결국 기스케가 대부분을 맡아서 건설했던 것 같다.

완성된 쓰키지 호텔관은 기스케 자신의 독창적인 디자인이 이목을 끌었다. 외관은 토장土蔵(흙과 회로 두껍게 바름)한 것 같은 해삼벽[海鼠壁][7]이고 그 방식은 해군병학료의 외관에도 도입되었다. 지붕 중앙에는 절의 종루를 닮은 탑이 솟아 있었는데 탑으로 오르는 입구에는 보기 드문 나선형 계단이 있었다. 일본식도 서양식도 아닌 너무나도 기묘한 건축물이었지만 그 나름대로 독특한 분위기와 개성이 넘치는 건물이었다. 건물의 정면 너비는 76미터, 측면 너비 72미터, 탑의 높이는 28미터이고 방의 수는 102실이나 있었다. 바다 쪽으로는 발코니를 두르고 실내의 벽은 안료를 섞지 않은 하얀 회반죽 칠을 했고 벽지를 바른 방도 있었다. 또 곳곳에 난로가 설치되었고 검은 회반죽 위에는 아름다운 마키에蒔繪(옻칠 위에 금·은가루를 뿌린 칠공예)가 장식되어 있었다고 한다.

대지는 28000평방미터 이상 되고 바다 쪽에는 일본식 정원이

---

7 흙벽돌로 된 외벽에 네모진 평평한 기와를 붙이고 그 이은 틈을 석회로 불룩하게 만든 벽.

펼쳐져 있었다. 당시의 그림을 보면 호텔 정문은 다이묘 저택 터의 나가야몬長屋門[8]인데 건물로 들어가는 가장 중요한 현관이 어디였는지 알 수 없다. 처음에는 바다에 상륙해 입국하도록 설계되어 있었는데 외국인이 바다에서 직접 들어오는 것은 금지되어 뒷문이었던 나가야몬이 정문이 되었다고 하니 그간의 사정으로 입구사용이 달라졌던 것 같다. 호텔이라면 당연히 레스토랑도 있었을 터인데 주방도 어디에 있었는지 확실하지 않다.

이 호텔관은 개업과 동시에 새로운 명소로서 도쿄 전체의 인기를 모아 연일 구경꾼이 몰려들었다. 호텔관을 그린 니시키에錦絵(우키요에 판화의 최종 형태)는 100종류 이상이나 팔렸다.

그러나 쓰키지 거류지는 요코하마 거류지에 밀려서 별로 신통치 않았던 것 같다. 호텔경영도 초창기에는 반관반민의 형태로 기스케 자신이 맡고 있었지만 생각대로 잘 운영되지 않았던 것 같다. 그럭저럭 하는 사이에 메이지 5년(1872)의 대화재로 어이없이 소실되어 불과 3년 남짓의 짧은 역사로 문을 닫았다.

신시마바라 유곽도 생각했던 것만큼 번성하지 않아 메이지 4년(1871)에 폐지되어 보통의 저자거리가 되었고 신토미쵸新富町라는 지명으로 바뀌었다. 당시 쓰키지~요코하마 구간에는 증기선이 취항하고 있었는데 철도가 개통되어 요코하마에서 당일치기

8　일본 무가저택의 전통식 문(門)의 형식. 다이묘가 저택 주위에 가신들을 위해 나가야(長屋)를 지어 살게 하고 그 일부에 문을 연 것이 시초이다.

가 가능하게 되자 거류지는 무역지역이라기보다도 교회와 학교, 병원 등이 모인 문교지구文敎地区로서 알려지게 되었다. 쓰키지 거류지는 메이지 32년(1899)에 폐지되었지만 그 후에도 시민들은 오랫동안 이 지역이 가진 이국적인 풍취를 좋아했다고 한다.

서양 나가야 벽돌거리

메이지 5년(1872) 2월, 와다쿠라몬和田倉門(오테몬 남쪽) 안쪽의 옛 아이즈번会津藩 저택에서 발화된 화재는 교바시, 긴자, 쓰키지 일대를 남김없이 태워버렸다. 쓰키지 호텔관이 불타버린 것도 이때다. 이 화재를 계기로 도쿄를 서양과 같은 불연도시로 개조하

긴자 벽돌거리의 건축이 시작되었다.

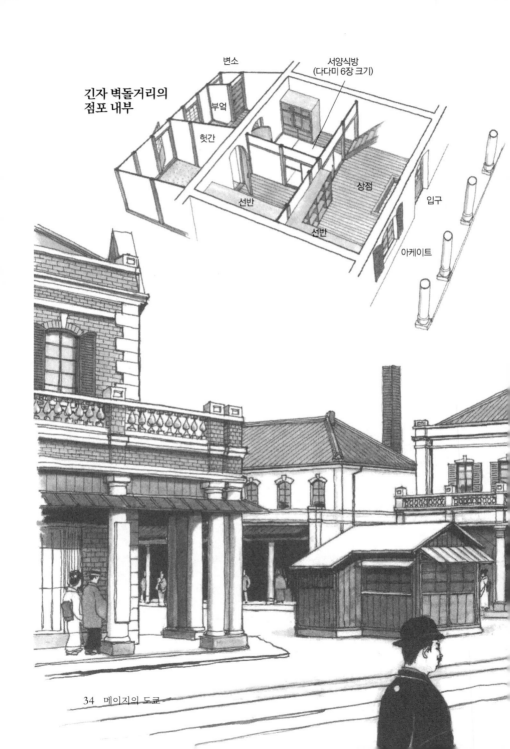

긴자 벽돌거리의
점포 내부

변소

부엌

헛간

선반

선반

서양식방
(다다미 6장 크기)

상점

입구

아케이트

려는 움직임이 급물살을 타고 신바시新橋에서 교바시京橋에 이르는 긴자 거리銀座通り(당시에는 료가에마치라고 했다)와 그 일대가 모델 지구로 선정되었다. 도쿄에서 최초의 도시계획이다.

처음 착상은 도쿄부의 안건이었던 것 같은데 새 국가의 수도 정비를 목표로 하는 국가적 사업인 만큼 대장성大蔵省이 나서서 실행에 옮기기로 했다. 도쿄 전역이라고는 말할 수 없지만 이것이 실현되면, 도쿄의 새로운 현관으로서 계획 중인 신바시역에서 쓰키지 거류지, 마루노우치丸の内 관청가, 에도시대부터 번화가인 니혼바시日本橋 방면으로 이어

긴자 벽돌거리
아사노 신문은 현재 긴자 4쵸메의
와코우(和光) 장소다.

지는 거리가 한순간에 서양화가 진행되어 새 시대 도쿄에 어울리는 새로운 도시로 변모하게 된다.

문명개화의 상징인 긴자 벽돌거리의 건설은 이렇게 해서 착수되었다. 설계와 공사 지도에는 영국인 토마스 제임스 워터스 Thomas James Waters가 맡았다. 워터스는 대장성 관련사업에 관여를 많이 한 고용외국인이었는데 정규건축가는 아니지만 당시 개발도상국을 두루 다니던 만능기술자 중의 한 사람이었다. 건축은 물론 토목, 측량, 기계 설치 등 모든 기술을 해내는 유능하고 요긴한 인물이었던 것 같다. 벽돌거리의 건설을 맡았지만 도쿄 근방에서는 아직 양질의 벽돌을 생산할 수 없었기 때문에 스스로 고스게小管(도쿄 북부)의 벽돌 공장에 최신식 호프만 원형요를 건설하여 생산과 지도를 겸했다.

이 때 긴자 거리의 화재 터는 이미 도쿄부가 강제로 매입해 땅 고르기를 하고 있었다. 6간間(약 10.9미터)[9] 밖에 안 되는 원래의 도로폭을 25간(약 45.5미터)의 넓은 거리로 계획했지만, 결국 15간(약 27미터)으로 확정되었다. 중앙 8간(약 14.5미터)은 마차길, 좌우는 벽돌과 돌을 깔아 보도를 만들고 가로수는 소나무와 벗나무, 단풍나무 등을 심기로 했다. 나중에 이들 가로수는 그다지 오래 견디지 못한다는 것을 알고 버드나무로 교체하였다. 현재도 긴자 중앙도로는 이때의 15간의 도로폭 그대로다. 중앙의 차도는 마차가

---

9 1간(間)= 6자, 약 1.818m.

달리기 쉽게 쇄석碎石을 굳힌 간이포장을 깔았다. 옆길은 8간, 뒷
길은 6간이다. 건물은 벽돌과 돌을 사용한 2층건물의 긴 형태이
고 아케이트가 있는 영국의 조지안 주택양식으로 통일되었다.

그러나 정부가 모처럼 애써 만든 벽돌거리도 처음에는 입주
신청자가 거의 없었던 것 같다. '벽돌집에 살면 푸르퉁퉁해져서
죽는다'는 소문이 돌았기 때문이다. 거주자가 없는 벽돌거리는
엔니치緣日(길일)와 길거리공연 예술가들이 임시로 빌려 곰씨름과
개춤, 원숭이연극, 로쿠로쿠비ろくろ首(목길이를 자유자재로 하는 요술),
요지경 들여다보기 등의 구경거리로 북적이는 진귀한 현상이 두
드러졌다.

벽돌거리 계획은 수도의 체제를 정비하려는 정부의 생각만으
로 진행된, 이를테면 주민부재의 지역개발이었다. 타고 남은 가
옥의 강제철거를 시작으로 벽돌구조의 비싼 건축비로 인한 집세
와 불하료 문제, 일본의 기후습도에 어울리지 않는 설계상의 약
점, 게다가 거주자의 생활양식과 맞지 않는 점도 특이할 만하다.
워터스가 계획했던 지역도 처음과 비교하면 상당히 축소되었다.
처음에 중앙도로는 가장 좋은 벽돌, 뒷 도로는 중품, 하품을 사
용하려고 했지만 그럭저럭하는 사이에 뒷 도로에는 도조즈쿠리
土蔵造り10와 누리이에즈쿠리塗り家造り11가 들어서게 되었고, 집 주

---

10 사방의 벽을 흙과 회로 두껍게 바른 내화구조로 된 집.
11 정면 2층 외벽 전체를 흙을 바르고 회반죽으로 마무리한 내화구조로 된 집.

위와 내부도 거주자가 적절하게 일본식으로 개조하는 사례가 많았던 것 같다. 실내는 약간 어두운 탓에 왠지 모르게 습할 것 같은 느낌이 들어 그다지 쾌적한 보금자리라고는 말할 수 없었다.

외관은 일관된 디자인으로 통일되어 있었지만 낮은 집들이 줄지어 있을 뿐으로 변화가 부족한, 문자 그대로 서양 나가야長屋였다. 메이지 7년(1874)경에는 중앙도로가 우여곡절 끝에 완성되었고 그 해 연말에는 가스 가로등도 켜졌다. 그러나 자금난에 부딪혀 메이지 10년(1877)경에는 계획 전체가 중단되어 버렸다.

그래도 완성해보니 당시로서는 대단히 훌륭하게 만들어졌다고 크게 호평받았고, 그 진귀함에 이끌려 구경꾼도 모여들었다. 처음에 임차인도 없던 거리였지만 드디어 세련된 상점과 신문사, 레스토랑 등이 점차로 들어섰다. 메이지 15년(1882)에는 철도마차도 개통되어 '문명개화의 연결 복도'라고 불렸다. 이렇게 해서 '긴자 거리를 한 번 보지 않으면 도쿄의 변화를 말할 자격이 없다'라고 할 정도가 되었다. 예전에 에도 제일의 번화가라고 일컬어진 니혼바시의 명성을 뛰어넘어 실로 문명개화의 상징으로서 명실상부한 도쿄 제일의, 아니 일본 제일의 현대적인 거리로서의 활기를 보여 주게 되었다.

소고기를 먹지 않으면 촌뜨기

일본인은 옛날에 소와 돼지 등의 짐승 고기를 꺼려해 먹는

규나베야

풍습이 없었다. 그러나 때에 따라서는 멧돼지와 사슴을 먹었던 듯 에도시대에는 '모몬지야ももんじ屋'라는 가게가 있어서 돼지고기와 사슴고기, 즉 모몬지(농촌에 해를 끼치는 멧돼지나 사슴 등-옮긴이)를 팔고 있었다.

육식 습관을 일본에 들여온 것은 물론 서양인이었다. 그 때문에 1865년에 요코하마에 소를 잡는 도살장이 생겼고 미카와三河 출신의 나카가와 가헤中川嘉兵衛가 모토마치元町에서 소고기 판매를 시작해 이듬해에는 에도로 진출했다. 요코하마에서는 이미 이전부터 일본인 상대로 소고기를 전골요리로 먹는 '규나 베야牛鍋屋(쇠고기 전골요리점)'가 있었고 에도에도 조금 늦게 규나베야

우에노 세이요켄은 우에노 공원이 생기기 전부터
개업했지만 이 건물은 메이지 9년(1876) 무렵이다.

메이지 6년(1873) 우네메쵸에
개점한 쓰키치 세이요켄

가 여기저기에 개업하기 시작했다. 지금의 스키야키すき焼きの 시
초로 일본식 된장(미소)을 사용한 메뉴도 있었던 것 같다.

　당시는 쇠고기를 먹는 것을 '몸보신'이라고 하여 이를테면 건
강영양식품으로 여겼다. 메이지가 되어 널리 유행하자 붉게 물
들인 천에 하얀 글씨의 '어양생우육御養生牛肉'이라고 새겨진 깃
발이 쇠고기음식점의 표시가 되었다. 그 맛이야말로 문명개화
의 맛이라고 여겨 새로운 것을 좋아하는 도쿄 토박이들이 몰려
와 '쇠고기를 먹지 않으면 촌뜨기'라고 할 정도였다. 메이지 10년
(1877)경에는 시내에 규나베야가 500채 이상 늘어났고 그중에는
체인점도 있었다. 결국 지금의 외식산업의 선구라고 해도 좋을

것 같다. 규나베야의 가게 앞은 스테인드글라스를 연상시키는 오색 찬란한 유리 미닫이문이 램프의 등불에 반짝거려 거리의 풍물에 정취를 곁들어주었다.

한편 요코하마에서는 본격적인 서양요리점도 영업을 개시했다. 도쿄에서는 메이지 초기에 간다에 미카와 규베三川久兵衛가 개업했고, 이어서 메이지 5년(1872)에는 기타무라 시게다케北村重威가 바바사키몬馬場先門(히비야몬과 와다쿠라몬 사이에 있었던 문—옮긴이)에 서양요리점을 열었다. 그러나 개점한 그날 메이지 5년(1872)의 긴자대화재가 발생해 소실되었고 이듬해 해군용지를 빌려 교바시 우네메쵸采女町에 새로이 '쓰키지 세이요켄精養軒'을 개업했다. 기타무라는 우에노 산 속에도 서양요리점을 개업했다. 이것이 '우에노 세이요켄'이다. 교토 출신인 기타무라는 이와쿠라 도모미 등과 연줄이 있었던 것 같다. 지금 보아도 시노바즈노이케不忍池 연못이 한 눈에 내려다보이는 최고의 입지조건이다.

쇠고기 전골이 서민의 맛이었던데 반해 서양요리는 처음에 그다지 인기가 없었던 듯하다. 그러나 궁중에서 외국의 왕족과 사신들을 대접하는 요리는 모두 프랑스식을 채용했기 때문에 상류가정에서는 금세 서양요리의 인기가 높아져 요리점도 번창하게 되었다.

우유, 버터, 치즈, 빵, 아이스크림, 커피, 라무네(레모네이드), 맥주…… 등의 서양식품도 막부 말기부터 메이지 초기에 일본에 들어왔다. 육식과 유제품 수요를 예측하여 낙농이 장려되었다.

드디어 도쿄 여기저기에서 젖소목장을 경영하는 사람이 나타났다. 처음에는 시바芝와 고지마치麴町 등 도심부의 무사가 거주하던 지역에 많았던 것 같은데 머지않아 시가지 주변으로 옮겨갔다. 아오야마靑山에는 개척사開拓使의 모델농장도 개설되었다. 개척사는 홋카이도를 국내식민지로 개척할 목적으로 메이지 초기에 설치된 행정기관이었는데 활동은 그다지 하지 않고 메이지 15년(1882)에 폐지되었다.

메이지 2년(1869) 무렵에는 이미 시내에 빵집이 있었는데 빵을 먹는 식사가 각기병에 효과가 있다고 하여 번성하게 되었다. 당시는 각기병으로 고생하는 사람이 많았던 것 같다. 긴자에 점포를 냈던 기무라야木村屋는 일본인 입맛에 맞게 쌀누룩 반죽에 팥소를 넣은 팥빵을 고안해내어 인기상품이 되었으며 메이지천황도 이 빵을 좋아해서 궁내성의 어용상인이 되었다.

아이스크림이 처음으로 도쿄에서 판매된 것은 메이지 11년(1878)의 일이다. 후게쓰도凬月堂가 제조해 판매를 했다고 하는데 상당히 고가의 사치품이었던 것 같다. 전술한 나카가와 가헤는 홋카이도의 하코다테 고료가쿠五稜郭의 천연얼음을 잘라내어 도쿄로 들여와 냉장용으로 사용했다. 긴자의 하코다테야函館屋는 이 얼음을 사용하여 빙수를 판매했는데 냉방시설이 없던 시절이었으므로 서민도 대단히 좋아했다고 한다.

여러 종류의 마차

승합마차

우편마차
(메이지 5년)

포장마차

경쾌차

상자형 마차

거리에 차가 달리다

그때까지는 차車라고 이름 붙어진 것은 위(상급자)로부터 제한
되어 기껏해야 짐수레와 달구지 정도 밖에 없었다. 메이지가 되
어 이 규제가 완화되자 금세 차車라는 글자가 붙은 교통수단이
크게 유행하게 되었다.

우선 서양인이 마차를 들여와 거류지에서 타고 다녔는데 그
속도에 놀라 사람들은 눈이 휘둥그레졌다. 이것을 흉내 내어 정

부고관과 실업가들도 마차를 신바람 나게 타고 다니게 되었고 마침내 민간에서도 상인마차, 짐마차와 함께 승합마차(옴니버스)가 등장했다.

메이지 7년(1874), 시모오카 렌죠下岡連杖는 요코하마에서 도쿄

여러 종류의 인력거

아치형 인력거

메이지 4년의 인력거

메이지 7년경의 2인승(합승 구루마)

검은 칠을 한 포장인력거의 표준형

3륜 인력거 (3대 히로시게의 니시키에에서)

구간 에 게이하마京浜 승합마차를 개업했지만 철도에 눌려서 결국 폐업하게 되었다. 그러나 승합마차, 통칭 가타마차ガタ馬車(덜컹 덜컹 마차)는 도쿄시내에서 유일한 대중교통기관으로 발전하여 각 노선에서 삐용삐용 나팔소리를 울렸다. 그중에는 2층구조로 된 마차도 나타났지만 당시의 도로사정으로는 위험하다고 여겨 1개월 만에 운행을 금지했다고 한다. 철도마차가 개통한 후에는 승합마차는 주로 도심에서 먼 지역을 왕래하는 원거리용으로 이용되었으며 지방에서도 오랫동안 많은 활약을 하였다.

만담가인 다치바나야 엔타로橘家圓太郎는 만담의 무대에 나팔을 가지고 들어가서 승합마차의 마부 흉내를 냈던 것이 큰 인기를 얻어 일약 스타가 되었다. 그 이후 승합마차를 흔히 '엔타로 마차'라고 부르게 되었다.

그러나 지금까지 한가롭고 안락한 도보 중심의 교통시스템은 갑자기 생겨난 마차의 스피드와 중량을 감당하기에는 상당히 무리가 있었을 것이다. 첫 번째로 포장도로도 없고 도로폭도 메이지 초기에는 아직 에도시대 그대로였다. 그런 도로상황에 맞는 경량소형의 시티코뮤터(도심형 초소형 이동수단)로서 등장한 것이 인력거다. 사람을 태우고 사람이 끈다는 것은 일본인의 체질에 맞는, 과연 일본적인 시스템이라고 할 수 있겠다. 차바퀴가 지닌 효율면에서의 장점은 인건비도 절반으로 해결되니 가마와는 비교가 안 된다. 이것이야말로 문명개화의 일대진보였다. 이리하여 인력거는 발명 이래 50년 이상 사람들의 발이 되었고 일본 최대의 발명이라고까지 일컬어졌다.

메이지 3년(1870)에 인력거의 제조와 영업을 신청한 사람은 이즈미 요스케和泉要助, 다카야마 고스케高山幸助, 스즈키 도쿠지로鈴木德次郎의 이름으로 되어 있는 것을 보니 이 세 사람이 발명한 것이라고 여겨진다. 처음에는 다다미를 깐 다이하치 구루마大八車(화물운송에 사용된 목재 인력 짐차)의 네 귀퉁이에 기둥을 세우고 천장을 단 어설픈 형태였던 것 같다. 그러나 점차로 개량되어 가볍고 맵시 있는 훗날과 같은 경쾌한 모습으로 발전했다. 한때는 2인승 합승인력거도 유행했다. 초기에는 차체를 마키에蒔繪[12] 장식으로 꾸며 화조, 산수, 미인화, 무사 그림 등으로 화려함을 경쟁했다고 하는데 메이지 6년(1873) 말 이후는 검정이나 빨강 단색을 이용했다고 한다.

이 무렵은 아직 특허법이 없었기 때문에 이즈미 외 2명은 발명자로서의 이익은 보호받지 못했지만, 그 대신 차체 제조와 동시에 택시영업을 허가받아 발기인으로서 영업권을 독점하게 되었다. 인기에 힘입어 영업희망자도 많았고 신규가입자에게는 영업허가증을 발행하기도 했다.

역 광장이나 다리 옆에는 쓰지구루마辻車(길가에서 손님을 기다리는 인력거)의 정류장이 있어 핫피半被(옷깃에 옥호나 상표 등을 염색한 전통의상)와 통좁은 바지, 만두모양의 삿갓에 짚신을 신은 인력거 인

---

12 금·은가루로 칠기 표면에 무늬를 놓는 일본 고유의 칠공예.

부들이 떼지어 모여 손님을 기다리고 있었다. 실업가와 관료, 의사와 정치가 등은 대체로 자가용 전속 인력거꾼을 고용하고 있었다. '구루마야도俥宿'는 지금의 콜택시 영업에 해당하는데 이들 중에는 도로를 다니면서 손님을 찾는 영업전문의 '모우로朦朧(몽롱, 유령)'라고 하는 수상한 인력거꾼도 많았다. 이들은 여성손님에게 부당한 요금을 청구하는 등 에도시대의 악덕가마꾼 같은 존재였다. 운임료는 10리(4키로미터)에 8전이었다. 목재 차바퀴에 철 타이어가 끼워진 것은 메이지 16년(1883)경부터이고 덜컹덜컹 큰 소리를 내며 '갑니다!'라고 위세 당당하게 함성을 지르며 도쿄의 거리를 이리저리 뛰어다녔다. 자전거 바퀴살에 고무타이어가 사용된 것은 메이지 말년의 일이다.

어쨌거나 인력거의 보급은 놀랄만한 것으로 메이지 30년(1907)대에는 전성기를 맞이해 도쿄에서만 45000대, 전국적으로는 20만 대 이상 되었다. 게다가 '리키샤(인력거)'라고 불리며 중국과 동남아시아, 인도, 아프리카까지 수출되었다. 그 후 메이지 35년(1913)을 정점으로 철도마차와 시가전차 등의 교통기관이 발달함에 따라 점차 쇠퇴해갔지만 그래도 간토대지진(1923년)까지 전국에서 10만 대의 인력거가 달리고 있었다고 한다.

시모타니下谷의 죠메이지長明寺와 아오야마青山의 젠코지善光寺절의 경내에는 각각 '인력거 발명기념비'가 있다

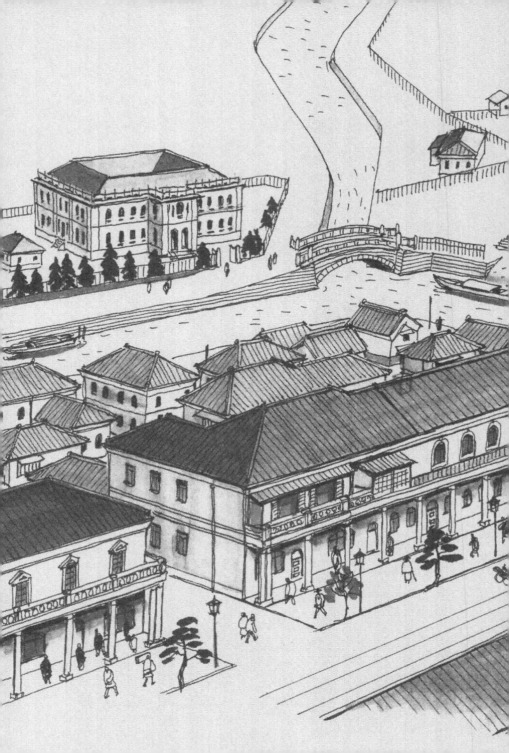

제2부

새
나라
만들기

제2부
새 나라 만들기

정부가 만든 새 공장

새 나라 만들기를 추진하기 위해서는 공업화정책, 요컨대 '식산흥업'을 서둘러야 했다. 민간자본의 힘이 아직 미약했기 때문에 정부는 우선 스스로 큰 공장을 세우고 선진국에서 기술을 도입하여 근대산업 육성을 도모했다.

예를 들면, 당시의 수출산업 중심인 생사(고치에서 뽑아낸 실)의 생산과 품질개량을 위해 메이지 5년(1872)에는 군마켄群馬県 도미오카마치富岡町에 세계에서도 유수의 대규모 제사공장이 세워졌다. 공장 건물과 기계설치는 프랑스의 선진기술이 도입되어 프랑스에서 전문기술자와 여성지도원을 초청해 지도하게 했다. 견직물은 당시 미국과 유럽 여성들에게 인기가 있었다. 이처럼 종래 일본에서 형성된 가내수공업의 제사산업은 대규모 산업으로서 대량생산방식을 확립하고 기간수출산업이 되었다. 각 지방에서 모여든 여공들은 제사기술을 습득하여 나중에 고향으로 돌아가 지도하는 위치에 섰다.

도쿄에서는 시나가와品川에 유리공장, 아카바네赤羽에 기계제작공장, 후카가와深川에 시멘트공장이 생겨 각각 모범관영공장으로서 정부의 지도하에 운영되었다. 고이시카와小石川의 포병공창과 센쥬千州의 제융공장(모직물 만드는 공장), 이시카와지마石川島의 조선소 등 군수공장의 조업도 개시되었다. 한편 민간공장은 아직 소규모였지만 미타三田와 오지王子의 제지공장이 생산을 개시했다. 이것은 지금까지 사용해 오던 일본식 종이에서 교체되어

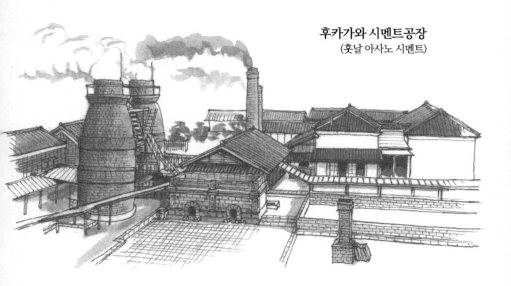

후카가와 시멘트공장
(훗날 아사노 시멘트)

지폐료紙幣寮 제조소 본관

가는 서양 종이의 수요에 대응하기 위해서였다.

이들 산업현장에는 많은 외국인 기술자가 참가하여 건축과 기계 설치, 생산지도를 담당했다. 총 3000명 이상이나 된다는 '고용외국인'들은 기술뿐만 아니라 정치, 산업, 과학, 예술 등 다 방면에서 활약하여 일본의 근대화에 커다란 역할을 담당했다.

동양의 변두리라고 할 수 있는 섬나라에 부임한 까닭에 그 대우도 예사롭지 않았다. 총리대신 이상의 급료가 지불된 경우도 적지 않았다고 한다.

그러나 이러한 모범관영공장은 이렇다 할 경영이익을 내지 못해 점차로 싸게 민간에게 매각되었다. 그 후 철도, 우편, 담배

쓰루가쵸 미쓰이 뱅크
(메이지 7년)

가이운바시

미쓰이 하우스

등의 국영사업도 소위 국가를 등에 업고 방만한 경영을 일삼는 각 기관의 관공서적인 본질 때문에 규모만 커지고, 그렇다고 해서 벌이가 된 것도 아니었다. 이 본질은 결국 공익법인 민영화가 유행하는 현재까지 계속되고 있는 것 같다.

그러나 메이지 4년(1871)에 새로운 화폐제도가 생겨나 에도시대의 료兩, 부分, 슈朱를 대신해 엔円, 센錢, 린厘이라는 새 화폐단위가 실시되었다. 지금까지는 막부가 정한 화폐 외에 여러 번藩이 각각의 번 내에서 통용되는 각종 지폐[藩礼, 한사쓰]를 발행하고 있었다. 정부는 폐번치현廢藩置県[13]과 동시에 이들 지폐를 회수하고 새 정부지폐를 발행하기로 했다.

이 새 화폐제조를 위해서 메이지 3년(1870) 오사카 덴만天滿에 조폐료造幣寮가 세워지고 이듬해에는 도쿄의 도키와바시常盤橋 안쪽에 지폐료(나중에 대장성 인쇄국)가 개설되었다. 처음에는 지폐, 우표, 공채증서 등의 공예인쇄는 외국에 발주해야만 했었다. 그런 이유에서 간혹 외국에서 위조되었다고 여겨지는 정교한 위조사건이 발생하기도 했다.

메이지 8년(1875) 이탈리아에서 동판조각가 콧소네Edoardo Chiossone를 초청하여 동판의 도안과 조각기술을 지도받았다. 그 기술은 현행의 지폐에도 이어지고 있다. 이듬해 9년에는 지폐료제

---

13 1871년 8월 29일, 261개의 번(藩)을 폐지하고 전국을 부(府)와 현(縣)으로 일원화한 근대 일본의 중앙집권 정책.

조국 본관이 준공되었다. 당시로서는 대단히 현대적인 건물로 메이지정부의 위상을 보여주는 상징이 되었다. 지금의 오테마치 大手町 체신종합박물관 일대다.

콧소네는 천황을 비롯해 오쿠보 도시미치大久保利通, 사이고 다카모리西鄉隆盛 등의 초상도 동판화로 그렸다. 메이지천황과 사이고 다카모리는 사진 찍기를 싫어했기 때문에 이 초상화가 훗날까지 사진 대신 유포되었다.

가이운바시의 천수루

환전금융업자인 미쓰이구미三井組(미쓰이 재벌)는 옛 막부정부의 어용상인으로서 큰 역할을 했지만 재정파탄 상태인 메이지정부를 상대로 적극적인 로비 활동을 벌여 정권과 밀접한 관계를 유지하면서 특권적인 상업자본으로 확대 성장해갔다.

미쓰이는 일찍부터 새 시대에 대응하는 근대적인 은행 창설을 의도하고 메이지 4년(1871) 니혼바시 가부토쵸兜町의 가이운바시海運橋 옆에 새 건축물을 착공했다. 이 건물은 미쓰이하우스라고 불렸다. 쓰키지호텔에서 실적을 쌓은 시미즈 기스케淸水喜助가 설계와 공사를 맡았다. 기스케는 호텔경험을 토대로 자기 나름의 디자인을 가미시켜 실력을 발휘했다.

그렇다 해도 이 미쓰이하우스는 좀 이상스런 건물이었다. 일본과 서양식을 절충한 5층건물로 2층 정면에는 발코니를 설치했고 사원을 연상시키는 가라하후唐破風(반곡선 형태의 지붕)가 얹힌 큰 지붕과 성곽의 천수루天守樓에 비교될 만한 파수탑 등, 온갖 이질적인 요소를 혼합하여 완성했다. 그 솜씨에 당시의 사람이라면 놀라지 않을 수 없었다. 서양식 건축을 처음 접한 일본인 목수들이 자신의 기술을 사용하여 눈썰미로 만들어낸 이러한 메이지 초기의 건축을 '의양풍건축擬洋風建築(서양건축과 일본 전통건축이 혼합된 건축)'이라고 한다. 당시의 여러 관청이 이 방법으로 건축되었고 지방의 관청과 학교 건축 등에도 커다란 영향을 주었다. 그 집대성이라고 할 만한 미쓰이하우스의 자유분방한 조형성이 가진 생명력이야말로 메이지 의양풍건축의 정점을 이룬 것이라고 할 만 하다. 사람들은 이 건물의 이상스런 매력에 눈이 휘둥그레졌고 금세 새 명소로서 도쿄 전체의 화젯거리가 되었다.

훗날 메이지정부의 요청으로 도쿄의 관청계획을 담당하기 위해 일본에 온 독일의 건축가 엔데는 미쓰이하우스의 조형을 보고 깜짝 놀랐다고 한다. 그러나 엔데Hermann Ende·베크만Wilhelm Böckmann 사무소에서 제작한 국회의사당 설계안 중에도 마치 미쓰이하우스를 떠올리게 하는 일본식이라고 할 만한 디자인이 보인다. 아마도 기스케의 디자인에서 힌트를 얻었음에 틀림없다.

새로운 제도와 씨름하기 위해서는 엄청난 비용이 필요했다. 적자 재정에 고민하던 정부는 외국에서 거액의 자금을 빌리고, 또 조세제도도 정비해야만 했다. 신정부는 발족한 이래 발행해 온 거액의 불환지폐(금화와 바꿀 수 없는 지폐)를 정리하기 위해 메이지 5

년(1872) 국립은행조례를 실시하고, 이를 위해 미쓰이하우스는 그해 6월에 완성됨과 동시에 정부로 넘어가 제1국립은행이 되었다. 국립이라고 해도 국영은행이라는 의미가 아니라 아메리카 내셔널 파크를 직역한 것이다. 국립은행조례에 따라 시부사와 에이이치渋沢栄一 등이 계획한 은행이다. 훗날의 일본은행日銀과는 별개다.

국립은행은 은행권과 금화를 교환할 수 있었는데 지폐가치가 하락하면 자금회전이 곤란하게 되어 태환제도兌換制度를 변경하는 것으로 간신히 회복했다. 이후 전국적으로 많은 국립은행이 생겼는데 마지막으로 메이지 12년(1879)의 제153은행에 이르기까지 계속 이어졌다.

미쓰이는 그 후 다시 시미즈 기스케에 의해 니혼바시 스루가쵸駿河町에 미쓰이하우스를 건설해 '외국환은행 미쓰이구미三井組'를 개업했는데 이 건물은 처음 건물만큼 박력있어 보이지 않았던 것 같다. 가이운바시의 제1국립은행은 메이지 30년(1898)에 헐려 25년의 생애를 마감했다.

징병징역 한 글자 차이

식산흥업에 힘을 쏟는 한편, 메이지정부는 여러 외국으로부터 배워 강대한 군사력을 목표로 했다. 약육강식의 세계정세 속에서 부국과 강병은 국가경영이라는 자동차의 두 바퀴에 해당했다.

메이지 4년

메이지 6년

메이지 7년

메이지 7년

메이지 19년

육군 군복

메이지 초기에는 자주 개정되었고 세이난(西南), 청일, 러일전쟁 이후도 바뀌어갔다.
병과, 계급, 계절, 정규 약식복장에 따라 종류도 많고 명칭도 많았다.

그러나 메이지 초기에는 국가직속의 군대는 없었고, 각 번들
이 변함없이 제각각 번의 병사를 고용하고 있었다. 이것을 해체
하여 새로운 군제 확립을 추진함과 동시에 직접적으로는 '폐번
치현廢藩置県'**14**에 대한 사족의 반발에 대비하기 위해 우선 메이지
4년(1871) 사쵸도(사쓰마, 쵸슈, 도사) 번의 병사 약 1만 명이 어친병御

---

14 1871년 8월 29일. 261개의 번을 폐지하고 전국을 부현(府縣)으로 일원화한 근
대 일본의 중앙집권정책 중의 하나.

親兵 즉, 조정의 상비군으로서 도쿄에 모였다. 폐번치현이 무리없이 실시된 것은 이 어친병이 엄중히 감독했기 때문이라고 한다. 그 후 근위병이라는 이름으로 변경하여 에도성 기타노마루北の丸의 시미즈清水, 옛 다야스田安 도쿠가와 저택 터에 주둔했다.

이 병영은 다케바시 진영竹橋陣營이라고 불렀다. 일본 최초의 시계탑을 갖춘 대규모 벽돌구조의 서양식 건축으로 태평양전쟁 말기까지 병영으로 사용했는데 공습에 의해 소실되었다. 현재 부도칸武道館이 있는 황거皇居의 기타노마루 부지에 해당한다. 근위병단 외에 도쿄, 오사카大阪, 나고야名古屋, 히로시마広島, 센다이仙台, 구마모토熊本에는 군사적으로 중요한 곳에 군대를 두어 지방을 지키게 했다.

그런데 에도시대까지는 전쟁터에서 싸우는 것은 직업군인인 무사의 역할이었다. 그러나 메이지가 되어 사농공상의 신분차별이 없어지자 '국민 모두가 병사'라는 원칙이 도입되었다. 메이지 6년(1873) '징병령'이 제정되어 사족 뿐만 아니라 농공상의 일반평민에게도 병역의무가 주어졌다.

그렇다고 해도 관료나 고등교육을 받은 자, 고액납세자, 호주와 그 집안의 대를 이을 자는 병역을 면제시켜 주었기 때문에 결국 상류계급과 부자는 군대에 가지 않아도 되는 것이었다. 당시 270엔円을 내면 병역면제가 되었다고 한다. 그와 반대로 일반서민, 특히 농민은 농사일로 중요한 일꾼인데 3년간이나 병역에 징집되면 매우 곤란했다. 그 때문에 징병을 반대하는 반란이 각지에서 일어났다. 서민은 비꼬는 말을 담아 '징병징역 한 글자 차이, 허리에 사벨(서양식의 긴 칼) 철쇄'라고 주장하며 어떻게든지 징병을 피하려고 이런저런 궁리를 짜냈다.

초기에는 무사와 달리 평민군대는 허약해서 도움이 되지 못할까 염려했지만 근대적인 장비훈련과 물량작전으로 메이지 10

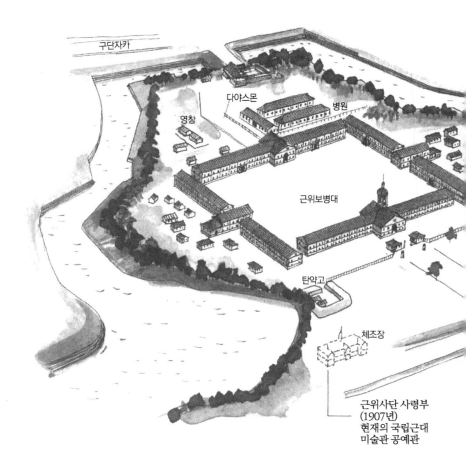

년(1877)의 세이난西南 전쟁에서는 용맹스럽다고 알려진 사이고 다카모리가 이끄는 사쓰마 무사의 반란군을 무찌를 정도로 성장해 있었다.

그러나 그 때의 논공행상(공로에 따라 적절한 상을 내림)에 대한 불만이 폭발해 이듬해 근위대 포병 이백 수십 명이 탈영반란을

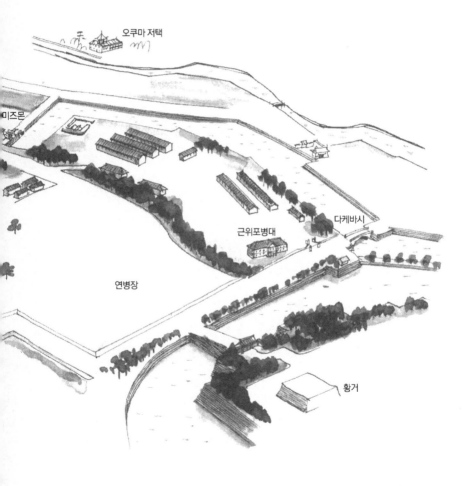

오쿠마 저택

미즈몬

다케바시

근위포병대

연병장

황거

일으켜 대장을 죽이고 오쿠마 시게노부大隈重信의 저택에 대포를 쏘고 천황에게 직접 호소하겠다는 계획된 사건이 일어났다. 이 것이 유명한 '다케바시 소동'이다. 폭동은 금세 진압되어 53명이나 되는 병사가 주모자로 체포되어 처형되었다. 그러나 내란을 진압해야하는 군대가 내란을 일으킨 것이므로 정부로서는 매우 당황하여 보도관제와 함께 군대 내의 규율관리를 엄격히 했다. 이렇게 하여 일본의 군사력은 내란진압의 목적뿐만 아니라 마침 내는 외국 군대에게도 대항할 수 있는 강력한 병력으로 육성되어 갔다.

관원 폴리스의 메기수염

왕정복고를 슬로건으로 태어난 신정부군은 그 기구도 다이카 가이신大化改新15 당시를 모델로 예스럽게 태정관제를 기준으로 삼았다. 그러나 그 내용은 왕조시대의 부활을 원하는 공가公家(조정에 출사한 사람들)와, 변함없이 무가정치를 갈구하는 옛 다이묘와 프로이센 형의 근대정치를 지향하는 개명파開明派(개화파) 관료들이 서로 견제하는 기묘한 정치체제였다. 옛 다이묘 저택을 그대로 이용한 각 관청에는 의관속대衣冠束帶(공가의 정장), 크고 작

---

15 7세기 중엽에 중국의 율령제를 본떠 왕을 정점으로 한 중앙집권적 정치체제를 구축하기 위해 이루어진 정치개혁.

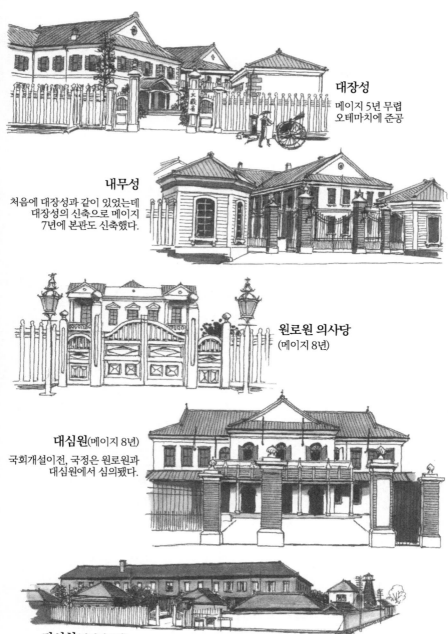

대장성
메이지 5년 무렵
오테마치에 준공

내무성
처음에 대장성과 같이 있었는데
대장성의 신축으로 메이지
7년에 본관도 신축했다.

원로원 의사당
(메이지 8년)

대심원(메이지 8년)
국회개설이전, 국정은 원로원과
대심원에서 심의됐다.

경시청(메이지 7년)
가지바시몬 안, 지금의 도카이도센이 지나가고 있는 근처.
검게 칠한 화재감시대가 세워져 있었다.

은 일본식 상투, 짧은 머리에 양복이라는 여러 부류의 관료가 섞여서 각자의 생각으로 분주하게 일하고 있었다.

처음에는 정부조직이 어지럽게 변하여 그야말로 조령모개朝令暮改, 여러 시행착오가 반복되었지만, 메이지 4년(1871)경에는 중앙정부인 태정관 산하에 대장성(현 재무성), 병부성(나중에 육군. 해군성), 사법성, 궁내성, 공부성工部省, 문부성을 두었다. 메이지 6년(1873)에 내무성이 설치되고 체제가 정비되었다. 공부성은 메이지 18년(1885)에 폐지되고 체신성과 농상무성農商務省[16]으로 계승되었다. 그 사이에 정부내에서는 오쿠보 도시미치大久保利通, 이토 히로부미伊藤博文, 오쿠마 시게노부, 이노우에 가오루井上馨 등의 개명파가 점점 실권을 잡게 되고 다른 세력은 점차로 영향력이 옅어져갔다.

관료, 즉 정부의 공무원은 관원이라고 불렀고 특히 사, 쵸, 도, 히 출신의 사족들이 세력의 폭을 넓혀가고 있었다. 관원은 국민의 공복이라기보다 서민을 억압하고 한 단계 낮게 보는 옛날부터 갖고 있는 무사기질에서 벗어나지 못한 사람이 많았던 것 같다. 그들은 서민을 위압할 것 같은 멋진 콧수염을 기르고 있었기 때문에 통칭 '메기'라는 험담을 듣고 있었다. 낮은 직급의 관리는 '미꾸라지'라고 불렀다. 콧수염도 서양인을 흉내 낸 새로운 풍속인데 에도시대에는 일부를 제외하고 금지되어 있었다. 얼마 지나지 않아 상급관원은 빈터가 펼쳐져 있는 야마노테

---

16 식산흥업정책의 일환을 담당했던 국가기관.

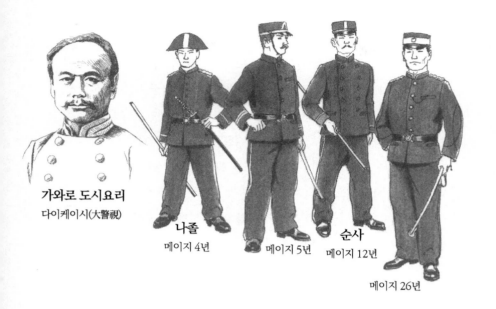

가와로 도시요리
다이케이시(大警視)

나졸
메이지 4년

순사
메이지 5년

메이지 12년

메이지 26년

山の 手에 멋진 저택을 짓고서 양복을 입고 마차나 인력거를 타고 관공서로 통근하게 되었다.

그런데 신정부가 에도에 자리 잡았던 처음에는 막부시대의 통치기구를 그대로 살려, 우선 남북의 마치부교쇼町奉行所에 행정일반을 맡겨 요리키与力[17]와 도신에게 시내의 치안업무를 맡기고 있었다. 삿쵸(사쓰마와 쵸슈)의 진주군이 갑자기 행정을 담당하면 시민의 반발을 초래할 우려가 있었기 때문이었다. 메이지 4년(1871)에 정부는 옛 무사계급 중에서 나졸 3000명을 모집하여 시내단속을 맡기기로 하고 사법성 경보료(경찰국)의 관리하에 두었

---

17 경찰·서무를 담당하던 하급관리인 도신(同心)을 지휘하던 직책.

는데 새로 내무성이 신설되자 경보료를 그 산하로 옮겼다. 메이지 7년(1874)에 새로이 경시청이 생기고 나서 나졸은 순사라고 변경하였다. 서구시찰단의 일원으로 구미 각국의 경찰을 시찰하고 돌아와 이전부터 프랑스의 경찰구조를 도입해야 한다고 정부에 진언하고 있었던 가와지 도시요시川路利良는 경시청을 발족함과 동시에 스스로 그 장관으로서 경시총감에 취임했다.

내무성 설치는 내치제일주의를 주창하던 오쿠보 도시미치가 전부터 바라던 일이었다. 그는 능숙한 정치력과 신념을 가지고 새 국가경영을 위해 권력을 중앙으로 모으고 전국의 행정을 혼자서 도맡아 관리할 수 있는 기구를 만들어 내려고 생각하고 있었다. 이것은 어느 의미에서는 국가권력 그 자체라고 할 수 있을 정도로 강력한 조직이라고 해도 좋다.

메이지 6년(1873) 내무성이 발족하자 오쿠보 자신이 그 장관[内務卿]이 되어 사실상 수상의 지위에 올랐다. 이리하여 내무성은 가와지 도시요시가 이끄는 경찰기구를 조직하고 태평양전쟁 이후에 해체되기까지, 그 후의 일본정치체제 속에서 겉으로 드러내지 않고 세력을 형성해갔다. 그 때문에 '수도'인 도쿄 역시 내무성의 관리와 지배하에 놓여 항상 그 속박을 받아왔다. 지사知事도 내무성에서 임명했으며 시민의 자치권은 그 후도 긴 세월 동안 제한되었다.

경찰도 시민을 억압하는, 국민보다 우위에 있다는 '오카미お上(공권력-옮긴이)' 의식이 뿌리 깊게 박혀 있었다. 순사는 통칭 폴리

간다 긴카소학교
(錦華小學校)

스police라고 불리며 일반인을 '어이, 이봐!'라고 반말을 사용하며 무섭게 대했다.

서생, 서생이라고 업신여기지 마라

메이지 5년(1872), 프랑스 제도를 참고로 하여 '학제'가 제정되었다. 초등학교는 의무교육이 되고 국가주도형의 근대적인 교육제도가 탄생했다.

에도의 도회지에는 서민교육기관으로서 동네의 커뮤니티도 겸한 데라코야寺子屋(서당)가 많았는데 메이지가 되어 이들은 사립 초등학교로 재편성되는 일이 많았다. 메이지 일본의 초등교육의 충실은 이러한 데라코야의 존재 덕분이었다고 할 수 있다. 의무교육과 함께 교육의 기회균등을 주장하며 신분과 빈부격차 없이 획일적으로 미국식 평등한 교육이 실시되었지만 공립초등학교의 월사금 50전은 당시의 서민에게는 부담이 컸기 때문에 데라코야와 큰 차이가 없는 이들 사립초등학교에 다니는 아동이 많았던 것 같다. 어린이를 학교에 보내게 되면 지금처럼 가업을 도울 수 없게 된다는 불만을 호소하는 사람도 있었다.

처음에는 30% 정도로 그다지 높지 않았던 취학률도 교육비의 국가보조법이 생겨 메이지 30년(1898)대에는 70%, 40년(1907)대에는 90%를 넘겼다. 초등학교의 교과서도 검정제에서 36년에는 국정교과서로 통일되었다. 초등학교 위의 상급학교로 중학교와 사범학교가 설치되었는데 학교로서 형태를 갖춘 것은 메이지 10년(1877)대 이후이고 전국적으로 일반화된 것은 30년대가 되고 나서다.

국가의 엘리트를 양성하는 고등교육기관으로서 옛 막부시대의 교육기관을 이어받아 메이지 2년(1869)에 대학 남교南校와 동교東校가 만들어졌다. 얼마 지나지 않아 개성학교와 도쿄의학교라고 이름을 바꾸고 외국인 교사를 많이 고용하여 서구식의 앞선 학문을 도입하게 되었다. 문부대신 모리 아리노리森有礼(초대 문부대신)의 학제개혁에 따라 두 학교는 메이지 10년(1877)에 합병되어 법, 문, 리, 의학부로 나뉜 일본 최초의 종합대학으로 발전하여 도쿄제국대학이 되었다. 현재의 도쿄대학이다. 또 공부성 아래에는 고후대학교工部大學校가 있었는데 나중에 도쿄제국대학에

개성학교(메이지 6년)
천황의 참관하여 개교했다.

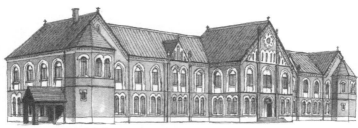

도쿄대학 법문과 교실(메이지 7년)
설계 / Josiah Conder

도쿄의학교 본관

메이지 9년. 혼고의 현 도쿄대학 구내에
세워졌다. 도쿄대학 의학부의 전신.
다소의 변경이 더해져 고이시카와 식물원
내에 이축되었다.

가쿠슈인(메이지 10년)
간다 니시키쵸(神田錦町)에 세워졌다.

합병된다. 도쿄제국대학의 예비기관으로서 대학예비문大学予備門
도 동시에 생겼다. 메이지 19년(1886)에 제1고등중학이 되는데 이
것이 옛 제1고의 전신으로 현재 도쿄대학 교양학부다.

관립학교에서는 이 밖에 사범학교, 외국어학교, 상업학교, 상
선商船학교, 육군사관학교, 해군병학교 등이 생겨 국가에 필요한
인재양성이 기대되었다.

이러한 관립 교육기관에 대해서 민간에서도 독자적인 사립학
교가 출사표를 던졌다. 그 선구가 된 것은 후쿠자와 유키치福澤
諭吉의 게이오기쥬쿠慶應義塾이다. 1858년 뎃포즈鐵砲州의 나카쓰
번中津藩(현 오이타현 나카쓰시 주변) 저택 안에 문을 연 요가쿠쥬쿠洋
學塾를 토대로 1868년 시바 신센자新錢座에 게이오기쥬크로 발족
하고 1871년 현재의 미타三田로 이전했다. 그의 저서《서양사정西
洋事情》과《학문의 권장学問の勧め》은 당시의 베스트 셀러였다. 교

토 공가의 교육기관이었던 가쿠슈인學習院도 도쿄로 진출했다. 쓰키지거류지에는 기독교 학교가 많이 생겼고 나중에 릿교대학 立敎大學과 아오야마 가쿠인靑山學院의 토대가 되었다.

메이지 10년(1877)대가 되면 법률전문학교가 많이 설립되어 훗날 호세이法政, 센슈專修, 메이지, 츄오中央 등의 각 대학으로 발전했다. 오쿠마 시게노부가 와세다대학早稻田大学의 전신인 도쿄전문대학을 설립한 것은 메이지 15년경이다. 사학은 관학官學과는 다르게 재야정신이 넘쳐나 변호사와 신문기자 등을 많이 배출했다.

메이지 5년(1872)에는 유시마 성당湯島聖堂 안에 도서관을 열었다. 이 도서관은 메이지 39년(1906)에 우에노로 옮겨 제국도서관이 되었는데 이것은 일본 최초의 국립도서관이다. 이 건물은 현재 국립국회도서관 우에노 지부가 되었다.

도쿄음악학교(현 도쿄예술대학 음악부)의 전신은 메이지 12년(1879)에 설치된 문부성의 음악취조괘音楽取調掛다. 메이지 23년(1890)에 강당 겸 홀 등으로 사용할 '소가쿠도奏樂堂'가 건립되었다. 현재는 우에노 공원 안으로 이축되어 국가의 중요문화재로 지정되어있다.

고후工部미술학교는 이탈리아에서 교사를 초청해 세운 관립 서양미술학교였는데 메이지 16년(1883)에 폐쇄되고 20년(1887)에 도화취조괘図画取調掛에서 발전하여 도쿄미술학교(현 도쿄예술대학미술부)가 생겼다. 당시 일본미술의 예술성에 심취해 있었던 미국의 철학자 어네스트 페노로사Ernest Francisco Fenollosa와 오카쿠라 덴신岡倉天心이 중심이 되어 서양화부 없이 일본화부만 설치했다. 서양화과가 설치된 것은 메이지 29년(1896)경이었다. 서양화에 대한 관심은 막말 이후 신선함에 끌려 점차로 관심이 고조되어 갔다. 사비를 들여 유럽으로 건너가 서양화를 배우고 돌아온 화가들은 서양화 학원을 열어 후진양성에 힘썼다.

학생을 당시는 서생이라고 했다. 지방 사족의 자제들은 새 시대를 맞이해 도쿄로 와서 학문에 전념하여 정치가나 관청의 공무원이 되기도 하고 혹은 실업계에 진출해 활약하게 되길 꿈꾸었다. 그들 대다수는 '고학역행苦學力行'하면서도 어떻게든 사회의 상류층으로 들어가 성공하여 이름을 날리는 '입신출세立身出世'의 꿈을 추구했다. 그러나 단순히 개인적인 출세를 위해서라기보다 나라를 부흥시키겠다는 큰 책임과 명예를 느끼고 있었던 사람도 적지 않았던 것 같다. 술을 나누며 규나베(소고기 전골요리)를 먹으면서 천하국가를 논하고,

  '서생, 서생이라고 업신여기지 마라. 대신참의도 원래
  는 서생'

이라며 고성방가하는 것이 메이지 초기 서생의 모습이었다. 그들에게 도쿄는 활력과 자유가 넘쳐나는 신천지이며 청운의 꿈을 이루게 해줄 도시였다. 그 무렵의 도쿄는 '인력거꾼과 서생의 도시'라고 일컬어지고 있었다. 인력거꾼과 서생이 엄청나게 많아서였다. 혼고本鄕에서부터 간다 일대는 하숙집과 서점이 늘어서

고 학생의 거리로 알려지게 되었다.

가조쿠華族 여학교(나중에 죠시가쿠슈인女子學習院), 아토미跡見 여학교, 다케바시 여학교, 슌타이에이와駿臺英和 여학교, 여자사범학교 등 여성들을 위한 교육도 활발해졌는데 학생은 상류계급의 양갓집 자녀가 대부분이었다. 거리를 다니는 여학생들은 머리에 리본을 장식하고 적갈색 하카마袴(겉에 입는 주름 잡힌 하의)에 박쥐우산(서양우산)을 들고 다니는 것이 당시의 최첨단을 즐기는 풍습이었다.

국비나 사비를 들여 해외로 유학하는 사람도 많았다. 메이지 3년(1870)에는 최초의 국비유학생 37명을 선발하여 이듬해에 이와쿠라 도모미 일행의 구미시찰단과 함께 59명이 도항했다. 그중에는 5명의 어린소녀들이 포함되어 최초의 여자유학생이라고 일컬어졌다. 최연소 쓰다 우메코津田梅子는 겨우 8세였는데 귀국 후 쓰다 에이가쿠쥬쿠津田英学塾의 창시자가 되었다.

유학생들은 선진의 학문과 기술을 익히기 위해 필사적으로 공부에 힘쓰고 귀국 후에는 '서양에서 유학'한 경력으로 각 계의 중요한 직책과 지도자적인 지위에서 선 사람도 많았다.

첫 기적소리 신바시

페리 제독이 처음에 일본에 왔을 때 기차모형을 쇼군에게 선물로 주었다고 한다. 그로부터 20년이 지나 메이지 2년(1869)에 드

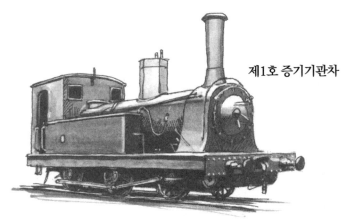

제1호 증기기관차

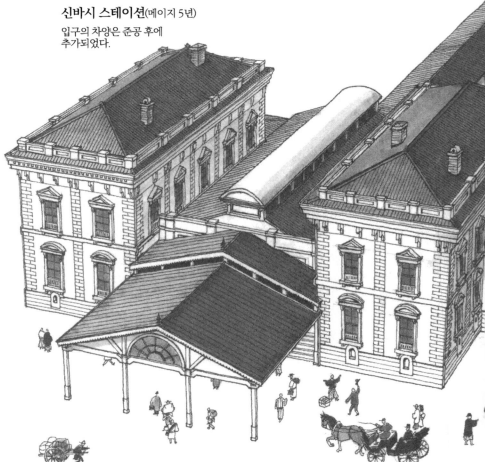

신바시 스테이션(메이지 5년)
입구의 차양은 준공 후에
추가되었다.

디어 일본에서도 철도건설안이 확정되었다.

철도건설은 오쿠마 시게노부, 이토 히로부미 등 개명파 관료가 계획하고 추진한 일대 국가적 사업이었다. 산업운송의 필요에서부터 근대적인 교통과 통신조직을 정비하는 것은 당면한 급선무였다. 철도 없이 문명국이라고 할 수 있을까? 이런 이유로 사람들에게 문명개화의 실적을 직접 실감하게 하려면 철도가 제일 빠른 길이었다.

그러나 계획을 시행하려면 국내자금으로는 어려워 자금과 기술을 선진국에 의존해야만 했다. 영국 공사 파커스Sir Harry Smith Parkes의 알선으로 영국의 오리엔탈 은행에서 자금을 빌리고, 또 철도기술자 에드워드 모럴Edward Morel을 비롯한 건설지도자와 기관사들도 영국에서 초청했다. 기관차와 레일 등의 자재도 영국에서 사들여와 이듬해부터 당장 도쿄~요코하마, 고베~오사카 구간 공사를 착수했다. 당시는 석탄도 국내산은 유통조직이 없어 영국에서 수입해야만 했다. 선로의 궤간은 모럴의 의견에 따라 3피트 6인치(1067밀리미터)의 협궤로 정했다. 이것은 나중에 일본철도의 표준궤간이 되었다. 모럴은 낯선 나라에서 과로한 탓에 결핵에 걸려 철도의 완성을 보지 못하고 메이지 4년(1871)에 도쿄에서 사망했다.

이러한 거액의 국비부담에는 정부 내의 반대도 많았다. 특히 사이고 다카모리를 우두머리로 하는 육군(병부성)의 반대의견이 강했던 것 같다. 철도보다 군비확충이 선행되어야 한다는 것이

호라이샤 蓬萊社(메이지 5년)
수출업을 하는 상사였던 것 같은데
훗날 제15은행(華族銀行)이 되었다.

신바시스테이션

호라이바시

산짓켄보리

긴자 거리

신바시

긴자에서 신바시 방면을 조망하다.

었다. 기차가 내뿜는 매연과 불가루인 연기피해를 걱정하는 지역주민의 반대도 적지 않았다. 그 때문에 다카나와高輪 부근은 용지측량을 하지 못하게 막아서 이 지역은 결국 바다를 매립하여 둑을 축조하고 선로를 깔게 되었다. 그러나 철도 반대의 선봉에 섰던 육군도 나중에 세이난 전쟁 때의 군사와 물자수송의 경험에서 결국 철도건설에 적극적인 입장을 취하게 되었던 것 같다.

이렇게 해서 다리를 놓고 산을 깎아 만을 매립하여 2년간의 강행공사 끝에, 메이지 5년(1872) 5월에는 시나가와~요코하마 구간이 영업을 시작했고 10월 14일에는 신바시~요코하마 구간의 철도개통식을 맞이할 수 있었다. 새 단장을 한 신바시역 개장식은 천황과 내외 사신이 참석하는 가운데 화려하게 거행되었다. 성대하게 장식된 식장 밖에는 불꽃을 쏘아 올리는 소리에 많은 인파가 모여들었다.

역 건물은 쓰키지호텔관 설계에도 관여한 브리젠스의 설계였다. 나무골격에 돌을 붙인 2층건물로 문명개화를 상징하는 도쿄의 현관으로서 당당한 위용을 겸비했다. 정말로 근대일본의 시발역이라고 부르기에 어울리는 존재였다. 요코하마역도 신바시와 똑같은 건물이 지어졌다. 현재 시오도메汐留의 철거부지에는 신바시역 건물이 복원되어 있다.

기차는 신바시~요코하마 구간 29km를 53분에 내달렸다. 당시의 사람들은 '육증기陸蒸氣'라고 부르고 신기하게 여기며,

'사랑의 무거운 짐을 기차에 싣고 가슴으로 불을 지
피는 육증기'

라고 노래했다.

승객이 주의해야 할 사항으로 '흡연기차 이외에는 담배를 허
락하지 않음'이라고 적었고 화장실은 없었다. 요금은 상등 1엔
50전, 중등 1엔, 하등 50전이었는데 쌀 10kg에 36전하던 시절에
제법 비쌌던 것 같다.

일본의 철도는 영국에서 개시된 이후 42년만이고, 세계에서
는 터키에 이어 16번째이다. 그러나 개업 이듬해에는 승차객이
141만 명을 넘었고, 메이지 7년(1874)에는 오사카~고베 구간, 10
년(1877)에는 교토~오사카 구간, 22년(1890)에는 신바시~고베 구
간이 개통되는 등, 그 후 철도는 눈부시게 발달했다. 그 무렵
신바시~고베 구간은 약 20시간 걸렸다고 한다.

우표에 소인

긴자의 거리가 서양풍 벽돌거리로 형태를 갖추어갈 무렵에 니
혼바시에서 에도바시江戶橋 부근에도 이에 호응하듯이 속속 서양
건축이 들어서기 시작했다. 니혼바시 남쪽 끝의 전신지국, 거기
에 나란히 욧카이치四日市 강가의 미쓰비시 창고(통칭 나나쓰구라七
つ倉), 에도바시 옆에 욧카이치 에키테이료驛遞寮(관공서 문서수발국),

그리고 가이운바시를 끼고 서로 마주보고 있는 제일국립은행 등이다. 그러나 그 외에는 어시장을 비롯해 에도시대와 조금도 달라진 것이 없었기 때문에 '니혼바시 일대 10리 이내의 문명개화'라고 비웃음을 샀던 것 같다.

현재 쇼와도리昭和通 거리에 면해있는 니혼바시 우편국 현관 밖에는 '우정郵政 업무 발상지'의 기념비가 있는데 이 장소는 예전에 에키테이료가 세워져 있던 장소다.

에도시대에 편지운송은 민간 파발이 도맡아 하고 있었다. 메이지 3년(1870)에 관청의 문서를 전국 각지로 보내는 에키테이시驛遞司가 설치되었고 마에지마 히소카前島密가 에키테이곤노가미(현재의 우체국장)의 직위에 임명되었다. 마에지마는 에치고越後 출신으로 사쓰마번과도 접점을 가지고 오

에키테이료(메이지 7년)

마에지마 히소카
(前島密)

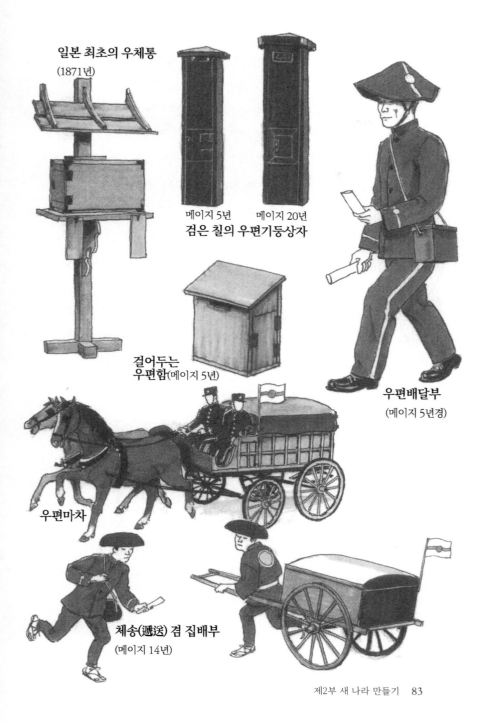

일본 최초의 우체통
(1871년)

메이지 5년   메이지 20년
검은 칠의 우편기둥상자

걸어두는
우편함(메이지 5년)

우편배달부
(메이지 5년경)

우편마차

체송(遞送) 겸 집배부
(메이지 14년)

쿠보 도시미치에게 도쿄 천도를 진언했다고 한다. 마에지마는 전부터 외국의 우편제도에 관심을 갖고 근대적인 우편제도 확립을 정부에게 진언하고 있었다. 에키테이시가 파발에게 지불하는 관청문서의 연간 비용은 엄청나게 많은 금액이었다.

그러나 외국의 우편실무가 어떻게 실시되고 있는지 실제로 본 적이 없었기 때문에 알 수 없었다. 예를 들면 우편우표는 알고 있었지만 그대로 떼어내어 몇 번이고 또 다시 사용할 우려가 있었다.

마침 그 때, 철도자금 교섭을 위해 영국으로 가는 일행에 마에지마도 동행하게 되어 각국의 우정업무를 자세히 견문할 기회를 갖게 되었다. 선진 각국에서는 우편이 국영사업으로 정비되어 우편국과 우체통, 우편마차 뿐만아니라 우편전용기차와 기선까지 갖추고 있는 것, 또 우편요금은 전국 어디를 보내도 같은 금액이라는 것을 알게 되었다. 한번 사용한 우표는 재사용 방지를 위해 스템프로 소인을 찍으면 된다는 것도 알았다.

마에지마가 열심히 연구한 덕분에 우표사용법도 알게 되었다. 이듬해인 메이지 4년(1871)부터는 마침내 우체통을 설치하고 도쿄·교토·오사카 구간에 우편업무가 시작되었다. 우편이라는 단어도 마에지마가 만들었다고 한다. 당시 도쿄에서 보내는 우편물은 요코하마는 당일 배달, 규슈의 후쿠오카福岡와 나가사키長崎는 10일째, 가고시마鹿児島에는 13일째에 배달되었다고 한다.

마에지마는 귀국 후에 우정대신에 해당되는 직책에 올랐다.

체신성(메이지 18년)

그 후 메이지 42년에는 더욱 거대한 벽돌구조의 청사를 세웠다.

에키테이시는 에키테이료로 바뀌었고 메이지 7년(1874)에 청사가 완성되어 도쿄우편관청을 병설했다. 지금으로 말하면 우정사업(체신성, 우정공사를 거쳐 현재는 일본우편이 되었다)과 중앙우편국을 함께한 것과 같은 시설이다. 메이지 8년(1875)에는 외국우편도 개업했고 일본의 우편제도는 급속히 발전하게 되었다. 에키테이료는 나중에 체신성遞信省으로 바뀌어 고비키쵸木挽町의 새 청사로 이전했다. 욧카이치의 에키테이료 건물은 메이지 25년(1892)에 개축하여 도쿄우편전신국이 되었다.

마에지마는 일본 우편제도의 아버지로서 후세에 이름을 남겼다. 그러나 이 제도가 만들어지면서 가장 곤란해진 쪽은 지금까지 이 일을 해 온 파발꾼들이었다. 마에지마는 이들의 대표와 논의하여 실업자가 된 파발꾼을 우선적으로 우편배달부로 채용하는 한편, 내국통운회사를 설립하여 우편화물의 우송업무를

맡기기로 했다. 이것이 지금의 일본통운의 시작으로 덴마 제도
伝馬制度(말로 운반하는 교통제도)를 대신해 국내화물 운송에 기여하게
되었다.

우편과 함께 메이지 2년(1869)에는 일찌감치 전신업무도 개시되었
다. 우선 요코하마에서 실시한 실지시험에서 좋은 성과를 얻어 즉시
요코하마와 도쿄에 전신국을 설치하고 이 구간 30킬로미터 남짓한 거
리에 전신주를 세우고 전선을 가설했다.

사람들은 전선을 타고 편지가 보내진다는 말을 듣고 깜짝 놀
랐다. 편지가 보내지는 것을 한번 보려고 전신주 아래에 돗자리
를 깔고 도시락을 싸가지고 와서 눌러앉아있는 사람도 있을 지
경이었다. 소포나 편지를 전선에 매달아 수신처까지 배달해달라
는 사람도 있었다고 한다. 어쨌든 전신은 '철사로 보내는 소식'이
라며 신기하게 여겼다. 전선과 전신주에 장난을 치는 사람을 감
시하는 관리인도 필요했다. 말을 타고 검은 삿갓을 쓰고 긴 장
대를 멘 일행이 전선에 휘감긴 연 등을 걷어 내기도 했다. 전신
은 테레가라프라고 불리며,

'산과 바다를 사이에 두고 살고 있어도 마음은 이어
져 있네. 테레가라프'

라고 칭송하였다.

전화가 발명된 것은 메이지 9년(1876), 그 이듬해에 벌써 일본

에 수입되었다. 처음에는 관청끼리만 연결했지만, 메이지 23년 (1890)부터는 일반용이 인가되었고 33년(1900)에는 우에노와 신바시의 역 구내에 최초의 공중전화가 설치되었다. 그 무렵에는 자동전화라고 불렀 으며 길거리에 전화부스가 설치된 것은 이듬해인 것으로 알려져 있다.

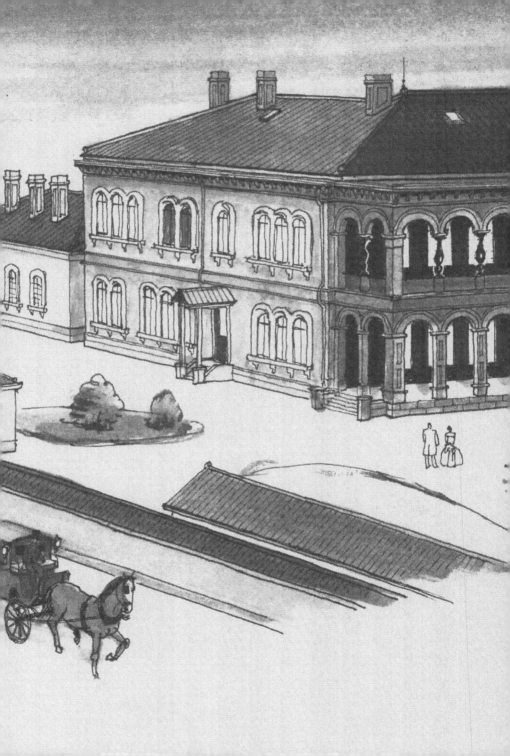

제 3 부

도시의 시설

제3부
도시의 시설

철도마차는 시민의 발

도시의 새로운 대중교통기관으로서 신바시~니혼바시 구간에 철도마차가 개통된 것은 메이지 15년(1882) 6월이다. 그때까지 모래먼지를 일으키며 달리는 승합마차를 대신해 넓은 도로 한복판에 깔린 두 개의 레일 위를 두 마리의 말이 끄는 하코마차箱馬車가 개통되었다. 차체는 영국제가 사용되었고 20~30명 정도의 승객을 태울 수 있었다. 진홍색 차체에 새빨간 깔개를 덧씌운 대형마차가 달리는 신선함은 인기 절정의 엔타로마차의 존재를 너무도 볼품없게 느껴지게 했다. 사람들은 일부러 벽돌거리까지 구경나와 볼일이 없는데도 승차해보고 흡족해하는 사람마저 있

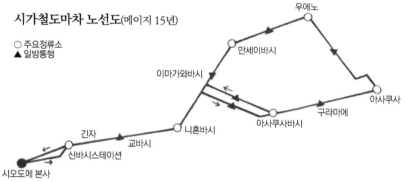

시가철도마차 노선도(메이지 15년)

○ 주요정류소
▲ 일방통행

우에노

만세이바시

이마가와바시

아사쿠사

구라마에

아사쿠사바시

니혼바시

긴자

교바시

신바시스테이션

시오도메 본사

었다. 그러나 철도마차의 출현에 위협을 느낀 쪽은 인력거꾼이
었다. 인력거꾼을 모아 '차회당車会党'을 조직해 반대운동을 벌이
는 사람도 있었지만 결국에는 양쪽 모두 이용하게 되었다.

철도마차는 머지않아 아사쿠사浅草부터 시나가와까지 노선을
연장해 신바시~우에노 구간부터 차례로 복선화 공사도 진행되
었다. 철로변 각지에는 승하객을 위한 정류소가 설치되었고, 이
후 시가전차가 개통되기까지 약 20년간 도쿄시민의 발로서 사랑

받았다.

노선은 순조롭게 연장되어 10월에는 니혼바시에서 만세이바시
万世橋를 거쳐 우에노 히로코지広小路로, 그리고 아사쿠사의 가미
나리몬雷門에서부터 구라마에도리蔵前通에 노선이 깔리고, 새로
교체되어 가설된 아사쿠사바시浅草橋부터 이마가와바시今川橋로
되돌아오는 전체 노선이 개통되었다. 전 노선에서 하루 약 30대
의 마차가 가동되어 말 2백 마리 이상이 사용되었다고 한다.

도쿄에는 지금도 일부 지역에 도덴都電(東京都電車)이 달리고 있
는데, 이 궤간軌間(철로 레일의 안쪽 너비)은 4피트 6인치(1372밀리미터)의
특수한 것으로, 메이지의 철도마차 궤간을 그대로 이어받은 세
계에서도 진귀한 것이라고 한다. 현재도 도덴 아라카와센荒川線
이외에 도큐東急 세타가야센世田谷線, 하코타테 시덴函館市電 등에
이용되고 있다.

행선지를 가리키는 빨강이나 파랑 램프를 켜고 나팔대신 딸랑
딸랑 방울소리를 울리며, 레일을 삐걱거리면서 도시의 중심가를
오가는 철도마차의 모습은 또 다른 문명개화의 상징을 만들어내
며 메이지 20년(1888)대의 도쿄를 대표하는 풍물이 되었다. 시속 8
킬로미터 속도로 신바시~니혼바시 구간을 14분 정도에 달렸다.
그러나 레일이 오목형 단면이었기 때문에 토사가 쌓이기 쉽고 인
력거꾼들의 방해로 인해 곡선 구간에서 자주 탈선해 그때마다
승객이 내려서 레일 위로 차체를 들어올리는 것을 돕거나 걸어가
거나 하는 일이 종종 발생했다. 또한 말이 도로 여기저기에 배출

하는 분뇨 냄새는 승객이나 철로변 사람들을 몹시 질리게 한 것 같다. 지금의 도쿄에서는 상상할 수 없는 풍경이다.

철도마차의 운임은 구간제이다. 가령 신바시부터 니혼바시까지가 한 구간, 니혼바시부터 우에노까지가 한 구간, 다시 가미나리몬까지가 한 구간이었다. 개업 당시는 1등석 한 구간이 3전이었으나 1년 후에는 2전으로 인하되었다.

이 같은 새로운 육상교통기관에 대해 수상운송은 여전히 도쿄의 중요한 교통수단이 되어 있었다. 특히 스미다가와隅田川 강

쓰운마루(내국통운회사)

스미다가와 강의 1전 증기

은 주요교통로였고 에도시대에 만들어진 나룻배 선착장도 여기 저기에 있었다.

손으로 젓는 나룻배를 대신해 증기선이 취항한 것은 메이지 18년(1885)이다. 아즈마바시가 홍수로 유실되고 대신에 증기선을 사용한 임시 아사쿠사~혼죠 구간(일설에는 아사쿠사~교바시구 미나토바시 구간)을 운행한 것이 최초라고 한다. 얼마 지나지 않아 아즈마바시~에이타이바시 구간의 정기운행이 개시되었다. 요금은 1구간당 1전이었기 때문에 1전증기라고 불리며 가장 전성기에는 연간 2백만 명의 승객을 수송했다.

또한 이와는 별도로 메이지 10년(1877)에는 료코쿠兩国와 가키가라쵸蛎殻町를 기점으로 오나기가와小名木川에서 교토쿠行德와 도네가와利根川 방면을 다니는 장거리용 대형 외륜선[18] '쓰운마루通運丸'가 내국통운회사의 경영에 의해 취항하고 있었다. 현재의 수상버스의 원조다.

이들 선박은 육증기에 대해 강증기川蒸氣라든가 폰폰증기라고 불리며 오랫동안 시민에게 사랑을 받았고 현재까지 관광용 수상 버스로 이어지고 있다. 쓰쿠다佃의 나룻배는 다이쇼시대(1912 ~1926)에 증기선으로 교체되었다.

---

18 원동기에 의해서 바퀴 모양의 추진기인 외륜(外輪)을 회전시켜 항행하는 선박.

시계대의 종이 울리다

메이지 5년(1872) 연말은 실로 황당하고도 묘한 일이 벌어졌다. 왜냐하면 정령에 의해 지금까지의 태음력 대신에 태양력이 채택되었기 때문이다. 덕분에 12월은 겨우 이틀 만에 끝나고, 다음 날인 3일은 다시 메이지 6년(1873) 1월 1일이 되었다. 이 때문에

**시계상 고바야시 덴지로(小林傳次郎)
본점**(메이지 9년)

통칭 '하치칸쵸의 대형시계'라고
불리며 진자명물이었다.
지금의 닛코(日航)호텔 장소

다케바시 진영(近衛步兵營)
(메이지 7년)

도라노몬 고후대학교 생도관(메이지 6년)
지금의 문부과학성 근처

교야(京屋) 시계점 긴자지점(메이지 9년)
지금의 긴자 마쓰야 백화점 옆

관공 서에서 지불하는 월급이 1개월분 덜 들게 되었다고 한다.

그런데 갑작스런 설 준비로 시민들은 우왕좌왕할 뿐이었다. 그뿐만 아니라 오셋쿠お節句(일본전통의 다섯 명절)나 오쓰키미お月見(추석의 달구경) 등의 연중행사도 모두 양력이 되었기 때문에 아무래도 계절감이 맞지 않았다. 농가에서는 그 후에도 변함없이 음력을 사용하는 곳이 많았다. 공식적으로 음력이 폐지된 것은 메이

지 42년(1909) 이후의 일이다.

메이지 9년(1876)에는 요일제도 정해졌다. 메이지 직전부터 '16 돈타쿠(네덜란드어 zondag)'라고 해서 10일 중 1일과 6일, 이틀이 휴일이었는데 이번에는 서양식으로 일요일이 휴일이고 토요일은 오전에만 일을 하게 되었다.

태양력 채용과 함께 시간제도 바뀌어, 하루를 24시간으로 하는 정시법을 시행하게 되었다. 시민에게 바른 시각을 알리기 위해 때를 알리는 종[時の鐘]을 대신하여 육군포병연대의 호포號砲(군호로 쏘던 대포) 담당자가 매일 정오에 황거 혼마루 포대에서 공포탄을 쏘아 올렸다. 이를 오포午砲(정오를 알리는 호포)라고 했다. 사람들에게는 '돈zon'이라는 이름으로 익숙했다. '돈'이 울리면 '그럼, 점심 먹을까요?'라는 시간 안배였다. 돈은 메이지 4년(1871)부터 1929년까지 58년간이나 이어졌다. 이 대포는 현재 고가네이小金井의 에도·도쿄 다테모노엔江戶東京建物園에 보존되어 있다.

시각을 알리는 또 하나의 시설이 시계대다. 시계대라든가 시계탑이라고 하면 왠지 모르게 로맨틱한 느낌이 드는데, 이 무렵에 시작된 유행이다.

우선 메이지 4년(1871)에 다케바시 진영의 시계대를 시작으로 도라 노몬虎ノ門의 고후대학교, 욧카이치 에키타이료 등 주로 관청이나 학교에 설치되었다. 시내에서도 시계대를 갖춘 상점이 이목을 끌었다. 그때까지 센소지浅草寺나 우에노 간에이지寬永寺 절에서 울리는 범종 대신에 이제는 서양식 종소리가 도쿄 시내에

울려 퍼지기 시작했다. 시계대 건축은 눈에 보이는 선전 효과도
컸다. 이를 노리고 시계점이나 권공장勸工場(만물상 형태의 점포)을
비롯해 요시와라吉原(유곽)나 스사키洲崎의 기방에까지 영향을 준
문명개화의 랜드마크로서 거리의 풍물을 물들임과 동시에, 새
시대의 시간의 흐름을 사람들 눈에 각인시켰다.

각 가정에도 시계가 보급되기 시작하여 괘종시계의 째깍째깍
시간가는 소리와 댕~ 댕~ 시각을 알리는 소리가 집 안에 울려
퍼졌다. 회중시계는 팔시계라고도 불리며 상류 신사들의 상징이
었다. 긴 은사슬을 달고 일본 전통옷의 허리띠에 매달아 늘어
뜨리거나 옷깃에 걸거나 한 것 같은데, 뭐니뭐니해도 양복 조끼
주머니에 넣고 사슬을 늘어뜨린 모습이 가장 멋쟁이 스타일이
었다.

에도시대까지 사용하던 부정시법에서는 그다지 정확한 시각
을 알 필요가 없었다. 태양의 높이로 대강의 시간을 알면 충분
했다. 시계의 출현과 함께 1일 24시간을 분초 단위로 유효하게
써야 한다는 사고방식이 생겨난 것은 어떤 의미에서는 현대인에
게 불행의 시작이라고 할 수 있을지도 모르겠다. '시간은 금이
다'라는 생각이 근대화의 첫걸음이 된 것이다. 그리고,

'시계 바늘처럼 끊임없이 낮이나 밤이나 시간을 아끼
며 노력하면 어떤 일이든 불가능한 것은 없다' ('금강석'

메이지 20년(1887))[19]

요시누마 시계점
(메이지 31년)

라는 메이지황후가 작사한 문부
성 창가[嘱歌][20]는 학문에 힘쓰고
업무에 열심히 임해야 한다며 국
민에게 다짜고짜 억지로 주입시
키려는 내용이다.

괘종시계나 회중시계는 메이
지 이전부터 수입된 것인데, 옛
날부터 사용하던 일본 시각과 서
양식 시간을 환산하는 것이 성

가시기 때문에, 지극히 일부 다이묘 저택 등에서 탁상시계가 사용될
뿐이었다. 메이지가 되었어도 값이 아주 비싸서 일반 서민은 엄두를
내지 못했던 것 같다. 그러나 시계 수요는 그 후 크게 늘어나, 그때까
지 수입에 의존하던 시계는 메이지 20년(1887)대에 드디어 국산화에 성
공했고, 메이지 25년(1892)에는 혼죠 이시하라石原에 세이코샤精工舍가
생겼다. 현재의 세이코 시계의 시작이다.

---

19 「金剛石」원곡 가사원문 : 時計の針の たえまなく めぐるがごとく ときのま
も 光陰惜みて はげみなば いかなる 業か ならざらん.
20 근대 계몽기에 서양식 악곡형식을 빌려 지은 간단한 노래.

박람회, 성황을 이루다

19세기는 박람회의 세기라고도 일컬어지고 있다. 박람회는 국내 산업육성을 위해 18세기 무렵부터 유럽 각국에서 개최되었고, 나폴레옹 3세도 적극 장려했다고 한다. 또한 국제적인 형태로 발전한 것은 산업혁명이 완성된 19세기 중반으로 이것이 만국박람회의 시작이다.

제1회 내국권업박람회장(메이지 10년)

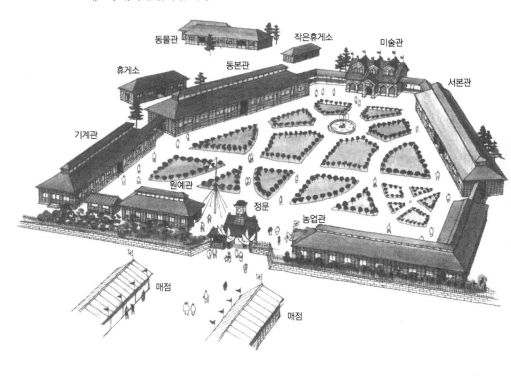

1851년 런던 만국박람회, 1855년의 파리 만국박람회(일본 참가함)에 이어 1860년대에도 런던과 파리에서 개최되었고, 73년의 빈 만국박람회 이후에 필라델피아, 시드니, 다시 80년대에 4회, 20세기 들어서 제1차 세계대전까지 8차례나 되는 만국박람회가 개최되었다. 이와쿠라 도모미 등의 견외사절단도 구미 회유 도중에 메이지 6년(1873)의 빈 만국박람회를 시찰하고 크게 감명을 받은 것 같다.

이 박람회 물결은 메이지 첫 해에 일본에도 밀려와, 도쿄를 비롯해 오사카, 교토 등지에서 종종 열렸다. 당시의 주요 전시물은 미술 골동품과 나고야성의 금으로 만든 샤치호코鯱(머리는 호랑이, 등에는 가시가 돋친 상상의 물고기) 등의 진귀한 품목으로 한정되어 있었다.

식산흥업의 입장에서 내무경 오쿠보 도시미치가 공을 들여 그때까지 없었던 대규모 기획인 '제1회 내국권업박람회'가 메이지 10년(1877) 8월부터 약 3개월간 개최되었다. 그 사이에 우에노 공원 주변의 회장은 연일 많은 인파로 붐볐다. 근대산업을 육성하고 신기술에 의한 제품의 질적 향상을 도모하며 국민 계몽에 도움을 주고자 한 것이다. 때마침 규슈에서는 세이난 전쟁이 한창 진행 중이었지만 정부는 이 박람회에 12만 엔의 예산을 들여 빈이나 필라델피아를 모방한 국내 각지의 특산물과 신제품 등 8만여 점에 이르는 출품작을 한 자리에 전시하는 등 예사롭지 않은 의욕을 보였다.

　입장객은 45만 명에 이르렀다. 사람들은 문명개화의 새로운 공업제품과 편리한 생활용품, 완구, 미술품, 각지의 진귀한 토산물 등에 놀라 눈이 휘둥그레졌다. 천황과 황후도 행차하여 약 7천 엔 정도 매상을 올려주었다.

　장내에는 제등을 둘러치고 가스등을 밝혔다. 우에노 야마시타 공원 입구에는 미국제 거대한 관개용 풍차가 설치되었는데 풍력에 의해 물을 끌어올려 분수를 뿜어내는 구조물이 좋은 평판을 얻었다. 또한 정문 입구의 매점에서는 상품을 진열 판매하여 인기를 모았다.

　내국권업박람회는 그 후에도 회를 거듭할 때마다 성황을 이루어 일종의 정부 주도의 축제적인 행사로서 경기를 부흥시켰다.

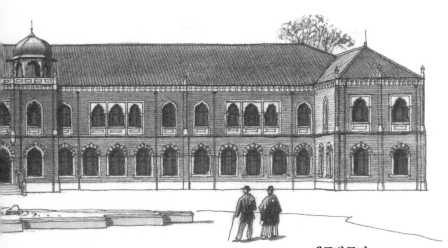

제국박물관(메이지 14년)
설계 / Josiah Conder

이슬람풍의 박물관

박물관도 19세기에 발달했다.

역사, 예술, 민속, 산업, 과학 등의 실물이나 자료를 수집 보
관하고 이것을 상설전시로 공개하여 일반 이용객에게 제공하는
것이 박물관이라는 시설이다. 소수 개인의 취미나 수집을 뛰어
넘어 공공시설로서 정비되어 공개된 것은 특히 프랑스 혁명 이
후 루브르 궁전의 개방이 각국에 영향을 미친 것이라고 한다.
즉, 박물관의 출현도 근대화와 밀접한 관계가 있었다.

일본에서는 아스카飛鳥, 나라奈良시대의 사원불전이 대륙 문화
를 전하는 기능을 갖고 있었고 나중에는 신사불각의 에마전絵馬

조사이어 콘더
(Josiah Conder, 1852~1920)

훈맹원(메이지 13년)

殿²¹이나 보물전이 박물관 역할을 수행하고 있었다.

메이지정부는 이 박물관 제도에 일찌감치 눈을 돌려, 메이지 4년(1871) 문부성 박물국을 설치하고 이듬해 5년에 유시마 성당을 박물관으로 공개했다. 나중에 내무성 소관으로 옮겨 고지마치 야마시타몬山下門 안에 박물관이 설치되었다. 곧 본격적인 박물관 건설을 앞두고 예정지로서 우에노 간에이지 혼보本坊(주지가 거주하는 승방) 터가 선택되었다. 이것이 현재의 국립박물관의 시작이다.

---

21 마구간 모양의 나무판에 그림이나 글자를 써서 건강과 행복을 신에게 기원하며 봉납한 에마를 걸어 놓는 건물.

이리하여 제국박물관은 영국인 조사이어 콘더Josiah Conder의 설계로 메이지 11년(1878)에 착공되어 14년에 완성되었다. 콘더는 당시의 고용외국인 중의 한 사람이며 고후대학교工部大学教 조가학과造家學科(건축과)의 교수로서 그 전 해에 막 부임한 25세의 수재였다. 이 건물은 그가 일본으로 건너와 얼마 안 된 시기의 초기 대표작이다.

건물은 벽돌로 지어진 장대한 2층건물로 중앙부 좌우에는 이슬람풍의 둥근 지붕이 솟아 있었다. 극동미술의 보물창고에 어울리는 디자인으로 젊은 콘더가 동양 취미적인 이미지를 설계에 도입한 것이다. 쓰키지의 훈맹원(나중의 도쿄맹아학교), 에이타이바시 근처의 개척사물산매팔소開拓使物産売捌所(개척사가 폐지된 후에 일본은행이 된다), 로쿠메이칸, 해군성, 미쓰비시 1호관 등도 그의 설계인데, 나중에는 주로 황족이나 자산가 등의 저택과 클럽 건축 등에 솜씨를 발휘했다.

그의 최초의 제자들은 그와 동년배 정도의 학생들이었는데 그후 성장하여 메이지 건축계의 지도적 지위에 오른 사람이 많아, 일본 근대건축을 낳은 아버지로서 콘더의 업적은 높이 평가되고 있다. 콘더는 일본여성과 결혼해 일본화와 일본무용을 배우고 가부키를 연기하며 일본에서 살다가 1920년 도쿄에서 사망했다. 도쿄대학 공학부 구내에는 콘더 선생의 동상이 세워져 있다.

제국박물관은 나중에 궁내성 소관이 되었고 제실帝室박물관으로 이름을 변경했다. 1947년 현재의 국립박물관이 되었다.

여러 종류의 석유램프

문등

땅콩 램프

거는 램프

램프

석유램프 가로등

램프에서 전등으로

목판에 의해 메이지 초기의 도쿄 풍경을 다수 남긴 우키요에
화가 고바야시 기요치카小林清親는 특히 저녁이나 밤의 경치를

표현하는 데 능숙했다. 그는 어둠 속에 어슴푸레 떠오르는 민가나 가로등의 희미한 등불을 즐겨 그렸다. 네온이 빛나는 현대의 도쿄에서는 상상도 할 수 없을 정도로 도쿄의 밤거리는 한적하고 어둡고 쓸쓸했던 것 같다.

메이지시대의 일반가정 조명이라고 하면 처음으로 석유램프가 사용된 것이 특징이라고 할 수 있다. 석유램프를 사용하게 된 것은 1860년 전후라고 하는데, 메이지 5년(1872) 무렵부터 국산품이 보급되기 시작한 것 같다. 평심지나 둥근 심지 등 심지의 크기와 종류에 따라 밝기가 달라지는데, 문명개화와 함께 들어온 램프의 밝기는 이전부터 사용해 왔던 사방등이나 촛불에 비하면 훨씬 밝아 사람들의 야간생활에 애용되었다. 연료로 사용하는 등유는 에치고越後 유전도 개발되었지만 주로 미국산이나 시베리아산이 사용되었던 것 같다.

등유 그을음 때문에 더러워진 바람막이용 유리통 청소는 어린이 몫인 가정이 많았는데, 우리 아버지 같은 사람은 손에 들러붙은 석유의 역한 냄새를 지우기 위해 담배연기를 내뿜었다고 한다. 그 덕분에 초등학생 무렵부터 담배맛을 알았다고 한다.

일본 최초의 가스등은 사쓰마 번주인 시마즈 나리아키라島津齊彬가 이소 정원磯庭園에 설치한 것으로 알려져 있는데, 본격적으로 실용화된 것은 메이지 5년(1872) 요코하마에 설치된 가로등이다. 도쿄에서도 메이지 7년(1874)에 도쿄회의소에 의해 시바 가네스기바시金杉橋부터 긴자 거리에 걸쳐 85개의 가스등이 설치되

메이지 15년 일본 최초의 전기등 기둥이 세워졌다.

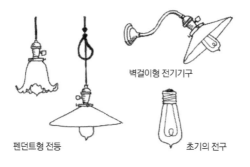

벽걸이형 전기기구

펜던트형 전등

초기의 전구

일반 전등이 보급된 것은
메이지 말년에서 다이쇼에
들어선 무렵이었다.

었다. 시바 하마사키바시浜崎橋 제조소에서 석탄가스를 공급받아 이듬해에는 도쿄의 메누키 거리目抜き通에 250개 남짓의 가스등이 증설되었다. 작업 기술은 요코하마와 마찬가지로 프랑스인 앙리 프레그랑이 맡았다.

가스사업은 비용이 불어나 도쿄부로 경영이 한때 이관됐지만 메이지 18년(1885)이 되면 시부사와 에이이치渋沢栄一를 사장으로 하는 도쿄가스회사가 탄생했다. 가스등의 관리인들은 가스회사의 이름이 새겨진 작업복 상의[印半纏]를 입고 매일 밤 3미터 정도의 점화봉을 들고 점등하며 돌아다녔다.

긴자의 닛포샤日報社 정면에는 가스등을 사용해 회사명을 홍보하는 '하나 가스花gas'라는 장치가 선보였다. 현재의 네온사인의 선구라고 할 수 있다. 메이지 10년(1877)의 제1회 내국권업박람회에도 설치하여 화제를 모았으며 요시와라 대문에도 설치되었다.

램프보다 늦게 전등이 나왔다. 메이지 15년(1882)에 긴자 2쵸메의 오쿠라구미大倉組 앞거리에 발전기를 사용하여 2천 촉광의 아크 등이 설치되었다. 눈이 어지러울 정도의 밝기여서 매일 밤 구경 꾼들로 인산인해를 이루었다고 한다. 현재 이 장소에는 '일본 최 초의 전기등 기둥의 터'라는 비석이 세워져 있다.

에디슨이 백열등을 발명한 것은 메이지 12년(1879)의 일인데, 이 전구의 필라멘트에는 교토산 대나무가 사용되었다. 메이지 16년(1883)에는 이미 도쿄전등회사가 설립되었고 20년(1887)에는 일부 지역에 송전이 개시되기에 이르렀다. 22년(1889)에 신토미 극

여러 종류의 가스등

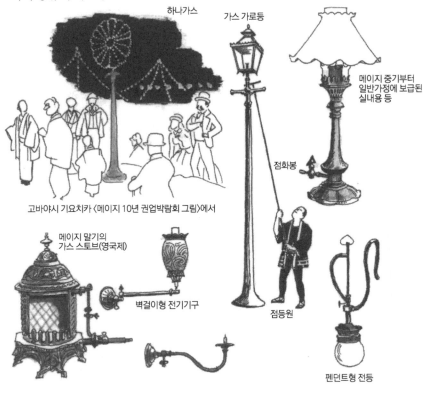

하나가스

가스 가로등

메이지 중기부터 일반가정에 보급된 실내용 등

점화봉

고바야시 기요치카 〈메이지 10년 권업박람회 그림〉에서

메이지 말기의 가스 스토브(영국제)

벽걸이형 전기기구

점등원

펜던트형 전등

장新富座은 처음으로 전기를 이용한 무대 조명이 평판을 얻었고, 로쿠메이칸이나 국회의사당에도 설치되었다.

이처럼 메이지기에는 석유램프, 가스등, 전등의 세 종류 조명이 차례로 등장하지만, 일반적으로 석유램프가 중심이었다. 가로등도 석유램프가 많았고 메이지 말년까지 상당히 남아 있었던 것 같다. 가정용 가스등이 보급된 것은 30년대 이후부터인데, 이 것은 광도를 높힌 백열 가스맨틀이라는 발광체가 보급된 이후이 다. 맨틀은 현재도 아웃도어용 가스램프나 가솔린 랜턴에 쓰이고 있다. 이처럼 가스의 수요는 처음에는 주로 조명용이었고 취사나 난방으로 이용된 것은 전등이 일반화된 다이쇼가 되고나서이다.

로쿠메이칸의 밤은 깊어라

메이지 16년(1883)에는 현재의 제국호텔 옆의 옛 다이와大和 생 명빌딩 장소에 갑자기 흰색 벽의 큰 서양식 건축물이 들어섰다. 유명한 로쿠메이칸鹿鳴館이다. 물론 제국호텔은 아직 이 무렵에 는 세워지지 않았다. 이 부근은 우치야마시타쵸內山下町라고 해 서 에도시대에는 다이묘 저택이 늘어서 있던 곳으로 원래 사쓰 마번의 장속저택裝束屋敷이었다. 이곳은 쇼군을 알현할 때 의복 을 고쳐 입던 저택이다. 메이지가 되어 군대의 병영이나 시설로 사용되었는데 이 시기에는 황폐할 대로 황폐해진 쓸쓸한 장소 였던 것 같다. 히비야 공원이 생긴 것은 이로부터 20년 후의 일 이며 그 무렵은 연병장이었다.

옛 막부시대에 외국 국가들과 체결한 이른바 불평등조약은 메이지가 되었어도 치외법권이나 관세법 등을 포함해 여전히 그 대로 유지되었다. 이를 개정하는 문제는 국민 전체의 염원이기 도 했다. 정부는 독자적으로 이를 개정하기 위해 애를 썼지만,

그 대책이란 것이 잔재주의 외양만을 장식하는 방식이었기 때문에 그다지 여론의 지지는 얻지 못했던 것 같다. 조약개정을 유리하게 진행시키기 위해 유럽화정책이 채택되어 일본도 서구와 같은 진보된 사회임을 선진국가들에게 보여주고 일본의 근대화를 인지시켜 조약개정의 열매를 얻어내려는 발상이었다. 로쿠메이칸은 유럽화의 상징으로서 당시 외무경 이노우에 가오루井上馨

로쿠메이칸

의 제창으로 메이지 14년(1881)에 착공되었다. 외국인 접대용 클
럽과 숙박시설을 겸비한 영빈관인 동시에 일본의 상류계급과 외
국인의 사교장으로 사용하게 되었다.

메이지 12년(1879)에 독일 황태자와 전 미국 대통령인 그랜트
장군이 방일했을 때, 숙소로서 하마리큐浜離宮의 엔료칸延遼館이
지정되었다. 막부시대에 만들어져 방치되어 있던 이 건물은 메

이지 때에 황실 소유가 되면서 서둘러 정비했다. 당시에 이미 비가 새는 등 노후화가 심해 대대적으로 수리를 했지만, 원래 국빈접대용 건물이 아니었기에 어떻게든 새로운 영빈관이 필요했던 것도 사실이다.

로쿠메이칸의 설계는 고후대학교 교수인 콘더가 지명되었다. 정면에 베란다를 갖춘 벽돌구조의 2층건물로 연면적 1500평방미터 남짓, 총공사비는 18만 엔이라고 한다. 프랑스의 고전적인 스타일을 기본으로 인도풍이나 이슬람풍을 가미한, 지금 생각해 보면

로쿠메이칸의 저녁모임에 모인 사람들

묘한 건물이지만 당시 사람들은 이 건물이야말로 정통파 유럽건축이라고 믿고 있었음에 틀림없다. '어딘지 모르게 프랑스 근처 온천장의 카지노 같다'라고 노골적으로 표현하는 외국인도 있었다. 정문은 사쓰마번 저택 시절의 나가야몬長屋門을 그대로 사용했다.

이리하여 준공된 로쿠메이칸의 성대한 오프닝과 동시에, 이른바 '로쿠메이칸 시대'가 개막되었다. 육해군악대가 연주하는 '아름답고 푸른 도나우'의 왈츠조에 맞춰 당시 최신 유행이었던 버슬 스타일의 양장 차림을 한 숙녀와 정부고관, 외국사신, 군대의 고급장교 등 정장의 내외 귀빈 신사들이 밤마다 펼치는 무도회와 자선바자회 모습, 그리고 그에 동반되는 갖가지 스캔들은 두고두고 소설이나 희곡, 영화에도 묘사되어 그 화려함이 널리 알려졌다. 그러나 중요한 조약개정 쪽은 전혀 열매를 거두지 못했다. 치외법권은 메이지 27년(1894) 이후에 폐지되었고, 관세법은 메이지 말년에 이르러 겨우 실현되었다.

정부의 극단적인 유럽화정책도 그 반동으로 20년대에 들어서 국수주의國粹主義적인 풍조가 일어나자, 보수적인 우익 소시壯士가 로쿠메이칸의 무도회에 난입하는 등, 그러한 소동 끝에 허무하게 퇴화되고 말았다. 제국호텔이 개업했던 23년은 로쿠메이칸 건물도 화족회관華族會館에 매각되어 로쿠메이칸 시대도 종말을 고하게 되었다.

태평양전쟁 전야인 1940년에 노후화된 로쿠메이칸은 살며시 해체되었다.

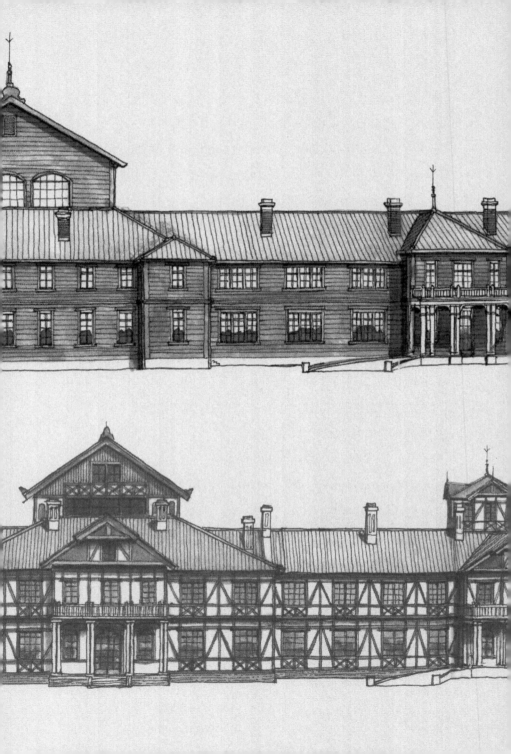

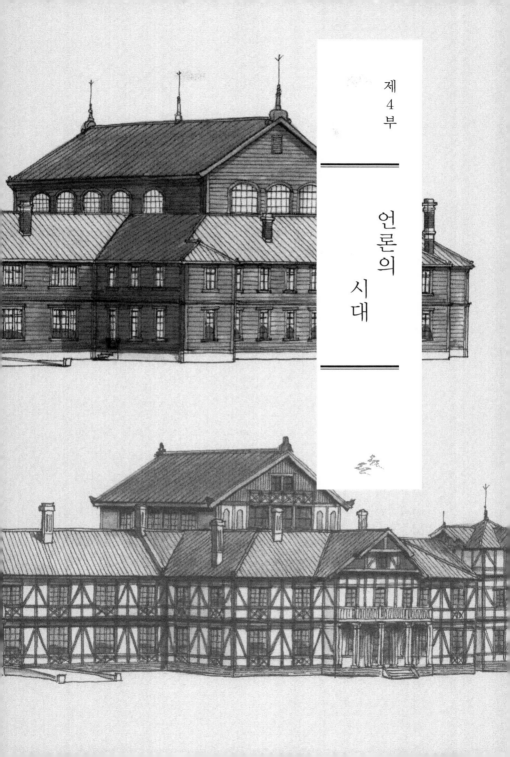

제 4 부

언론의 시대

제4부
언론의 시대

사족의 상법

유신의 변혁으로 타격을 입은 쪽은 무사들이었다. 막말의 동란은 무사계급에 의한 일종의 정권교체극이라고도 할 수 있는데 결과적으로는 신정부에 의해 무사계급의 해체가 진행되었다. 무사는 새로운 신분제도에 의해 사족士族이라는 이름을 부여받고 폐번치현 이후에도 정부로부터 약간의 가록家祿(봉급)을 받고 있었다. 그러나 얼마 지나지 않아 그것도 정리되어 메이지 9년(1876)에는 가록 대신 금권(금전 대용이 되는 증권)이나 공채로 교체되어 버렸다. 즉, 무사로서의 종전의 특권은 신분적으로나 경제적으로 상실되고 말았다.

옛 다이묘大名[22]나 일부 상급사족은 거액의 공채를 받았지만, 일반사족은 그렇지 않았다. 그들은 아주 적은 공채 이자로는 도저히 생활할 수 없어 살림살이가 더욱 곤궁해져 갔다. 농민이 되거나, 익숙하지 않은 장사에 손을 댔다가 실패한 사례도 많았다. 선조 대대로 보물로 간직해 온 글과 그림, 골동품이나 갑주甲冑(갑옷과 투구), 칼이나 검, 가재도구를 팔아치우는 등 비참한 상황에 처해졌다. 그중에는 딸을 유곽에 팔거나, 집을 부수어 대중목욕탕에 장작으로 팔아 돈을 마련하는 사람도 있었다고 한다. 군인이나 하급관리, 경찰이나 초등학교 교사가 되는 경우는 그나마 나은 편으로 예전의 하급무사들 대부분은 날품팔이 노동자나 인력거꾼이 되어 하루하루를 겨우 살아가고 있었다. 실업자로 몰락해 거지로 전락한 사람도 적지 않았다. 정부도 여러 사족수산士族授産[23] 정책을 생각해냈지만 그다지 효과는 없었던 모양이다.

사족 중에는 특이한 장사를 시작한 사람도 있었다. 아사쿠사에서 버선 가게를 시작한 점포에서는 부인과 딸이 바느질한 버선을 팔아 호평을 얻었다. 고바야시 기요치카小林清親는 우키요에 화가가 되었고, 쇼린 하쿠엔松林伯円은 고단시講談師(대본을 낭송하

---

22 각 지방의 영토를 다스리고 권력을 행사했던 봉건영주. 1871년 다이묘 영지제도의 폐지로 인해 화족이라는 귀족으로 분류되어 연금을 받았다.
23 질록처분(秩禄処分)에 의해 생활 곤궁에 빠진 사족을 구제하기 위한 정책.
　　* 질록처분: 1876년 8월, 메이지정부가 화족과 사족에게 가록지급을 전면 폐지한 처분.

사카키하라 겐키치의 격검회 시범

는 예능)가 되었다. 하시즈메 긴조橋爪錦造는 바이테이 킨가梅亭金鷲
라는 필명으로 게사쿠戱作(통속오락소설) 작가가 되고, 도히 쇼지로
土肥庄二郎는 마쓰노야 로하치松廼家露八라는 이름으로 요시 와라
(유곽)의 호칸(연회석에서 흥겹게 놀아주는 남자)이 되었다. 일본 검술의
한 유파인 지키신카게류直心影流의 사카키하라 겐키치榊原健吉는
'격검회'를 조직하고 메이지 6년(1873) 아사쿠사의 번화가에서 검
술 실연공연을 하여 대단한 인기를 끌었다. 사카키하라는 마지
막 검호로 일컬어지며 메이지 20년(1887)에는 메이지 천황 앞에서

가부토와리兜割り(호신용 무기) 실연공연을 선보였다고 한다.

그러나 '사족의 상법'이라는 말이 생겨날 정도로 일반사족의 경우에는 역시 장사에 서툴렀던 것 같다.

한편 정부의 핵심에서 권력을 쥔 무리 중에는 사쓰마와 쵸슈 출신자가 많았고 정부의 요직을 차지하고서 국민을 지도한다는 명목하에 독재적인 지배를 강력하게 추진해 나갔다. 이른바 번 벌藩閥24 정부의 출현이다.

그런데 이렇게 권력의 자리에 오른 메이지의 원훈元勳(나라를 위한 큰 공훈을 세움)이나 수뇌부들은 지금의 정치가에 비하면 의외로 나이가 젊었던 것 같다. 메이지 원년의 그들의 나이를 살펴보면 사이고 다카모리 41세, 오쿠보 도시미치 38세, 기도 다카요시 35세, 이노우에 가오루 33세, 오쿠마 시게노부 30세, 야마가타 아리토모 30세, 이토 히로부미 27세…… 메이지천황은 겨우 16세의 소년이었다. 그들의 젊은 에너지가 메이지유신의 대업을 이뤄낸 것은 틀림없지만, 옛 막부 신하나 여러 번의 무사 중에는 삿쵸(사쓰마와 쵸슈)의 새파란 젊은이들에 의해 국가의 정치가 좌지우지되어 가는 것을 보고만 있을 수 없었던 사람들도 적지 않았을 것이다.

이러한 불평사족의 울분은 신푸렌의 난神風連の亂이나 하기萩,

---

24 메이지시대에 일본 제국 정부와 제국 육군 · 해군의 각 요직을 장악한 사쓰마 번과 쵸슈번 출신들의 정치 세력을 가리키는 용어.

아키즈키의 난秋月の亂 등 지방사족의 반란으로 이어지며 폭발했지만 모두 진압되어 완전히 힘을 잃었다.

한편 한마디로 번벌정부라고 해도 내부 권력항쟁은 치열했다. 오쿠보는 잇달아 반대파 각료를 추방했고, 하야한 에토 신페이 江藤新平와 사이고 다카모리는 고향으로 돌아가 각각 반기를 들었다. 그러나 에토는 사가의 난佐賀の亂에 패하여 처형되고, 사이고는 메이지 10년(1877)의 세이난 전쟁西南戰爭에 패하여 자결했다. 이 해에 각료의 실력자인 기도 다카요시도 병사하여 오쿠보의 독재체제가 확립되는가 싶던 찰나, 그도 이듬해에 불평사족의 테러에 의해 아카사카 기오이쵸紀尾井町의 길거리에서 암살되고 말았다. 오쿠보의 뒤를 이어 권력을 쥔 인물은 이토 히로부미, 야마가타 아리토모, 이노우에 가오루 등 모두 쵸슈 출신자였다.

지유토自由湯를 먹이고 싶다

한편 문명개화로 새 시대의 사상에 눈뜬 일파는 번벌정부의 독재를 비판하며, 무력이 아닌 언론에 의한 반정부 운동을 추진하여 '자유민권운동'을 일으켰다. 운동의 선두에 선 인물은 도사번土佐藩 출신의 이타가키 다이스케板垣退助이다. 자유민권운동은 사족으로부터 시작되어 마침내 지방 부농이나 상인을 포함해 전국으로 파급되어 갔다. 또한 도쿄 등 대도시에 사는 민권파 지식인들은 신문이나 결사를 통해 언론활동을 전개하며 각

미타연설관(메이지 8년)

지의 민권파에게 큰 영향을 미쳤다.

그들의 목표는 민주주의적인 입헌체제와 의회제도를 확립하는 데 있었다. 일본의 부르주아 민주주의 운동의 시작이라고 할 수 있다. 정부는 이 같은 운동에 두려움을 느끼고 탄압하려고 애를 썼다.

민권파의 언론활동은 신문과 함께 연설에 의해 전개되었다. 이 '연설'이라는 말도 메이지에 생겨난 신조어다. 이것은 영어의 스피치를 번역한 단어인데 처음 사용한 사람은 후쿠자와 유키치라고 한다.

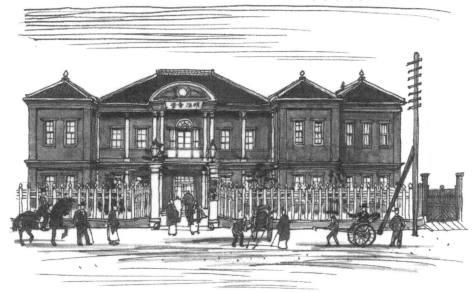

메이지 회당(메이지 14년)

'많은 사람들을 모아 설說을 말하고 석상席上에서 자
신이 생각하는 바를 다른 사람에게 전하는 법法이 연
설이다'

라고 후쿠자와는 말했다. 그때까지 일본에서는 가두설법이나
좌담은 있었지만 여러 사람 앞에서 의견說을 말하는 일은 없었
다. 즉, 연설은 그때까지 없던 새로운 언론형태였다. 원래는 게
이오기쥬쿠나 메이로쿠샤明六社 등의 지식집단에 의한 계몽학술
연설로 시작된 것인데 메이지 10년(1877)대에는 자유민권운동의
정치에 관한 담론연설을 중심으로 활발해졌다고 한다. 요세寄席

가와카미 오토지로의 옷페케페부시

소시(壯士)

(재담·만담 등을 들려주는 연예장)나 시바이고야芝居小屋(연극을 공연하는 극장) 등에서는 종종 연설회가 개최되었는데 어디든 청중들로 넘쳐 났다고 한다. 메이지 사람들은 연설을 좋아했다.

후쿠자와는 메이지 8년(1875) 미국의 회당會堂(교회) 건축을 참조하여 미타의 게이오기쥬쿠 구내에 '연설관'을 짓고 연설 보급에 힘썼다. 이 미타연설관은 도쿄에 현존하는 메이지 초기의 회당 건축물로서 국가의 중요문화재로 지정되어 있다. 또한 메이지 14

년(1881)에 교바시 고비키쵸木挽町에 건축된 메이지회당은 3천 명을 수용하는 당대 최고의 대연설회장으로, 때마침 일어난 홋카이도 개척사관유물 부정매각사건을 둘러싸고 연일 규탄연설회가 열려, 번벌정부를 공격하는 불길에 부채질을 했다.

자유민권운동에 투신한 사족의 정치활동가를 '소시壯士'라고 불렀다. 그들의 활동은 연설이나 요세의 민권 고단講談 등을 통해 이루어지고, 길거리에서는 정치풍자 내용의 가사를 붙여 부르는 '소시부시壯士節'가 등장했다. 이것이 훗날 엔카시演歌師(길거리에서 바이올린과 유행가를 부르며 노래책을 파는 사람)로 세상에 남았다고 한다. 또한 가와카미 오토지로川上音二郎는 극단을 꾸려 '소시 시바이壯士芝居[25]'를 공연하여 전국적으로 인기를 모았다.

'권리 행복을 싫어하는 사람에게 지유토自由湯(자유 민권운동)를 먹이고 싶다. 옷페케페포, 펫포포……'

라고 노래하는 그들의 옷페케페부시オッペケペ節는 일세를 풍미하는 유행가가 되었고 가와카미는 나중에 구파 연극(가부키)에 대한 '신파'[26] 극新派劇의 시조가 되었다.

---

25 메이지 20년대(1887~1896)에 지식 계급의 청년이 자유 민권 사상을 대중에 고취하고자 시작한 아마추어 연극.
26 정치 선동을 위해 시작한 극이었으나 정치색이 옅어지면서 멜로드라마와 결합한 흥미위주의 연극.

소시는 이처럼 나라에 관한 일로 분주한 혁신적인 청년지사라는 이미지에서 시작된 것이었는데 나중에는 생활이 곤궁해져 정당의 경호원이 되거나 공갈을 업으로 삼거나 혹은 정규 직업이 없는 정치깡패로 몰락한 자도 적지 않았던 것 같다. 이들은 손으로 짠 목면 기모노에 하얀색 허리띠를 두르고 검정 목면에 문장家紋을 넣은 하오리(짧은 두루마기)를 입고 투박한 사쓰마 나막신을 맨발로 신은 반카라(하이카라를 빗댄 말)적인 모습을 하고 있었다. 이러한 모습이 전형적인 소시 스타일로, 어깨를 으쓱거리면서 두꺼운 지팡이를 휘두르며 거리를 활보하는 사람들이라고 한다.

정치지배층 중에서도 의견이 대립하여 대장경 오쿠마 시게노부는 입헌제와 국회개설의 조기 실현을 계획한 의견서를 제출했다는 이유로 메이지 14년(1881)에 반대파인 이토 히로부미 등에 의해 각료에서 배제당하고 말았다. 정부는 민권파의 자유로운 논의를 봉쇄하기 위해 우선 국회개설 공약을 발표했는데, 그 예정시기가 10년이나 미래의 이야기여서 민권운동 진영을 실망시켰다. 하야한 이타가키는 자유당을, 오쿠마는 입헌개진당을 각각 결성했지만 내부 분열로 힘을 발휘하지 못했다. 그러는 사이에 정부 측은 점차로 체제를 강화해갔다.

메이지 10년(1877)대에는 정부의 디플레이션 정책과 세금 때문에 농민생활은 매우 힘들었다. 그 이유는 세이난 전쟁의 전쟁비용 조달을 위해 불환지폐의 발행을 늘렸기 때문이었다. 인플레로 물가가 올라 이를 억제하기 위해 14년에 대장경 마쓰카타 마사노리

松方正義가 취한 디플레이션 정책은 이번에는 불황을 초래했다. 지조개정[27]은 옛 막부시대를 웃돌 정도의 과혹한 세제였다. 궁지에 몰린 농민은 메이지 17년(1884)의 지치부秩父 사건을 비롯해 각지에서 무장봉기하고 자유민권을 외치며 정부와 대립했지만 모두 탄압당하여 몰락하고 자유민권운동은 종말을 고하게 되었다.

새 시대의 매스컴

에도의 출판물은 한서漢書(중국 서적)와 요미혼読本(소설의 한 장르) 등을 판매하는 서적 도매상이나 에조시絵草紙(그림이 있는 목판본 소책자) 등 대중지 도매상에서 간행되었다. 발행소가 서점을 겸하고 있었다. 메이지가 되자 출판문화의 중심지로서 도쿄에 출판사가 집중적으로 급증하고 후쿠자와 유키치의 《서양사정》을 시작으로 수많은 정치와 계몽서가 새 시대의 사상과 학문에 대한 일반의 요망에 부응하게 되었다. 책의 형태도 종전의 일본식 제본에서 서양식 제본으로 바뀌었고, 목판인쇄에서 활자인쇄가 일반화 되었다.

정부는 메이지 2년(1869)에 벌써 출판조례를 공포하고 검열과 단속에 나섰다. 그리고 언론출판의 자유는 오랫동안 억압이 지속되었다. 메이지 중기 이후는 근대문학이 융성함에 따라 사상서나 문학서가 베스트셀러가 되었다.

---

27 조세제도 개혁.

신문은 요미우리 가와라반讀売瓦版[28] 대신 등장한 메이지의 뉴미디어이며, 매스컴으로서는 일본에서 가장 오랜 역사를 가지고 있다. 이미 고베神戸와 요코하마橫浜에는 외국인 신문이 있었고 그것을 번역한 정부의 신문도 막부 말기부터 발행되고 있었다. 게이오慶応(1865)가 되자 일본인 편집에 의한 신문도 발행된 것 같다.

메이지 2년(1869)에 정부는 신문조례를 공포하고 허가받지 않은 신문은 금지했다.

일본 최초의 일간지는 메이지 32년(1899)의 〈요코하마 마이니치橫浜毎日 신문〉이다. 납활자를 사용한 활판인쇄도 이 신문이 최초라고 한다. 그때까지는 목판이나 나무활자를 사용하고 있었다. 도쿄에서의 일간신문의 효시는 메이지 5년(1872)의 〈도쿄 니치니치東京日日 신문〉이고, 이를 전후해서 참의參議 기도 다카요시木戸孝允의 입김이 실린 〈신문잡지新聞雜誌〉, 영국인 블랙Black이 창간한 〈닛신신지시日新真事誌〉, 에키테이료 공용의 〈유빈호치郵便報知 신문〉, 〈요미우리 신문〉 등이 잇달아 발행되었다. 메이지 10년(1877)경에는 도쿄 니치니치, 호치, 아사노朝野, 마이니치, 아케보노曙가 5대 신문으로서 서로 선두경쟁을 벌이고 있었다. 거리에서는 각 신문사의 이름을 새겨 넣은 작업복 상의를 입고 신문판매원은 방울을 울리며 큰 소리로 신문을 팔러 다니고 있었다.

---

28 에도시대, 천재지변이나 큰 불, 자결 등의 시사성이 높은 뉴스를 빠른시간에 전하기 위해 만들어졌던 정보지.

후쿠치 오치
(도쿄 니치니치 신문)

나루시마 류호쿠
(아사노 신문)

닛포샤
(日報社, 도쿄 니치니치 신문, 현재 마이니치 신문)

기시다 긴코
(도쿄 니치니치 신문)

　당시의 신문은 정부의 발표와 통지를 중심으로 엮은 것이 많았고 가격도 비쌌기 때문에 일반시민들이 읽을 수 있게 신문 종람소라는 것을 설치하기도 했다. 그러나 메이지 초기에 글을 읽고 쓸 줄 아는 비율은 남자가 40~50%, 여자는 15% 정도여서 아직은 누구나 신문을 읽을 수 있다고는 할 수 없었던 것 같다.

　그래서 이 같은 정치와 시사논설 중심의 〈대신문〉과는 달리, 시중의 스캔들이나 오락기사 전문의 대중적인 〈소신문〉이 발행되었다. 소신문은 구어체에 히라가나平仮名로 적혀 있고 모두 후리가나振り仮名(한자 위에 읽는 법을 히라가나로 표기)가 달려 있어 읽기 쉬웠기 때문에 대단히 유행했다. 그리고 기사보다도 그림을 중심

으로 한 〈신문 니시키에〉가 등장했는데 아직 신문에 그림이나 사진이 들어가지 않던 시기여서 크게 환영받았다. 얼마 지나지 않아 '그림이 들어간 신문'이라는 형식으로 이어지고 〈대신문〉에도 삽화나 일러스트를 게재하게 되었다.

신문사도 일류가 되자 긴자 거리에 위풍당당한 서양식 사옥을 마련했다. 기사를 쓰는 신문기자도 새로운 직업으로 시대의 각광을 받게 되었다. 옛 막부신하이자 일본·중국·서양 학문을 배운 당시의 인텔리들 중에는 시대가 변했어도 신정부에 출사하는 것은 떳떳하지 못하다는 생각에 신문기자가 되어 논설에 자신있는 필력을 과시한 인물도 여럿 있었다. 도쿄 니치니치 신문의 후쿠치 오치福地桜痴와 기시다 긴코岸田吟香, 유빈호치 신문의 구리모토 조운栗本鋤雲, 아사노 신문의 나루시마 류호쿠成島柳北와 스에히로 텟초末広鉄腸 등은 당시의 스타 저널리스트였다. 그들의 재야정신은 곧 자유민권운동이 일어나자 정부의 정보와 정책을 민중에게 전달한다는, 그때까지의 입장에서 돌변하여 반정부 저널리즘으로서의 색채를 강화하고 여론의 지도적인 역할을 하게 되었다. 정부를 공격하는 그들의 날카로운 기사에 놀란 정부는 메이지 8년(1875)에 신문조례와 언론법을 만들어 억압했기 때문에 많은 신문이 발행금지가 되거나 신문 기자가 투옥되기도 했다.

메이지 10년(1877)에 세이난 전쟁이 일어나자 사람들이 신문보도에 몰려 비약적으로 독자를 증대시키는 계기가 되었다. 후쿠치 오치는 현지취재라는 새로운 방식으로 현장감 넘치는 기사를 송부하여 인기를 모았다. 그는 급진적인 민권운동에는 비판적인 입장을 취해 '어용기자'라는 레테르가 붙여진 사람이지만, 논설에 서도 독창적이고 자신만의 영역을 이루어 〈도쿄 니치니치 신문〉의 사장 겸 주필로서의 그의 사설은 메이지 전반의 언론계를 풍미했다. 신문뿐만 아니라 그의 활동은 정치와 언론사 대표에서 문단, 연극계, 화류계에 이르기까지 재주가 많은 사람이었으나 메이지라는 시대가 낳은 이 화려한 개성도 시대와 함께 잊혀 져갔다.

메이지 15년(1882)에 후쿠자와 유키치가 〈지지신포時事新報〉를 발간하고, 20년대에 들어서 민권운동이 도화선이 되자, 구가 가쓰 난陸羯南의 〈니혼日本〉, 도쿠토미 소호德富蘇峰의 〈고쿠민国民 신문〉 등이 잇달아 창간되었다. 구로이와 루이코黒岩涙香의 〈요로 즈쵸호萬朝報〉는 보도 3면 기사를 특색으로 내세우면서 사회문 제를 다루며 논란을 일으킬 만한 논설을 게재하여 부수를 늘렸다. 처음으로 호외가 나온 것은 메이지 9년(1876)이다. 메이지 30년(1897)에는 지지신포가 그림이 들어간 일기예보를 게재했다.

〈요로즈쵸호〉의 고토쿠 슈스이幸德秋水는 퇴사하여 메이지 36년(1903)에 〈헤이민平民 신문〉을 창간하고, 러일전쟁에 대한 반전의 논조를 폈다가 탄압을 받고 끝내 폐간당하고 말았다.

신문의 연재소설도 이 무렵에 더욱 활발해져 도쿠토미 코카德富蘆花의 '불여귀不如歸'(메이지 31년, 고쿠민 신문), 오자키 고요尾崎紅葉의 '금색야차金色夜叉'(메이지 30년, 요미우리 신문)를 비롯해 구로이와

루이코의 번역소설(요로즈쵸호) 등이 인기를 모아 각각 발행부수를 늘려갔다.

신문광고는 이미 메이지 초기부터 시작된 것 같은데, 신문 자체의 발행부수가 적었기 때문에 그다지 주목받지 못했던 것 같다. 그러나 신문이 일반에게 읽히기 시작하자 신문광고의 역할도 점차 주목받게 되었다. 그때까지는 광고라고 하면 고작 상점의 전단지 광고 밖에 없었다.

기시다 긴코는 〈도쿄 니치니치 신문〉의 기자로 활약하면서 긴자 벽돌거리에서 약선당藥善堂이라는 약방을 경영했다. 요코하마의 영국인 선교사이자 의사인 헵번Hepburn(헵번식 로마자의 고안자, 메이지학원의 창시자)으로부터 전수받은 눈약을 '세이키스이精錡水'라는 제품명으로 발매했는데, 이 약을 선전하는 방법으로 신문광고를 크게 활용했다. 그 시작은 메이지 7년(1874)으로 근대 광고의 선구자로 여겨지고 있다. 당시의 일본에는 눈병을 앓는 사람이 많았다. 맹인의 수는 이집트의 2배, 영국의 3배나 됐다고 한다. 긴코는 쓰다 우메코津田梅子의 아버지인 쓰다 센津田仙 등과 함께 약선회藥善会라는 자선단체를 조직하여 쓰키지 훈맹원(맹아학교의 전신) 건설에도 참여했다.

후쿠자와 유키치는 메이지 16년(1883) 〈지지신포〉에 '상인에게 고 하는 글'이라는 논설을 게재하여 신문광고의 효용과 쉬운 문장 으로 우수 상품에 대한 지식과 관심을 세상에 널리 알린다는, 현대에도 적용할 수 있는 매스컴 광고의 원리를 피력하고 있다. 그 이후 신문광고를 전문으로 다루는 광고 중개점이 잇달아 생겼고, 이것이 오늘날의 광고대리업으로 발전했다.

니시키에에서 사진으로

에도의 서민문화로 꽃피운 우키요에浮世繪의 목판기술은 메이지시대에는 니시키에錦繪(우키요에 판화의 최종 형태)로 사람들에게 계속 사랑받았다. 수입염료를 사용하여 색조도 화려해지고, 문명개화로 들끓는 도쿄와 요코하마의 진귀한 서양식 건축이나 기차와 철도마차가 오가는 새로운 명소 등을 그린 풍경화, 정치나 사회의 사건을 전하는 보도화, 사회현상이나 개화된 생활을 소재로 한 풍속화 등이 많이 출판되어 아직 사진인쇄가 발달하지 않았던 메이지 초기의 시민에게 직접 눈으로 보는 세밀하고 화려한 채색으로 된 정보를 제공해 주었다.

이리하여 니시키에는 도쿄뿐만 아니라 요코하마와 고베 등에서도 활발히 출판되어 서민의 눈을 즐겁게 해주었고 지방에서 올라온 구경꾼에게는 도쿄에 다녀온 선물로도 애용되었다. 거리의 에조시야繪草紙屋[29]에는 호화찬란한 니시키에가 진열되어 서민의 인기를 모았다.

---

[29] 한두 장의 종이에 사건 등을 그림으로 그려 인쇄한 흥미본위의 책과 니시키에를 파는 그림소매점.

메이지 23년 아사쿠사에 준공한
에자키 레이지의 호화로운 사진관

에도 우키요에의 흐름을 잇는 3대째 히로시게와 요시토라芳虎,
요시카즈芳員, 요시이쿠芳幾, 사다히데貞秀, 구니아키国輝, 요시토
시芳年 등의 화가가 활약했는데, 그중에서 고바야시 기요치카와
그의 제자인 이노우에 안지井上安治 등은 서양화의 영향을 받은
새로운 화풍으로 도쿄 명소를 그렸다.

뉴스를 전하는 역할로서는 메이지 7년(1874)에 신문 니시키에
가 출판되어 지금의 사진 주간지처럼 서민사회의 사건을 재미있
고 우습게 그린 그림으로 대단한 화제를 불러일으켰다.

머리를 기대는 가로대

마루키 리요(丸木利陽)의 사진관(메이지 17년)

그러나 메이지 10년(1877)경부터 그림이 들어간 신문이 전성기를 맞이하게 되자, 신문 니시키에는 급격히 쇠퇴하고 거리의 에조시 야에서 팔리는 니시키에도 한창 때 만큼의 기세는 시들해졌다. 그 후 청일전쟁과 러일전쟁을 그린 '전쟁그림'으로 인기를 어느 정도 회복했지만, 니시키에는 점차로 석판이나 사진 인쇄에 밀렸고 메이지 33년(1900)에 사제 엽서가 인가되면서 그림엽서가 폭발적으로 유행하게 되어 사람들의 관심은 니시키에에서 멀어지게 되었다.

　니시키에와 반대로 사진기술의 발명은 완전히 새로운 문화로서 사람들의 눈을 놀라게 했다. 프랑스 루이 다게르Louis Jacques Mandé Daguerre가 '다게레오타이프'라고 이름 붙여 은판銀板 사진을 발표한 것은 1839년인데, 1851년에는 이보다 진보한 습판濕板 사진이 영국에서 발명되어 안세이安政(1854~1860) 시기에 일본에 소개되었다. 일본 사진술의 원조로서 가장 유명한 인물은 나가사키의 우에노 히코마上野彦馬와 요코하마의 시모오카 렌죠下岡蓮杖이다. 각각 외국인으로부터 기계를 양도받아 거의 독학으로 사진술을 익혔다고 한다.

　렌죠는 메이지 이전부터 요코하마에 사진관을 개업했는데 '사진은 크리스천 바테렌切支丹 伴天連(일본에 전래된 당시의 가톨릭 선교사의 칭호)의 마법이고 사진에 찍힌 사람은 수명이 단축된다'라는 미신 때문에 처음에는 고생했다고 한다. 그러나 곧 외국 선원이나 일본인도 몰려들어 메이지 원년에는 훌륭한 사진관을 신축하게 되었다. 렌죠는 사진관 경영뿐만 아니라 도쿄와 요코하마 구간을 달리는 승합마차를 운영하거나 우유 판매를 하는 등 여러 사업에 손을 댔다.

　이리하여 사진사라는 새로운 직업이 탄생하여 시대의 각광을 받는 존재가 되었다. 문하생도 많이 모이고 외국으로 공부하러 가는 사람도 있었다. 우에노 히코마의 제자인 우치다 구이치内田九一는 일찍부터 도쿄에 와서 사진관을 개업했다. 그는 뛰어난 기술을 인정받아 메이지 5년(1872)에는 메이지천황의 모습을 처음으로 공식 촬영하여 도쿄 최고의 사진사로서 명성을 날렸다.

현대와 같이 휴대전화나 디지털 카메라가 일반인에게 널리 보급되어 있지 않았기 때문에 사람들은 특별한 때가 되면 가족이나 친구들이 정장을 갖춰 입고 나란히 사진관으로 발걸음을 옮겼다. 당시의 사진은 노출시간이 오래 걸렸기 때문에 의자 등쪽에는 머리를 기대는 가로대가 달려 있었다. 그후 습판을 대신해 건판이 발명되었다. 촬영시간이 훨씬 단축되어 하야도리 사진(스냅사진)이라고 불리며 환영받게 되었다. 메이지 16년(1883) 에자키 레이지江崎礼二는 건판을 사용해 스미다가와 강의 해군 수뢰실험을 스냅 촬영하여 유명해졌다.

취미로서의 카메라는 아직 값이 비싸기 때문에 일반 서민들은 손에 넣지 못했다. 가정용 간편한 핸드카메라인 '휴대용 어둠상자'가 판매된 것은 메이지 36년(1903)인데 아마추어 사진단체의 활동도 이때부터 활발해졌다고 한다.

국회의원 제멋대로 날뛰다

메이지 22년(1889) 2월 11일, 도쿄의 거리는 전날부터 내린 눈으로 도로가 미끄러워 걷는 것조차 힘들었다.

바로 전 해에 공비 4백만 엔을 들여 황거의 한쪽에 신축된 호화로운 궁전 연회장에서는 제국헌법발포 식전이 거행되었다. 정

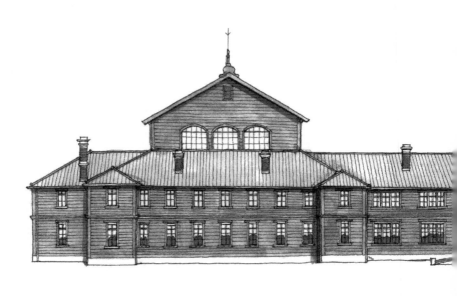

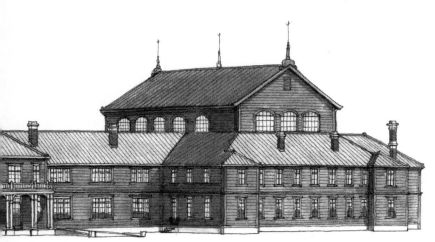

제국의회 제1차 임시의사당(메이지 23년)
설계 / 요시이 시게노리, 아돌프 스테히뮐러(메이지 24년 소실)

제국의회 제2차 임시의사당(메이지 24년)
설계 / 요시이 시게노리, 오스칼 치제(1925년 소실)

부고위관료, 화족, 외국사신 등이 서 있는 가운데, 천황은 총리대신 구로다 기요타카黑田淸隆에게 헌법을 내려주었다. 그날 밤 궁중에서는 기념 만찬회가 개최되고 도쿄 시내는 봉축으로 들끓었다.

메이지헌법은 권력자로서 일인자인 이토 히로부미가 이노우에 고와시井上毅 등에게 명령하여 만든 것이다. 물론 민권운동가들이 기대한 것 같은 민주적인 헌법과는 거리가 먼 내용이었다. 이토 히로부미는 자유민권운동을 억압하고 천황 중심의 강력한 국가조직을 만들려고 했다. 그 때문에 유럽에 가서 각국의 헌법을 조사하고 나서 결국 프랑스와 같은 공화체제가 아니라 입헌제정의 신흥국인 독일형 헌법을 받아들이기로 결정했다. 그는 비밀리에 헌법 초안을 만들고 스스로 독일의 철혈 재상 비스마스크를 의식해 국무상의 최고심의기관인 추밀원 의장자리에 앉았다.

헌법 발포 이듬해인 메이지 23년(1890) 7월 중의원 선거가 실시되고, 같은 해 11월에 최초의 국회가 소집되었다. 가스미가세키霞が關에 있는 지금의 경제산업성 자리에는 목조 임시건축의 국회의사당이 세워지고, 새로 선출된 국회의원들이 마차와 인력거를 타고 속속 모여들었다.

그런데 이 건물은 만들어진지 겨우 2달 후인 이듬해 24년(1891) 1월에 누전으로 인해 어이없이 완전히 전소되고 말았다. 어쨌든 제1회 제국의회 회기중에 일어난 사고이기 때문에 정부는 서둘러 그 당시 막 준공된 제국호텔과 고후대학교로 장소를 옮겨서 회기를 마칠 수 있었다. 그리고 당시 총리대신인 야마가타 아리토모의 명령으로 제2차 임시의사당 건설이 착수되었다. 아크등을 설비해 두고 밤낮을 가리지 않은 공사 끝에 10월에는 어떻게든 의사당이 준공되어 제2회 제국의회의 개회에 맞출 수 있었다.

중의원선거라고 해도 유권자는 다액 납세자로 한정되었고 여성에게도 선거권은 부여되지 않았다. 게다가 화족을 중심으로 한 귀족원과의 이원제이기 때문에 일반서민과는 그다지 관계가 없는 의회였다. 어쨌든 자유민권의 투사들과 메이지 번벌정부가 정면에서 맞붙은 이 제국의회는 반정부파가 다수를 차지했다. 그렇지만 정부도 보통내기가 아니어서 의회해산 전술을 반복하거나, 반대파를 매수해서 그 세력을 분열시켜 결국은 강력한 지배체제를 만들어갔다.

제 5 부

도시 만들기

제5부
도시 만들기

소화에서 소방으로

　'화재와의 싸움은 에도의 꽃'이라고 했듯이 화재는 에도의 명물이었다. 목조 가옥이 빼곡이 들어선 에도의 시타마치는 연중행사처럼 자주 대형화재가 발생했다. 사람들은 두려워하면서도 당연한 듯이 포기하고 살았던 것 같다. 화재로 인해 모조리 불타버려도 별로 슬픈 표정도 짓지 않고 곧바로 불탄 곳을 정리하고 환하게 웃으며 새로 집을 짓기 시작하는 사람들을 보고 일본에 온 외국인은 모두 깜짝 놀랐다고 한다.

　메이지가 되었어도 이 같은 상태는 변함없이 지속되어 1000호 이상 소실되는 대형화재가 거의 해마다 일어났다. 어느 해에는 한 해에 2~3번이나 대형화재를 입은 적도 있었다. 메이지 2년(1869) 12월의 대화재 이후에는 넓은 화재예방공터를 만들고 그곳에 화재를 막아주는 신神인 아키하곤겐秋葉權現을 모셨다. 이것이 현재의 아키하바라 지명의 유래라고 한다.

에도시대에 무가소방조직은 메이지가 되어 폐지되고, 시민소방조직인 이로하 47조가 소방조로 개칭되었다. 메이지 13년(1880)에는 내무성 경시국 관할 하에 소방본부가 생기고 이듬해에는 니혼바 시, 시바, 고지마치, 혼고, 우에노, 후카가와 등 6군데에 지서가 설치되어 공식 소방직원이 업무를 담당하게 되었다. 이것이 소방서의 기원으로 여겨진다.

료고쿠 대화재 아사쿠사바시(메이지 14년)

소방펌프가 외국에서 처음 들어온 것은 메이지 3년(1870)으로 수동펌프와 말이 끄는 증기펌프였다. 수동식이라고 해도 에도시대의 구식소화기에 비하면 훨씬 성능이 좋아 그 후 프랑스와 독일에서 수입했고 얼마 지나지 않아 일본에서도 생산하게 되었다. 증기펌프 쪽은 다루기가 매우 힘든 데다 화재현장에 도착해도 증기압이 높아지기까지 시간이 걸리기 때문에 한동안은 채택이 보류되었던 모양이다. 그러나 메이지 17년(1884)에 최신식 펌프가 수입되자, 그 성능이 좋게 평가되어 본격적으로 증기펌프가 활약하기 시작했다. 메이지 32년(1899)경에도 증기펌프는 시 전체에 8대 정도 밖에 없었던 것 같은데, 이 해부터 일본에서 생산이 개시되어 급속히 보급되었고 건물의 고층화에 따라 사다리차도 채택되었다. 요쓰야의 소방박물관에는 이 시대의 증기펌프가 전시되어 있다. 자동차 펌프는 메이지 44년(1909)에 오사카시가 처음으로 수입했는데, 도쿄에서 사용하게 된 것은 다이쇼에 들어선 이후의 일이다.

메이지 5년(1872)의 긴자 대화재도 컸지만 뭐니뭐니해도 메이지 14년(1881) 1월에 발생한 '료코쿠 대화재'는 메이지 최대 규모의 화재라고 일컬어지고 있다. 간다 마쓰에쵸松枝町에서 시작된 불은 북서풍에 휩싸여 간다와 니혼바시를 삼키고 또 스미다가와 강을 넘어 혼죠, 후카가와 방면까지 번져 나갔다. 소실된 가옥은 1만 호 이상이나 되었다고 한다. 어떻게든 급히 근본적인 방화대책을 세워야 했다. 도쿄 전체를 긴자와 같은 벽돌거리로 조성하려면 자금이 많이 들어 무리라고 해도 아무래도 제일 먼저 가

옥의 불연화 대책이 필요했다.

에도시대 이후에 기와지붕과 도조즈쿠리土蔵造, 누리야즈쿠리塗家造가 장려되고 있었지만 전체의 비율로 보면 아직 적었다. 메이지 12년(1879)경의 니혼바시구에서는 전체 주택호수 1만 7318동 중에 1만 169동이나 되는 가옥이 초가지붕, 삼나무껍질 지붕, 널빤지 조각으로 이은 지붕 등, 불에 타기 쉬운 집들이었다고 한다. 널빤지 조각의 지붕이라는 것은 얇은 삼나무 판자를 겹쳐 대는 매우 허름하고 조잡한 것이다.

료코쿠 대화재 직후에 메이지 14년(1881) 2월에 부지사府知事인 마쓰다 미치유키松田道之에 의해 도쿄 방화령이 내려졌다. 가옥이 밀집된 지역에서는 연소하기 쉬운 집은 기와로 지붕을 교체하

증기펌프

고, 또한 방화노선을 지정하여 이 선에 접해있는 집은 내화 건축으로 짓는 것을 의무화했다. 즉, 벽돌구조, 석조, 도조즈쿠리 중에 선택하여 교체해야만 했다.

방화령에 의해 시타마치의 상가에서는 대부분의 사람들이 도조즈쿠리로 집을 개조하거나 신축했다. 그것도 에도시대부터의 전통적인 검은 칠을 한 집이었다. 이 건축양식은 메이지 중기부터 후기에 걸쳐 상가건축의 주류가 되어 도쿄 시타마치下町(서민이 거주하는 저지대의 번화가)의 큰 길에는 일제히 검은색의 도조즈쿠리가 나란히 늘어서게 되었다.

예를 들면, 긴자부터 니혼바시까지의 도로에 접한 상가는 절반 이상이 도조즈쿠리가 되었다. 현재 도쿄에서는 더 이상 찾아볼 수 없게 되었지만 사이타마켄 가와고에시川越市에는 당시 도쿄를 모방해 정면에 처마를 덧붙인 구조의 검은색 도조즈쿠리 상가가 지금까지도 상당수 남아 있다.

서구화를 서두르는 정부가 열심히 벽돌이나 석조를 이용한 서양식 건축을 지으려던 것과는 대조적으로 사람들은 그저 신기할 뿐인 서양식 건축보다는 역시 에도시대 상가의 전통적인 일본 건축을 선호했다. 거기에는 관제官制 긴자 벽돌거리에 대한 반항심리도 있었을런지도 모르겠다.

그러나 도쿄 방화령은 점차 그 효력을 발휘해 그 이후 도쿄에는 현재와 같은 정도로 화재가 줄어들었다.

들쑤시는 시구개정

도쿄 도시만들기의 특색은 뭐니뭐니해도 에도의 거리를 그
대로 사용한다는 점에 있었다. 도쿄의 근대화라고 해서 한꺼번
에 도시공간 전체에 영향을 줄 만큼의 대규모 개조는 시행되지
않았고 또 그렇게 할 만한 경제력도 없었다.

도로망이나 수로, 강줄기는 에도시대 그대로였다. 마차와 인
력거 등의 새로운 교통기관에 대처하기 위해 고작해야 도로폭
을 넓히고 언덕길을 깎아 완만하게 만들거나, 다리를 다시 가설
하는 정도의 가벼운 개조가 이루어진 데 불과했다.

도리하타고쵸(通旅籠町)의 도조즈쿠리 거리

요로즈요바시(만세이바시) **부근**

요로즈요바시

소토간다

조세료

렌자쿠쵸

스다쵸

　그렇지만 도시 여기저기에 서양식 건축이 들어서기 시작했고 마을 경계에 있는 기도木戸(지붕 없는 문)가 헐리고 에도성 주위에 배치되어 있던 미쓰케몬見付門(성의 가장 바깥 성문)은 철거되어 죠카마치城下町(성 아랫마을)로서의 폐쇄적인 기능은 개방적인 것이 되어 갔다. 간다의 스지카이 미쓰케筋違見付는 무너져 그 돌담의 돌로 요로즈요바시萬世橋(万世橋) 다리를 놓았는데 이 다리는 안경다리라고 불리며 도쿄의 명소가 되었다. 또한 급경사 언덕으로 유명한 구단자카九段坂는 개수 공사를 실시하여 완만해졌다. 그

도로공사

리고 그 결과 도시의 경관도 서서히 모습이 변해갔다.

긴자 벽돌거리는 메이지 최초의 도시계획으로 일컬어지는데, 도쿄 전역에 미칠 정도는 아니고 인근 지역의 인프라도 갖추지 않은 채로 강행한 문명개화의 국지적인 부산물이었다. 어느 쪽 이냐고 묻는다면 실패작이라고 해도 좋을 것이다.

아무 계획도 없이 임시방편이 아닌, 좀 더 일관성 있는 도시 개조를 생각하기 시작한 것은 메이지 9년(1876) 도쿄부 지사 구스모토 마사타카楠本正隆 때였다. 막부 말기의 동란으로 쇠약해 진 도쿄는 이 무렵에도 여전히 황폐한 모습 그대로였으며 인구도 60만 명 정도였다. 구스모토 지사는 시타마치의 번화한 지역을 중심으로 방화 대책을 강구하여 도쿄 번영의 틀을 구축하려고 생각했던 것 같다.

그 다음으로 마쓰다 미치유키松田道之가 지사가 되자, 도쿄 전역의 도로를 정비하는 '시구개정' 계획이 세워지고 조사가 개시되었다. 마쓰다 지사의 뒤를 이어받은 요시카와 아키마사芳川顯正에 의해 정리된 '시구개정안'이 정부에 제출된 것은 메이지 17년(1884)이다.

요시카와 개정안의 중심 내용은 뭐니뭐니해도 도로계획이었다. 철도도 개통되고 산업과 군사수송의 필요성 때문에 간선도로 정비를 서둘렀다. 정부는 이 계획안을 검토하기 위해 관청이나 민간인으로 구성된 심사위원회를 설치하고 논의를 전개했다. 도시의 인프라로서 도로와 동시에 철도나 하천에 다리도 정비해야 하며 상하수도도 중요하고, 공원, 극장, 시장, 도축장, 묘지, 화장터 등의 공공시설도 필요하다. 도쿄의 축항계획도 논의되었다. 심사위원회의 개정안은 정부의 승인을 얻어 메이지 21년(1888)에 '시구개정조례'로 탄생했다. 여기에서는 축항계획이 삭제되고 상수도계획은 위생대책상 즉시 조사실행이 개시되었다.

조례의 구상은 전에는 보지 못한 장대한 것이었는데 그런 만큼 실시하는데 난항을 거듭했다. 개정사업은 1914년까지 10년간 이루어졌고 이후는 1919년의 '도시계획법'으로 이어졌다.

그 사이, 계획은 규모가 축소되거나 보류되거나 하는 연속이었다. 계획 당초의 도쿄 인구는 얼마 없었지만 메이지 21년(1888)이 되자 130만 명으로 급속히 증가해 그 때문에 개정구역도 현재의 야마노테센山手線 안쪽 근처까지 확대해야만 했다.

자금난도 계속 따라 다녔다. 인구증가와 함께 토지의 가격은 계속 뛰어올랐다. 그런데 국가예산은 도로나 다리보다도 직접적인 군사비로 쓰여 대포나 군함 건조에 소비했기 때문이다. 메이지 27년(1894)에는 청일전쟁, 37년(1904)에는 러일전쟁이 일어나 더욱 그러했다.

도시는 메이지 후반 내내 줄곧 도로확장을 위해 가는 곳마다 다시 파헤쳐졌고, 비라도 내리면 도로는 늪지대처럼 질퍽거렸다. 도로를 확장했어도 자갈과 모래를 깔아 굳혔을 뿐으로 여전히 포장은 되어있지 않았다. 본격적인 아스팔트 포장도로가 시험적으로 만들어진 것은 메이지 말년의 일이다. 도시의 거리도 도조즈쿠리나 벽돌조, 석조가 뒤섞여 에도의 여운을 간직한 전통적인 풍물은 점차로 모습을 감추어갔다.

파리를 능가하는 도시계획

19세기는 도시계획의 세기라고 일컬어지고 있다. 그 발단은 1853년에 시작된 나폴레옹 3세의 파리개조계획이다. 그 장대하고 화려한 모습은 꿈의 도시로써 금세 전 유럽에서 유행했다. 이것을 바로크식 도시계획이라고 한다. 무엇보다도 나폴레옹 3

세의 의도는 반란이 일어났을 때 군대를 신속하게 이동할 수 있고, 반란자들이 좁은 골목을 무너뜨리고 바리케이트를 만들지 않도록 하는 데 있었던 것 같다.

도쿄의 도시계획은 종전의 도시구획을 정리하고 도로폭을 넓히는 정도였다. 파리처럼 개선문이나 루브르 궁전을 중심으로 세느강 상류에 오래된 노틀담 성당이 있고, 하류에는 에펠탑을 배치하고서, 그 사이를 가로수가 이어지는 큰 간선도로가 종횡으로 달리는 식의 장대한 것이 아니었다. 그 같은 바로크식 계획을 생각한 사람은 없었을까?

실은 시구개정市區改正 계획과는 완전히 별개로 다음과 같은 도시계획도 진행되고 있었다. 시구개정이 내무성 관할로 추진된 반면에 외무성 관계자가 어떻게든 실현하고자 계획했던 '관청집중계획'이 그것이다.

메이지 초기에 각 관청의 청사는 빈집이 된 옛 다이묘 저택 등을 이용해 아쉬운 대로 사용하고 있었다. 그런데 메이지 6년(1873)에 황거가 소실되어 궁전을 재건하는 김에 에도성 혼마루 터에 각 관청을 모아 짓자는 관청집중안이 나

신바시 스테이션

해군용지

쓰키치 혼간지

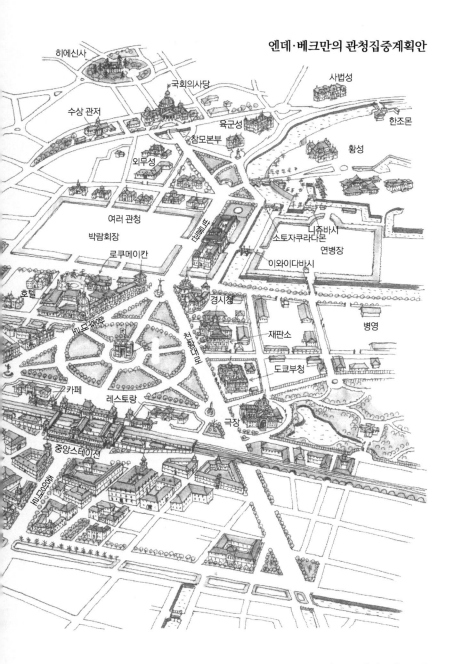

엔데·베크만의 관청집중계획안

히에신사

국회의사당

사법성

수상 관저

육군성

한조몬

참모본부

황성

외무성

여러 관청

박람회장

간메교

니쥬바시
소토자쿠라다몬

로쿠메이칸

연병장

이와이다바시

호텔

경시청

병영

히비야도리

재판소

천황대로

도쿄부청

카페

레스토랑

극장

중앙스테이션

에이라쿠도리

왔다. 당시는 천황이 직접 정치를 한다는 취지였기 때문에 황거 안에 관청을 집중시키려고 생각했던 것 같은데, 이 계획은 부지 지반이 약하다는 이유로 실현되지 못했다. 그러던 것이 마침 시구개정이 계획되기 시작한 메이지 19년(1886)경에 외무대신 이노우에 가오루井上馨에 의해 새로 부상하게 되었다. 입안자인 이노우에는 긴자 벽돌거리와 로쿠메이칸의 건설을 추진한 유럽화주의의 최선봉이었다.

바로 전 해에는 지금까지의 태정관제를 대신해 내각제도가 탄생했고, 몇년 후에는 헌법이 제정되어 의회가 발족될 정도였다. 이렇게 되자 여러 관청의 입지조건도 이미 황거 안으로 고집할 필요가 없어졌다. 불평등조약의 개정을 염원하고 있던 이노우에는 이듬해에 열리는 각국과의 조약개정 교섭을 앞두고 법률과 제도의 충실을 기함과 동시에 각 관청도 한 곳에 집중시켜 수도의 위용을 갖추려고 했다.

먼저 내각 직속의 임시건축국이 설치되고 이노우에가 총재를 겸임했다. 처음 계획은 부지는 히비야에서 가스미가세키霞が関 일대로 정해졌고 로쿠메이칸을 설계한 콘더가 설계했지만 그의 설계는 수수한 것이었다. 이노우에의 꿈인 파리를 능가하는 위풍당당한 거대 건축군과는 걸맞지 않았던 것 같다. 콘더에게 가망이 없다고 판단한 이노우에는 독일의 건축가에게 이 관청 집중계획을 의뢰하기로 결정했다. 그리하여 당시 베를린에서도 일류인 엔데·베크만 건축사무소가 설계를 담당하게 되었다. 당

시의 정부부내는 총리대신 이토 히로부미, 외무대신 이노우에 가오루를 비롯해 모두가 신흥 독일에 심취되어 있었다. 준비 중인 헌법초안도 독일을 보고 배웠고 육군도 독일식을 목표로 하고 있었다.

엔데·베크만 두 사람에 의한 계획안은 단순한 관청가 계획뿐만 아니라, 히비야, 가스미가세키, 나가타쵸, 유라쿠쵸, 긴자, 신바시에 이르는 거대계획이 되어 황거, 국회의사당, 관청가, 중앙역을 연결해 천황대로, 황후대로, 일본대로, 유럽대로 등의 광대한 간선도로가 종횡으로 관통하는, 실로 파리를 능가하는 장대한 바로크식 도시계획이었다. 그러나 관청가뿐만 아니라 이처럼 일반 시가지까지 포함된 거대 도쿄개조계획은 이노우에의 개인적인 생각에 의해 추진한 것으로 당연히 시구개정계획과 정면으로 충돌하게 되었다. 즉, 내무성계의 시구개정계획과 이를 무너뜨리려는 외무성계의 관청가 계획이 정부내에서 일대 세력다툼으로 표면화되었다.

관청집중계획은 원래 바다였던 히비야 일대의 약한 지반 때문에, 당시의 기술로는 벽돌이나 석조의 무거운 건축물을 새로 짓는 것은 무리라는 것을 알고 재정난도 있어 여러 차례 설계를 변경하고 축소하지 않을 수 없었다. 그러던 중에 중요한 조약개정교섭이 실패로 끝나 이노우에는 책임을 지고 외무대신을 사 임하게 되면서 메이지 23년(1890)에는 임시건축국도 폐지되고 말았다.

이리하여 관청집중계획은 허무하게 사라지고, 엔데가 건축한 각 청사 중에 실현된 것은 사법성과 재판소뿐이며, 국회의사당

해운성(메이지 23년) 설계 / 콘더
전쟁으로 인해 소실

가스미가세키의 관청가

사법성 중요문화재
(메이지 28년)

사쿠라다몬

고등재판소·대심원

아즈마바시
(메이지 20년)

은 목조의 임시건물 그대로 어물어물 넘어갔고 해군성은 콘더의 설계가 채택되었다.

베니스를 능가하는 물의 도시

수로와 수상운송의 도시로 일컬어진 에도의 하천에는 크고 작은 다리가 많이 가설되어 있었다. 이전의 다리는 모두 배의 통행을 위해 중앙이 불룩 올라간 목조다리였는데 이 다리들은 메이

에이타이바시(메이지 30년)

료고쿠바시(메이지 37년)

지가 되자, 마차 교통을 위해 평평한 형식으로 다시 가설되었다.
수상운송에서 육상운송으로 교통수송 시스템이 크게 바뀌었기
때문이었다. 시구개정계획 중에서도 도로와 교량정비는 특히 중
요시되었다. 그 밑바탕에는 산업과 군사상의 필요성이 있었음은
두말할 필요도 없다.

집과 상점이 늘어선 거리와 건물 모습의 변화와 함께 크게 도
시의 이미지를 바꾼 것이 있다면 그것은 목조다리를 대신하는
석교다. 교바시, 신바시, 에도바시, 스지카이바시筋違橋(萬世橋), 도
키와바시 등은 석조 아치교로 교체되었다.

니혼바시(메이지 44년)

시부사와 에이이치 저택(메이지 21년)

요로이바시

이어서 철교시대가 찾아왔다. 스미다가와 강의 철교 1호는 아즈마바시吾妻橋인데 메이지 18년(1885)에 유실된 옛 목조교를 대신해 2년 후인 메이지 20년(1887) 말에 준공되었다. 이리하여 철도마차 등의 중량 교통기관에 대처함과 동시에 물이 불어났을 경우 쉽게 유실되거나 파손되던 종전의 목조교의 약점이 해결되었다.

그 후 우마야바시厩橋(메이지 26년), 에이타이바시(30년), 료고쿠바시(37년)의 철교화가 진행되었고, 메이지 말년인 45년에는 신오하시新大橋가 완성됨으로서 스미다가와 강의 5대 다리가 근대화되었다. 신오하시는 태평양전쟁 이후까지 계속 남아 현재는 메

제일국립은행

에키테이료

이지무라明治村에 이축되어 보존되고 있다. 이들 메이지의 철교는 노면에 판자가 깔려 있었기 때문에 전부 간토대지진의 피해를 입어 그 후에 다시 수선하거나 가설해야만 했다.

스미다가와 강뿐만 아니라 시내 여기저기의 다리도 철골화가 진행되어, 에도 이후의 수변 경관은 점차로 변모해갔다. 메이지 초기에 놓여진 석조교도 메이지 30년(1897)대에는 거의 철골교로 교체되었다. 니혼바시는 메이지 6년(1873)에 서양식 목조교가 되었지만, 본격적으로 석조교로 다시 가설하기로 계획하고 메이지 39년(1906)에 공사를 시작해 44년(1911)에 완성하였다. 기린과 사자 조각을 장식하고 다리 중앙에 전국 이정원표 기둥을 설치해 이곳을 일본 전체의 도로원표로 삼았다. 다리 이름의 명판은 도쿠가와 요시노부德川慶喜 (15대 쇼군)의 필체로 되어 있다. 현재는 다리 위에 고속도로가 뒤덮여 볼품없는 상태이며, 이정표 기둥도 다리 옆으로 옮겨졌다.

석조 아치교로서 메이지 초기의 정취를 지금까지 그대로 전해주고 있는 도키와바시常盤橋(메이지 10년)도 고속도로조차 없었더라면 마치 신파 무대를 보는 것 같은 분위기다. 당시의 모습 그대로인 곳은 황거 정문의 니쥬바시(메이지 19년) 정도일 것이다.

가이운바시 옆의 미쓰이하우스는 제일국립은행이 되었는데, 그 은행장은 가부토쵸兜町 일대에 근대적인 비즈니스센터를 조성하려고 했던 인물로 메이지 실업계의 지휘관인 시부사와 에이이치다. 시부사와는 원래 막부에서 대장성 관료가 되었다가 은행가와 실업가로 이름을 얻었다. 이리하여 이 부근에는 주식거래소, 은행집회소, 도쿄상법회의소 등의 각종 경제 기구를 비롯해 민영기업과 경제 저널리즘이 집중되어 활동을 시작하게 되었다.

시부사와는 이곳에 주거를 정하고 메이지 21년(1888)에는 베니스풍의 단정한 건물을 신축하였다. 강가에 늘어선 창고에 둘러싸여 니혼바시 주변의 강물에 비춘 이국적인 모습은 실로 베니스를 방불케 하는 것이었다. 그런가 하면 메이지 13년(1880)에 에이타이바시 다리 옆에 세워진 개척사 청사도 베니스풍의 디자인이었다. 당시 도쿄의 수변풍경이 베니스를 연상시키는 아름다운 정경이었음이 상상이 간다. 시부사와는 비즈니스뿐만 아니라 교육과 복지에도 업적을 남겼다.

그러나 시부사와의 이 비즈니스 거리 구상은 결국 성공하지 못하고 끝나 버렸다. 그는 도쿄의 상업도시화를 의도했다. 스미다가와 하류 일대에 항만시설을 건설하고, 여러 외국 선박이 도쿄에 직접 정박할 수 있도록 했다. 계획 중인 중앙스테이션(도쿄역)을 연결하는 산업도로의 한 가운데에 가부토쵸가 위치하도록 계획을 세우고 있었던 것 같다. 그러나 축항계획은 실현되지 않았고 스미다가와 무역항을 만들려고 했던 꿈은 실패로 돌아갔다. 그리고 태평양전쟁 이후에 도쿄항이 생겼다. 비즈니스 거리도 머지않아 마루노우치로 옮겨가고 가부토쵸는 단순히 증권거래의 거리로 남게 되었다.

일본은행 본점(메이지 29년)

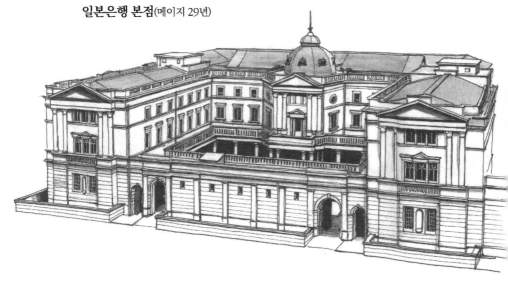

위신을 건 일본은행

메이지에 지어졌던 도쿄의 건물이라고 해도 지금은 거의 없어졌다. 겨우 100년 전의 건물조차 변변히 남아있지 않는 도시는 세계에서도 찾아보기 드물다. 얼마 남지 않은 현존하는 메이지 건축의 대표적인 존재로서 국가의 중요문화재로 지정되어 있으면서 지금까지 실제로 사용되고 있는 건물은 일본은행 본점이다.

일본은행은 정부금융기관으로서 근대적인 화폐·신용제도의 확립을 목표로 메이지 15년(1882)에 설립되었다. 처음에는 개척사 물산매팔소 청사를 양도받아 사용하고 있었다.

일본은행의 업무는 국내 각 은행과의 연결, 국고금의 취급,

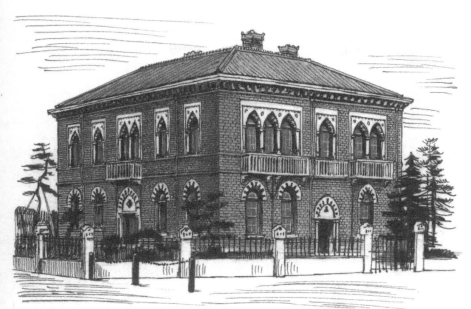
콘더가 설계한 개척사물산매팔소(메이지 13년)
나중에 일본은행

외국수표의 할인, 정화正貨의 축적 등을 목적으로 하고 있었는
데 메이지 18년(1885)부터 일본은행권을 발행하여 통화의 안정을
도모하게 되었다. 메이지 5년(1872)의 국립은행조례는 식산흥업정
책과 세이난 전쟁을 위한 대량의 불환지폐를 발행하여 화폐가
치가 현저하게 하락해 있었다.

메이지 21년(1888)에 신청사가 계획되어 다쓰노 긴고辰野金吾가
설계 했다. 다쓰노는 고후대학교에서 콘더에게 건축을 배워 이
후에 도쿄역 등을 설계하는 등 메이지 건축계의 중진이라고 일
컬어 지는 인물이다. 앞에서 설명했던 시부사와 저택도 다쓰노
가 설계했다. 국가의 대형건물은 지금까지는 외국인 건축가의

설계에 의존하고 있었는데 처음으로 일본인 건축가에 의한 본격적인 설계가 세상에 선보이게 된 것이다. 그는 구미를 시찰하여 각국의 대형 은행을 견학하고 귀국 후 곧바로 설계에 착수했다. 당시는 이렇게 중요한 건축설계에 앞서 구미에 가서 필요한 여러가지 조사시찰을 하는 것이 통례였던 것 같다.

공사는 메이지 23년(1890)에 착수했다. 도중에 청일전쟁에 의해 일시 중단되었다가 5년의 세월을 허비하고 메이지 29년(1896)에 완성되었다. 장소는 니혼바시 료가에쵸両替町 도키와바시 옆의 현재 위치다. 에도시대에 이곳은 킨자金座(에도막부의 금화 주조소)가 있던 금융과 인연이 깊은 곳이다. 건물은 르네상스 양식인

요도바시 정수장, 현재의 신쥬쿠 부심지

석조, 지하 1층, 지상 3층 건물로 아사쿠사 12층에 이어 일본에서 두번째로 엘리베이터도 설치되어 있었다. 앞마당으로 들어가는 것을 막으려고 했는지 총안銃眼 뚫린 회색의 석벽이 가로막고 서 있었다. 지하의 대형 금고실의 둘레는 콘크리트로 두껍고 튼튼 하게, 무슨 이변이 일어나도 절대로 침입하지 못하도록 견고한 구조로 되어있다고 한다.

변함없는 물 부족

에도의 상수도는 '갓 태어난 아기 목욕물은 수돗물을 사용했다'라고 자랑할 정도로 에도 토박이들의 자랑거리였다. 에도는 바다 옆에 위치하고 있기 때문에 양질의 물이 부족하여 일찍부터 상수도가 개발되었다. 주로 에도 초기의 간다 상수와 그 후에 완성된 다마가와 상수의 두 물

에도시대의 물장수

줄기가 음용수로 사용되었다. 이 에도 상수는 메이지가 되었어도 그대로 도쿄시민들이 이용하고 있었다.

그러나 이것만으로는 도저히 불어나는 인구를 지탱할 수 없어 도쿄는 결국 물부족에 시달리게 되었다. 특히 저습지인 혼

죠, 후카가와 부근부터 시타마치 일대의 물은 해수와 광물기를 포함하고 있어 음료수로는 부적절했다. 그 무렵에는 '식수를 운반하는 배'와 큰 물통을 멜대로 지고 다니며 판매하는 '미즈야水屋'라는 장사치가 있을 정도였다.

수도라고해도 현재와 같이 수도꼭지를 비틀면 살균된 깨끗한 물이 콸콸 나오는 것이 아니다. 에도시대부터 사용하던 지하로 통하는 나무관의 물을 우물에서 길어 올리는 것이다. 상류의 수로에 쓰레기가 버려져 있거나 나무통이 부패하기도 하여 아무리 생각해도 위생적이라고 할 수 없었다. 비가 오면 오줌이 흘러 들어가 물은 곧 탁해졌다. 또 시타마치의 뒷골목 나가야에서는 목조 수도관이 공동변소 바로 옆을 지나서 우물이 있었기 때문에 매우 비위생적인 것이었다. 메이지 초기에는 목조 수도관의 손질도 하지 않고 방치했기 때문에 도쿄에서는 2~3년마다 콜레라같은 무서운 전염병이 발생해 많은 사람들이 사망했다. 수질 검사결과 도저히 사람이 마실 수 없을 정도였다.

그래서 어떻게든 근대적인 수도건설에 착수해 드디어 메이지 12년(1879)부터 조사가 시작되었다. 실제로 수도개량공사가 시작된 것은 메이지 31년(1898)이고 간다와 니혼바시에 최초로 급수가 개시되었다. 그리고 전체 공사가 완료된 것은 메이지 말경인 44년(1911)이었다.

새로운 수도는 정수장치도 완비하고 철관과 콘크리트를 매설하여 급수하는 것으로, 신쥬쿠의 아오우메 가도青梅街道 입구에는 광대한 요도바시 정수장淀橋淨水場이 설치되었다. 이 때 급수용 철관에 얽힌 거대 부정사건이 적발되었다. 이러한 사건은 짧은 시간에 벌어진 일이 아니었던 것 같다. 현재 초고층 빌딩으로 숲을 이룬 신쥬쿠역 서쪽 출구의 부도심은 이 광대한 요도바시 정수장 터에 건설된 것이다.

그래도 아직 도쿄의 물부족은 해소되지 않았다. 개량수도의 혜택을 받은 가구는 20만 호, 인구는 70만 명, 결국 도쿄의 총 주택호수의 약 반수, 총 인구의 3분의 2에 불과했다.

공사가 완료되고 난 후 이번에는 수원으로서 저수지가 필요하게 되어 무라야마村山 저수지와 야마구치 저수지(현재의 多摩湖, 狹山湖)가 쇼와시대가 되어 완성되었고, 또 오가와나이小河內 댐(奧多摩湖)이 완성된 것은 1958년이었다.

한편 하수도 쪽은 어떠했을까? 서양에서는 로마시대부터 하수도가 설치되어 있었지만 일본에서는 메이지가 되었어도 거의 발달하지 않았다. 시민의 생활배수는 변함없이 '시궁창'을 통해서 직접 하천과 바다로 흘러들어갔기 때문에 몹시 비위생적이었다. 긴자 벽돌거리 건설 때에 처음으로 서양식 하수도가 설치되었다. 그러나 그 후에도 콜레라가 유행했기 때문에 메이지 18년(1885)에는 마침내 간다 일부에 하수도가 설치되었다고 한다.

하수도 건설에는 방대한 비용이 들기 때문에 그 이후에도 좀처럼 실현되지 않았다. 또 옛날부터 도시의 배설물은 비료로 이용되어 근교 농가의 필수품이기도 했다. 번화가에도 냄새를 풍기며 비료통을 실은 달구지가 다니고 있었다. 한편 예방백신이 개발되어 전염병이 감소하자 하수도의 필요성이 옅어진 사정도 있었던 듯하다. 그러나 인구가 증가해 농가의 수요만으로 더 이상 감당할 수 없게 되자 대소변을 배에 실어 도쿄만에 버리고 있는 실상이었다. 마침내 하수도 공사가 시작된 것은 다이쇼시대가 되고 나서부터다. 그 후에도 간토대지진과 전쟁으로 인해 공사는 좀처럼 진척되지 않다가 태평양전쟁 이후에 드디어 정비가 진행되었다는 한심스런 상태였다.

쓰레기대책도 문제였다. 에도시대에 쓰레기는 각 집이 마음 대로 하천이나 수로, 공터 등에 버리기도 하고, 태우든지 매립 하고 있었다. 메이지가 되었어도 상황은 그다지 바뀌지 않았던 듯하다. 도시화가 진행됨에 따라 메이지 30년(1897)대부터 쓰레기 수집업자가 회수했다. 각 가정에 쓰레기통을 설치하고 후카가와에는 소각장도 만들었다. 메이지 말년에 도쿄의 쓰레기는 1일 800톤(연간 30만 톤)으로 불어났다. 그래도 현재의 10분의 1정도였다.

화창한 봄날의 스미다가와

선진국의 대도시에는 공원 등에 자연정원과 함께 나무를 가꾸어 인공정원을 조성하는 풍조가 유행했다. 도쿄에서도 공원을 정비하기로 결정하고 메이지 6년(1873)에 처음으로 공원이 탄생했다. 센소지, 시바 조죠지, 우에노 간에이지, 후카가와 도미

오카 하치만富岡八幡, 아스카야마飛鳥山 등 다섯 군데와 에도시대
부터 사람들이 잘 모이는 사원의 경내나 행락지를 그대로 공원
으로 지정했다.

우에노 공원은 간에이지와 도쇼구 궁도 있어 옛날부터 도쿠
가와 가문의 성역으로 여겨지고 있었는데 벚꽃의 명소로서 서
민에게도 개방되었다. 처음에는 이곳에 대학 동교東敎(도쿄대학 의
학부의 전신)를 옮겨와 의학부와 병원을 포함한 의료센터로 구상
하는 의견도 있었던 것 같은데 경치가 좋은 유수의 땅을 깎아

시노바즈노이케 연못의 경마장
(메이지 17년)

없애기보다도 공원을 조성해야 한다는 의견에 따라 그대로 남겨두었다. 메이지유신 이후에는 때때로 권업박람회가 열렸고 박물관(메이지 14년)과 동물원(메이지 15년)도 만들어 공원처럼 조성되었다. 동물원은 처음에는 박물관 부속시설이었는데 맹수는 아직 없었다. 20년(1887)대에는 호랑이, 표범, 코끼리 등도 사육되고 35년에는 사자도 들여왔다. 우에노 동물원은 다이쇼 말기에 쇼와 천황의 결혼(1942년)을 계기로 도쿄시에 하사되었다.

메이지 17년(1884)에는 시노바즈노이케不忍池 연못 주위에 경마장도 조성되었다. 다만 마권은 발매하지 않았다. 연못에 본격적인 경마장이 만들어진 것은 메이지 39년(1906), 이듬해에는 메구로目黑 경마장이 개설되었다. 개를 데리고 있는 사이고 다카모리 동상이 세워진 것은 메이지 31년(1898)이었다.

센소지 절 경내도 신성한 지역이라고 여겨졌는데 에도시대부터 연이어 도쿄의 서민들에게 가장 사랑받는 장소가 되어 지금까지도 인파가 끊이지 않는다. 경내를 중심으로 1구에서 5구까지 공원으로 지정되었고 나중에 아사쿠사 논밭을 매립하여 6구가 지정되었다. 2구의 신사와 절의 경내에 있는 상점가는 메이지 18년(1885)에 나가야 형태의 벽돌구조로 재건되었다. 가미나리몬雷門은 1865년에 소실되어 태평양전쟁 이후 재건되기까지 문은 없었다. 6구는 곡예나 요술같은 구경거리와 다마노리玉乗り(공 위에 서서 공을 굴리는 곡예), 파노라마, 나중에 영화관, 다이쇼시대가 되면 오페라와 리뷰(노래와 춤 중심의 연극)가 번성하게 되고 도쿄 제일

아사쿠사 공원지도

- 료운가쿠
- 꽃정원 (유원지)
- ⑤구
- 아사쿠사신사
- ①구
- 관음당
- 니텐몬
- 우마미치
- 아와시마
- 수족관
- 연못
- ⑥
- ③구
- 인왕문
- 구
- ②
- 구
- 벤텐야마
- 구
- 센소지 전법원
- 파노라마
- 상점가
- ⑦
- 구
- 하나야시키
- 하안
- 스미다가와
- 히로코지
- 아즈마바시

아사쿠사 6구 번화가
활동사진이 유행하기 이전

- 세이유칸
- 다마노리의 에가와 오모리칸
- 료운가쿠

의 문화예술거리가 되었다. 6구 옆에는 12층과 오쿠야마奧山라는 꽃정원이 있어 많은 인파가 모여들었다.

도쿄에 신설된 공원으로 가장 획기적인 것은 히비야 공원이다. 메이지 36년(1903)에 최초의 서양식 공원으로 육군의 연병장 터에 개원했다. 처음에는 바람이 불면 먼지가 날려서 도저히 눈을 뜰 수가 없다는 좋지 않은 평도 있었지만, 분수와 화단을 곁들인 18만 평방미터의 넓은 부지에는 마침내 나무도 무성하여 시민들의 휴식처로서 사랑받았다. 메이지 38년(1905)에는 야외음악당도 완성되어 군악대의 연주가 정기적으로 실시되었으며 공원 내에는 레스토랑과 도서관, 스포츠시설도 개설되었다.

도쿄에는 공원 이외에도 시민의 행락지가 여기저기에 있어서

아사쿠사 나카미세(仲見世 상점가)

나카미세는 메이지 18년에 개설되었다.
도로 폭은 6간(약 10.9미터)이며 돌을 깔았다.
도로 양쪽의 상점은 벽돌구조의 나가야.
가미나리몬은 1865년에 소실된 채 그대로이고
태평양 전쟁 이후에 재건되었다.

사람들은 에도 무렵부터 사계절 철철이 빚어지는 운치를 좋아했다. 특히 벚꽃이 피는 계절이 되면 가족끼리 꽃구경을 가려고 마음 설레던 것은 예나 지금이나 변함없는 풍경이다. 에도시대부터 벚꽃의 명소는 우에노, 아스카야마, 시나가와 고텐야마御殿山, 고가네이小金井 제방 등, 많이 있지만 특히 메구로 무코지마向島의 스미다 제방에는 많은 인파로 번잡했다. 고토토이 단고言問團子와 쵸메이지長命寺의 사쿠라 모치桜餠라는 과자점은 지금도 유명하지만 높게 쌓아 올린 현재의 콘크리트 강가에서는 상상할 수 없을 정도의 한적한 풍경이었음에 틀림이 없다.

넓고 넓은 물 위를 오가는 흰 돛, 물결 사이에 날개를 휴식하는 도시의 새 무리, 마쓰치야마待乳山의 숲, 다케야竹屋 선착장, 센소지 절의 탑 모습…… 스미다의 봄풍경이야말로 일본 제일의 풍경이라고 일컬어진다. '해질녘에 봐도봐도 싫증나지 않는 스미다가와, 달에 운치를 마쓰치야마……'라는 하우타[30]와 '스미다가와의 화창한 봄날……'이라는 창가唱歌 이미지 그대로의 모습이 메이지의 스미다 제방의 풍경이었다.

메이지 36년(1903) 3월에 해군대위 군시 시게타다軍司成忠는 쿠릴 열도 탐험을 위해 스미다가와 강에서 화려하게 출항했다. 양쪽 강변에는 많은 사람들이 모여들었고 불꽃을 쏘아 올렸다. 그는 고우다 로한幸田露伴의 형에 해당하는 사람이라는데, 정부의 원

---

30 샤미센에 맞추어 부르는 짧은 속요.

조도 없이 민간에게서 받은 기부금으로 마련한 손으로 젓는 보트 5척으로 북쪽 바다를 가겠다는 무모한 이야기다. 태풍을 맞거나 고생 끝에 때마침 지나가는 배편으로 쿠릴열도를 건너 그 지역에 이주개척하려는 계획이었다.

에도시대부터 혼죠 무코지마 일대는 한적한 전원지대였다. 지금까지도 인기가 있는 신년의 '스미다가와 칠복신七福神巡禮(행복과

스미다 제방의 꽃구경. 맞은편은 마쓰치야마 쇼덴과 이마도바시

복을 가져온다고 믿고 있는 7명의 신을 모신 신사들을 참배하는 것) 순례' 등 당시부터 스미다가와의 제방은 이름난 산책지다. 칠복신 순례는 막부 말기 안세이 대지진(1854년) 이후 중단되었던 것이 메이지 32년(1899)에 부활했다. 좁은 도시의 떠들썩함에서 벗어나 이 근처는 별장과 기숙사도 많이 있었다.

그러나 메이지 후반에 산업혁명이 진행됨에 따라 이러한 스미

오른쪽은 우시지마 신사의 등명대

다가와 강과 도쿄만 연안 일대는 급속히 공장지대로 변모해 많은 공장과 창고로 가득 찼다. 이렇게 해서 점점 볼품없게 되어 버렸다.

　현재의 스미다 제방은 재개발이 진행되어 수변의 산책길과 공원이 정비되고 스미다가와 강물도 정화되어 새로운 면모를 되찾아 가고 있다.

히비야 공원 야외음악당

제
6
부

시
민
의
생
활

제6부
시민의 생활

마침내 태어난 도쿄시

808개의 동네가 있다는 에도의 도시행정은 에도성을 비워주는 동시에 관군총독부에게 인계되어 도쿄부가 되었다. 에도의 지역경계는 1818년에 정해진 '슈비키朱引'[31]와 거의 일치한다. 슈비키 안쪽이 시가지이고 슈비키 밖이 향촌지다.

도쿄부는 그 지역 확대에 따라 메이지 초기에는 몇 번씩이나 행정상의 조직을 변경했다. 슈비키 안을 50구로 배분한 50개

---

31 에도 막부가 에도의 범위를 나타내는 데 사용한 용어로, 지도상에 붉은 선으로 표시한 것에서 유래. 현재 야마노테센 주변과 스미다가와 동쪽 변두리 지역을 합친 지역과 거의 일치한다.

의 주민 자치조직을 시작으로 대구소구제大区小区制로 변경한 6대
구, 97소구로 나뉘었다. 그러나 이러한 개편과 동시에 에도라는
도시에 뿌리박혀 있던 쵸닌에 의한 자치제도는 약해지고 도쿄는
'시민의 도시'라기보다 '국가의 도시'로써 정부와 직결된 행정과
경찰제도가 진행되고 있었다.

메이지 11년(1878) 도쿄부는 새로운 법률에 기초하여 15구
와 6군을 설치하게 되었다. 15구는 고지마치, 간다, 니혼바시,
교바시, 시바, 아자부, 아카사카, 요쓰야, 우시고메, 고이시카와,
혼고, 시타야, 아사쿠사, 혼죠, 후카가와의 15구이고 6군은 히가
시 다마東多摩, 기타 도지마北豊島, 미나미 도지마, 미나미 아타치
南足立, 미나미 가쓰시카南葛飾, 에바라荏原이다(나중에 히가시 다마와
미나미 도시마는 도요타마군豊多摩郡이 되었다). 또 지금까지 시즈오카현静
岡県에 속하던 이즈제도伊豆諸島[32]도 도쿄부 관할로 이동되었고 메
이지 13년(1880)에는 오가사와라제도小笠原群島[33] 역시 도쿄부의 소
관이 되었다.

15구의 시가지 중에 간다, 니혼바시, 교바시. 시타야, 아사쿠
사 등은 에도 시대부터 '시타마치'라고 부르는 상업이 번성한 지
역이다. 그와 반대로 고지마치, 아자부, 아카사카, 요쓰야, 우시
고메, 고이시카와, 혼고 등을 '야마노테'라고 한다. 시부야, 신쥬

32 이즈 반도에서 남동쪽으로 뻗어 있는 섬 무리.
33 태평양에 있는 30여 개의 화산섬.

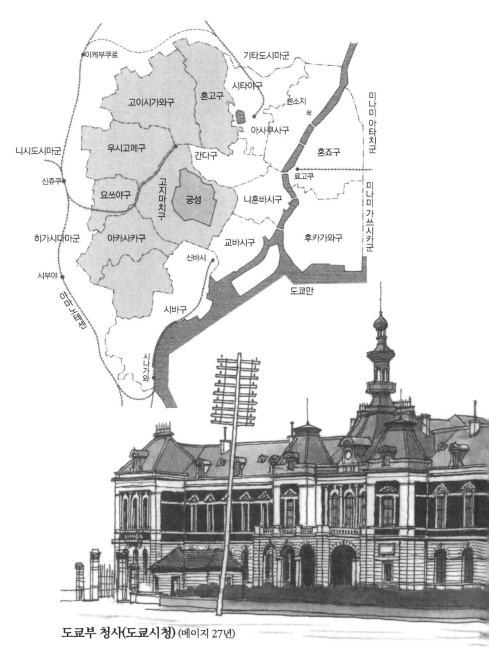

이케부쿠로

기타도시마군

시타야구

혼고구

센소지

고이시가와구

아사쿠사구

미나미아타치군

우시고메구

간다구

혼죠구

니시도시마군

료고쿠

신쥬쿠

고지마치구

궁성

요쓰야구

니혼바시구

미나미가쓰시카군

히가시다마군

아카사카구

교바시구

후카가와구

신바시

시부야

야마노테센

도쿄만

시바구

시나가와

도쿄부 청사(도쿄시청) (메이지 27년)

쿠, 이케부쿠로는 아직 도쿄에 속하지 않았고 군부郡部에 속해 있었다. 그러므로 야마노테센(도쿄의 순환철도)도 당시에는 시외를 달리고 있었던 것이다.

도쿄 인구는 메이지 5년(1872)에 57만 명이라고 하는데, 15년 (1882)에는 86만 명, 20년(1887)에는 123만 명으로 급속히 증가했다. 이것은 지방에서 유입된 인구가 증가했기 때문이다. 강과 바다에 둘러싸인 시타마치에는 더욱더 사람으로 가득차 혼죠와 후카가와도 과밀화 되어가는 동시에 야마노테도 훨씬 바깥쪽의 군郡 지역까지 넓혀지게 되었다.

지금의 도쿄포럼 장소

인접한 5군을 합병해 시나가와, 메구로, 에바라, 오모리, 가마타蒲田, 세타가야, 시부야, 요도바시淀橋, 나카노中野, 스기나미杉並, 도지마, 다키노가와滝野川, 아라카와荒天, 오지王子, 이타바시板橋, 아타치足立, 무코지마, 죠토城東, 가쓰시카葛飾, 에도가와의 각 구가 생겨났다. 거대 도쿄 35구가 된 시기는 간토대지진 이후인 1932년이고 태평양전쟁 이후인 1947년에 현재의 23구제로 개편 되었다.

메이지 21년(1888)에 전국 시정촌제市町村制가 공포되고 이듬해 도쿄시가 생겼다. 그러나 이 시정촌제는 시행 직전에 도쿄와 오사카, 교토에 관해서만 시정특례가 만들어져 이 때문에 이들 세 개 도시의 시장직은 부府의 지사가 겸하고 시청도 부청 안에 설치되었다. 결국 자치권이 제약되어 '시'라는 것은 이름만 존재할 뿐이었다. 부에서 독립하여 진정한 의미로써 자치권을 인정받게 된 것은 10년 후 시정특례가 폐지될 때까지 기다려야만 했다.

메이지 31년(1898)이 되어 시정특례가 폐지되고 처음으로 도쿄 시청이 개설되었다. 그날을 기념하여 현재 매년 10월 1일은 '도민의 날'로 지정되어 있다. 도쿄에 거주하는 사람들에게는 자치를 획득한 기념일인 것이다.

아사쿠사 스카이타워

메이지 23년(1890) 11월에 아사쿠사 오쿠야마에 12층건물의 높

은 탑이 세워져 시민들을 놀라게 했다. 료운카쿠凌雲閣, 흔히 '12
층'이라고 부르는 건물이다. 그 전년도에는 파리에 에펠탑이 완
성되었다.

에도시대에는 높은 건조물이 금지되어 있어서 고층이라고 해
봐야 성의 천수각 정도였다. 에도성의 대천수도 메이레키 대화재
(1657년 음력 1월 18일~20일) 이후에는 재건되지 않았기 때문에 일반

구단자카의 등대(메이지 4년)
현재는 길 반대쪽에 이설되어 있다.

아사쿠사 료운카쿠(메이지 23년)
'12층'이라는 이름으로 친숙한 전망대.
실측에 의한 높이는 52미터

시바 아타고야마
산 위의 아타고 탑(메이지 22년)

높이 약 30미터

고층건조물이라면 화재감시대 정도밖에 없었다. 메이지가 되자 그 반동에서일까 탑을 갖춘 건물이 여기저기에 세워졌는데 대부분은 시계탑과 같이 아래에서 위를 올려다보는 것뿐이었다.

메이지 4년(1871)에 구단자카 언덕 위에 세워진 등대(야스쿠니 신사 정면의 상야등)는 선박 인도가 목적이었다. 그 무렵에는 다카나와 高輪 앞바다에서 이 등대가 보였다고 한다. 료운카쿠가 완성되기 이전에는 아타고야마愛宕山 정상에 5층건물의 전망탑이 세워졌는데 위로 올라가 내려다보는 탑으로는 천수각 이후 처음일 것이다. 센소지 절의 5층탑을 수리했을 때에도 1전을 내면 가설발판에 올라 갈 수 있었던 것 같다. 에도시대부터 전해 내려오는 후지산 신앙에 근거해 메이지 20년(1887)에는 아사쿠사에 높이 30미터 정도의 후지산 종람소라는 인공후지가 만들어졌다. 그러나 이것은 나무와 대나무 골조에 석탄을 바른 실속 없이 겉만 그럴듯한 것이었기 때문에 2년 후에 태풍으로 손상된 것 같다.

그러나 료운카쿠의 경우에는 뭐니뭐니해도 아사쿠사 공원 바로 옆에 높이 220자, 67미터의 높은 탑이 세워진 것이므로 이것은 전대미문의 일이었다. 다만 나중에 실측해 보니 피뢰 탑을 포함해 52미터 남짓밖에 되지 않았다.

료운카쿠는 지상 10층까지는 붉은 벽돌로 지어졌고 그 위의 두 개층은 목조 8각형 평면의 전망대였다. 설계는 영국인 토목수도기사인 윌리엄 버튼William Kinninmond Burton, 공사감독은 다키 다이키치瀧大吉라고 한다. 윌리엄 버튼은 메이지 20년(1887)에 도쿄제국대학 공과대학의 위생공학 교수로 일본에 와서 도쿄의 수도건설계획에도 참가했다. 료운카쿠의 설계는 이를테면 아르 바이트였다. 그러고 보니 언뜻 보기에도 수도탑과 같은 모양을 하고 있다. 또 다키 다이키치는 '황성의 달'의 작곡자인 다키 렌타로瀧廉太郎의 고종사촌으로 알려져 있다.

료운카쿠는 올려다보는 것뿐만 아니라 최상층에서 주변을 전망할 수 있는 것이 특징이었다. 버튼은 영국왕립아마추어 사진가협회의 회원으로서 훌륭한 사진작가이기도 했다. 일본의 풍물도 수없이 촬영했는데 그는 꼭 아사쿠사의 풍경을 높은 곳에서 내려다보면서 사진을 찍고 싶었을 것이다. 버튼은 나중에 고토 신페이後藤新平의 요청으로 타이페이台北의 수도계획에 참가했지만 말라리아에 걸려 도쿄대학병원에서 사망했다.

내부는 8층까지 나선계단을 따라 매점이 늘어서 있고 9층은 휴게실이다. 11층과 12층은 망원경을 겸비한 전망대이고 탑 안에는 일본 최초의 엘리베이터가 두 대 설치되어 있었지만 안전을 위해 사용이 금지되었다고 한다. 그 후 엘리베이터 기술의 발달로 1914년에 사용을 개시했지만 이것은 그다지 알려져 있지 않다.

발 아래로 도쿄의 거리가 한눈에 펼쳐지고 저 멀리 시나가와 앞바다에서부터 보소반도房総半島의 산들, 후지산, 치바까지도 한 눈에 내려다 볼 수 있었기 때문에 메이지 사람들에게는 현대의 도쿄타워나 스카이트리에 맞먹는 감동이었음에 틀림이 없다. 개관할 때에 사진으로 보는 미인 게이샤藝者(기녀)의 인기투표가 대인기였다.

그러나 도쿄 명물로 인기를 모았던 12층도 점차 사람들로부터 흥미를 잃어갔다. 메이지 24년(1891)의 노우비濃尾 지진으로 말미암아 균열이 생겨 철심으로 보수하기도 했지만 간토대지진(1923년) 때 8층 윗부분이 뚝 잘려나가는 바람에 공병대에 의해 폭파 처리되어 33년 만에 문을 닫았다. 당시 탑 아래 지역 일대에서 영업하고 있었던 '명주옥銘酒屋'이라고 하는 색주가도 간토대지진 이후 무코지마 다마노이向島玉の井(지금의 東向島)로 이전되었다.

12층과 나란히 아사쿠사에서 인기가 있었던 구경거리는 파노라마다. 메이지 23년(1890)의 제3회 내국권업박람회에서 소규모로 공개된 것 같은데 이 해 5월에 우에노 공원에 본격적인 것이 개관되었다. 그러나 2주 정도 후에 최대 규모를 자랑하는 '일본 파노라마관'이 아사쿠사의 후지산 종람소 터에 생겼다. 거대한 목조 16각형의 건물로 둘레 144미터, 높이 18미터나 된다. 발기인으로 시부사와 에이이치, 오쿠라 기하치로大倉喜八郎 등 재계인의 이름이 보인다.

입구부터 어두운 복도를 통해 건물 중앙부로 들어가면 360°의 내벽을 빙 둘러 풍경이 그려져 있고 인형과 배경그림을 배치하여 관객에게 실제 입체공간 안에 서 있는 것 같은 착각이 들도록 하는, 그야말로 19세기적인 구경거리였지만 그 당시 전세계에서 유행하던 것이었다. 고안된 장치를 알면 그리 대단하지 않은 것 같지만 실제로 접해보면 톱라이트를 이용한 조명효과로 인해

파노라마관의 내부
처음에는 남북전쟁 장면이 전시되었다.

아사쿠사 일본파노라마관
(메이지 23년)
후지산 종람소 터에 세워졌다.

원근감이 강조되어 실제와 비슷한, 일종의 이상한 현실감에 매료되는 것 같다. 요즘 말하는 가상현실의 선조 격이다. 요즘의 CG나 3D보다 소박하고 매력적인 것일지도 모르겠다. 지금도 유럽의 시골에 가면 간혹 현존하는 곳이 있는 것 같다.

건물은 목조로 만든 임시 건물로 샌프란시스코의 파노라마관과 같은 규모로 건설되었으며 당초는 남북전쟁의 정경을 그린 그림이 수입 진열되었다. 전쟁사진의 상황 속에 빠져들어가 마치 현장에 와 있는 것 같은 느낌 때문에 금세 인기를 모았다. 몇

년 후에 청일전쟁이 일어나자 평양공격 장면으로 그림이 교체되었다. 어느 것이나 피비린내 나는 전쟁터의 광경으로 비일상적인 이벤트를 대리 체험하는 구조였다.

이리하여 메이지 23년(1890)은 도쿄시민에게는 새로운 시각조망을 획득한 해가 되었다. 12층이 실제 경치의 파노라마를, 파노라마 관이 인공의 경관을 제공해 주었던 것이었다.

그 밖에 간다, 구단시타, 니혼즈쓰미日本提 등에도 개설되었고 전국적으로 널리 인기를 얻었지만, 활동사진이 나오면서 메이지 말기에는 인기가 누그러져 일본 파노라마관은 메이지 43년(1910)에 아사쿠사 루나파크라는 유원지가 되었다.

제국호텔과 니콜라이 대성당

로쿠메이칸 옆에 새로이 본격적인 호텔이 설계된 것도 이 무렵이다. 또 서구화정책의 입안자인 외무경 이노우에 가오루井上馨가 의안을 내놓아 메이지 12년에 유한회사인 제국호텔이 창설되었다. '제국의 도시, 도쿄에 국제적인 호텔이 하나도 없다는 것은 나라 망신이다'라는 이유로 오구라 기하치로와 시부사와 에이이치에 의해 자본금 26만 5천 엔으로 발족하게 된 것인데 그 밖에도 재계의 높은 지위에 있는 몇 명에게 권해 자금을 모으려 했지만 생각만큼 모여지지 않아 결국 5만 엔을 궁내성의 출자를 얻어 출발하게 되었다. 궁내성이 필두주주라는 이런 특이사항으로 인해 그 후 오랫동안 제국호텔은 다른 일반 호텔과 구별되는 특별한 입장을 차지하고 있었다.

그 무렵 도쿄에는 우네메쵸의 쓰키지 세이요켄호텔과 유라쿠쵸有樂町의 도쿄호텔(메이지 24년 개업)이 있었고, 메이지 22년(1889)에는 쓰키지거류지에 있었던 미국공사관 건물이 3층건물 32객실의 메토로폴호텔이 되었다.

제국호텔 부지는 고지마치 우치야마시타쵸內山下町의 현재 장소이고, 메이지 21년(1888)에 착공하여 23년(1890)에 완공되었다. 목조골격의 벽돌로 지은 3층건물로 르네상스 양식이고, 객실수는 60, 스위트 룸은 10실을 갖춘 그때까지 볼 수 없었던 본격적인 호텔이었다. 메이지 초기의 의양풍건축과는 달리 이 무렵이 되자 마침내 본격적인 서양 건축양식도 정착하여 안정되고 품격 있는 건물이 건축되기 시작했다. 그러나 메이지 특유의 이러한 벽돌건축은 지진에 약해 간토대지진으로 대다수가 파괴되었다. 남아있던 것도 전쟁으로 말미암아 불타거나 전후에 철거되어 거의 모습이 사라졌다.

건물 정면은 현재와 달리 북측으로 향해 있었다. 당시는 도로를 따라 수로가 있어 봄에는 벚꽃이 아름다웠다고 한다. 레스토랑과 댄스룸도 있어 이노우에 가오루와 이토 히로부미도 서양요리를 먹으러 자주 방문했던 것 같다. 그러나 서민은 이 호화로운 호

호텔 메트로폴(메이지 7년)
쓰키지거류지에 세워진 미국공사관을 호텔로 전용했다.

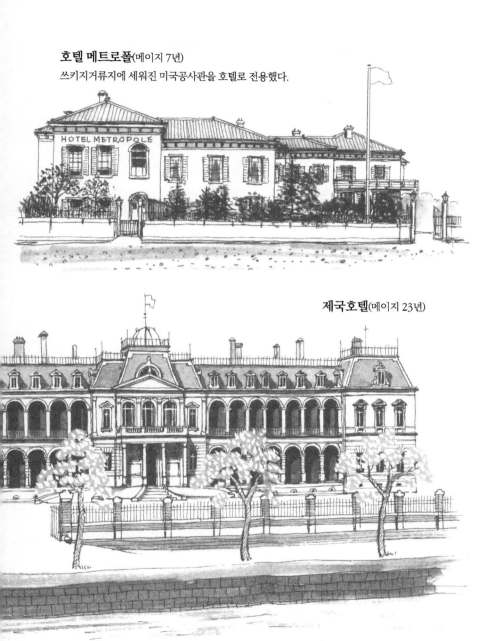

제국호텔(메이지 23년)

텔을 도저히 이용할 수 없었다. 사람들은 오히려 같은 해에 완성된 아사쿠사 12층으로 모여들었다.

이듬해 메이지 24년(1891)에는 간다 스루가다이駿河台에 거대한 돔 지붕의 이상한 건물이 세워졌다. 일본 하리스토스 정교회가 세운 도쿄부활대성당이라는 이국풍의 종교건축이다. 1861년 홋카이도의 하코다테函館로 들어와서 일본에 처음으로 러시아정교회를 포교한 니콜라이 대주교의 명칭에서 흔히 니콜라이 성당이라고 부르고 있다.

니콜라이가 일본에 왔을 무렵에는 크리스트교를 엄격하게 금지하여 포교활동을 할 수 없었다. 그는 오랫동안 일본연구에 전념하여 일본어, 일본역사, 신도, 불교, 유교에서 일본미술까지 공부했다고 한다. 메이지가 되자 도쿄로 진출하여 러시아어 학교를 열고, 메이지 6년(1873)에 크리스트교 금지가 풀리자 곧 포교를 개시했다. 이렇게 해서 러시아정교는 순조롭게 신도를 늘려 일본 각지에 성당을 건설하면서 크리스트교의 다른 종교와 나란히 신도를 늘려갔다.

도쿄에 대성당을 건립하는 일은 니콜라이의 오랜 꿈이었다. 또 신자인 여성화가 야마시타 린山下りん을 모스크바로 유학을 보내 이콘화[34] 제작을 공부하게 하고 성당 안에 이콘화를 그리게 했다. 그녀에 관해서는 오랫동안 알려지지 않았지만 최근 그 업적이 높게 평가되고 있다.

---

34 종교 · 신화 등의 관념체계를 바탕으로 제작된 미술양식, 예수, 성인, 천사, 성경에서의 주요 사건이나 우화, 교회 역사상 사건을 그린 화상.

니콜라이 성당
(메이지 24년)

니콜라이 성당은 24만 엔의 거액을 모아 7년 걸려 완성했다. 원설계는 러시아인이었지만 실시설계에는 로쿠메이칸과 제국박물관 설계를 담당했던 콘더가 맡았다. 본당은 벽돌구조에 철골의 돔을 얹은 비잔틴 양식으로 높이 35미터, 종루는 40미터나 되는 스루가다이의 명소로서 도쿄에서도 한눈에 보이는 고층건물이었다. 황거가 한 눈에 내려다보이기 때문에 한 때 문제가 된 적도 있었다고 한다. 그러나 러일전쟁이 발발하자 러시아정교는 적의 성격을 띤 종교라는 이유로 좋지 않은 상황에 처해졌다.

제국호텔은 그 후 1922년에 미국의 건축가인 프랑크 로이드 라이트Frank Lloyd Wright가 설계해 새롭게 다시 지어졌고 현재는 그 일부가 메이지무라明治村(愛知県犬山市)에 보존되어 있다. 니콜라이 성당은 간토대지진으로 피해를 입었지만 지금까지도 간다 일대에는 조석으로 종소리가 울려 퍼지고 있다.

야마노테의 생활

현재 야마노테라고 하면 세타가야와 덴엔쵸후田園調布 부근을 연상하는 사람이 많은 것 같은데 세타가야 등은 쇼와 초기(1934년 전후)에는 오히려 근교 농촌지대였다. 시부야 앞쪽은 무사시노 특유의 잡목림과 밭이 펼쳐져 있었고 그 가운데에 이엉으로 지붕을 이은 농가가 여기저기 흩어져 있었다. 메이지 무렵에 시부야와 강에는 흙다리가 놓여있었고 수차가 돌아가고 있었다고 한다.

벽돌로 쌓아 만든 야마노테 저택
육군대신 오야마 이와오 저택(메이지 22년)
현재의 오모테산도 근처에 있었다

에도는 그 지형에 맞게 시타마치와 야마노테로 구별되어 변화
무쌍한 매력적인 도시공간을 구성하고 있었다. 야마노테는 에
도 시내에서도 주로 무가가 거주하는 지역이고, 시타마치의 저
지는 무사시노 대지 끝머리에 해당한다. 그러므로 구릉과 계곡
이 많은 기복이 심한 지역이다. 도시 안에는 심산유곡이 있고
숲과 밭이 많았다. 야마노테와 시타마치가 맞닿는 부분은 언
덕과 낭떠러지가 많아 시야가 확 트여 있어 조망이 좋다. 이러

한 장소에는 사찰이 많고 주택지로서도 최고의 지역이다. 이렇듯 야마노테는 녹음으로 둘러싸인 한적하고 조용한 전원도시였다. 막부 말기에 영국공사로 일본에 온 올콕Rutherford Alcock은, 에도의 거리는 겨울에도 아름다우며 '희망봉 동쪽에서 가장 좋은 풍토다'라고 칭송했다.

무사시노 대지에는 매우 오래 전부터 사람들이 거주하고 있었던 듯하고 에바라荏原 고분군을 비롯한 유적도 많이 있다. 메이지 10년(1877)에 미국에서 에드워드 모스Edward Sylvester Morse가 생물학 연구를 위해 일본에 왔을 때 요코하마에서 신바시로 향하는 기차 창가에서 고대의 유적 같은 것을 발견하고 나중에 발굴해내어 그것이 조몬縄文 유적이라는 것을 실증했다. 일본 고고학이 시작된 유명한 '오모리 패총大森貝塚'이다. 모스는 메이지 17년(1884)에 혼고 무카이가오카向ヶ丘의 야요이쵸弥生町에서 유적발굴을 실시하여 많은 토기를 발견했다. 이것이 '야요이식 토기'와 '야요이시대'라는 명칭의 시작이 되었다.

메이지가 되자 야마노테의 무사의 거주지 터는 호족과 정부고위관료, 실업가들이 경쟁하듯 크고 호화로운 저택을 지어 소위 고급주택가의 이미지가 강해졌다.

이러한 상류계급의 저택은 대체로 서양식 건축이 많았고 메이지 중기 이후가 되면 디자인과 양식이 완벽한 조화를 이루어 당당한 건축물이 되었다. 서양식 부분은 주로 표면상의 공용공간으로 사용되었다. 그리고 건물에 부속하여 일본식 주택을 지어

가족의 일상생활은 그곳에서 했던 것 같다. 현관 앞쪽에 마련된 주차장을 지나 내부로 들어가면 샹들리에와 스테인드글라스로 장식된 로비와 응접실, 서재가 있으며 식당, 댄스실, 당구대 등의 오락실을 갖추고 서양식 정원에 온실을 설치하는 등 대단히 멋지게 꾸몄다. 미쓰비시 재벌인 이와사키岩崎의 본가로서 메이지 29년(1896) 우에노 이케노바타池之端에 콘더가 설계한 호화로운 저택은 현존하는 메이지 저택으로서 중요문화재로 지정되어 있다.

야마노테에 거처를 마련한 문학가와 작가들도 많았다. 쓰보우치 쇼요坪內逍遙는 혼고 마사고쵸眞砂町의 다돈자카炭団坂에 살았다. 모리 오가이森鷗外의 거주지는 고마고메駒込의 단고자카団子坂에 있었는데 그는 단고자카 대신 다른 이름으로 시오미자카汐見坂와 연관지어 '간쵸로觀潮樓'라고 지었다. 나쓰메 소세키夏目漱石는 모리 오가이가 빌려 쓰던 센다기千駄木의 집에서 《나는 고양이로소이다吾輩は猫である》를 쓰고, 그 후 혼고 이시카타쵸西片町에서 와세다早稻田로 옮겨 살았다. 히구치 이치요樋口一葉[35]는 처음 혼고 기쿠자카菊坂에 살다가 마침내 시타야 류센지龍泉寺, 혼고 마루야마 후쿠야마쵸丸山福山町로 이사했다.

오자키 고요尾崎紅葉는 우시고메 요코테라마치橫寺町에, 마사오카 시키正岡子規는 네즈根津의 작고 허름한 셋집에서 병상에 누워

---

35 일본의 여류 소설가(1872~1896). 대표작으로 《키재기(たけくらべ)》, 《흐린 강(にごりえ)》, 《섣달 그믐날(十三夜)》 등을 남기고 요절했다. 일본엔화 5천 엔권의 인물이다.

서민의 일상생활

있었고, 다카하마 교시高浜虛子는 구단가미九段上에 살고 있었다.
시마자키 도손島崎藤村은 반쵸番町에서 아자부 이구라가타마치飯
倉片町로, 고우다 로한幸田露伴은 무코지마지 시마무라向島寺島村의
'가규안蝸牛庵(달팽이집)'이라는 자택에서 고이시카와 덴쓰인伝通院
으로 옮겼다.

도쿠토미 로카는 교외인 기타타마군 치토세무라北多摩郡千歲村(현
재 세타가야구世田谷區)에 살았다. 지금의 로카공원이다.

이러한 고급주택가 사이에 학교와 병영도 늘었고 머지않아 그
틈을 채우듯이 일반주택지가 점차로 모양새를 갖추어갔다. 야마

노테의 일반주택지에는 주로 관원, 군인, 교원, 회사원 등 메이지에 새롭게 생겨난 중류 샐러리맨 계급이 거주하게 되었다.

이런 중류주택은 한 채 건물의 임대주택이 많았으며 작은 정원과 문이 있고, 현관과 응접실을 갖추고 있었다. 방 배치는 에도시대의 중·하급무사의 주택에서 발전한 구조가 많았다. 가족을 위한 공간보다도 도코노마床の間[36]가 있는 손님맞이를 위한 공간이 주체였다. 얼마 지나지 않아 현관과 연결해 그곳만 작은 서양식 응접실을 만드는 것이 유행하게 되었다. 판유리 생산으로 유리 여닫이문과 유리창이 보급되어 집안도 밝아졌다. 식모방은 있어도 집안에 욕실이 있는 집은 아직 드물었다.

수입이 안정된 중류 샐러리맨 가정은 꽤 풍족한 편으로 자녀를 학교에 보내거나 교양을 익히게 했으며 생활 정도도 비교적 높았던 것 같다. 이윽고 그곳에서는 야마노테 문화라고 할 만한 조금 잘난 체하는 생활양식이 생겨났다. 언어사용도 시타마치의 거친 말씨에 비해 야마노테의 말씨가 수준 높은 것 같아 좋아했다.

그러나 시타마치에서 성장한 에도 토박이들 입장에서 보면, 원래 야마노테는 에도에서 근무하던 지방무사들의 주거지로서 어딘지 모르게 세련되지 않은 시골스러운 곳이었다. 또한 거기에는 쵸닌 대 무사라는 계급적인 대립감도 있었는데 메이지가

---

36 일본식 방의 상좌에 바닥을 한층 높게 만든 곳으로 벽에는 족자를 걸고 바닥에는 꽃이나 장식물을 꾸며 놓는다.

되었어도 그런 기풍은 여전히 남아 있었을 것이다. 모던한 야마노테에서 중류계급이 생겨난 것 역시 에도 토박이가 본래 갖고 있던 세련된 취향에서 보면 이질적인 존재였을지도 모른다.

그러나 얼마 지나지 않아 너저분한 시타마치보다는 한적하고 조용한 야마노테에 살고 싶다는 중류로의 동경심도 움터갔다. 현대의 도쿄에서도 바로 한 세대 전까지만 해도 도심에서 서쪽에 있는 정원 딸린 집 한 채를 동경하는 사람도 많았다. 이러한 메이지의 야마노테 주택에 대한 생각이 여운을 끌었을 것이다. 도쿄의 주택지가 한도 끝도 없이 넓혀지기만 하고 도시로서 정리 되지 않아 보이는 것은 이런 원인 때문인지도 모르겠다.

도쿄의 직업종류

시타마치나 야마노테를 불문하고 거리에 많았던 것은 쌀집, 생선가게, 채소가게, 주점, 담뱃가게, 헌옷가게, 약국, 나막신가게 등으로, 특히 과자점이 많았던 것 같다. 도쿄 토박이들은 단 것을 좋아하는 사람이 많았는지 단팥죽가게와 사탕가게, 과일가게도 있었다. 과일가게를 당시에는 물과자가게[水菓子屋]라고 했다. 그 밖에 된장과 간장, 두부, 김, 다양한 재료로 만든 조림반찬, 차, 건조 식품, 화장품, 가정용 잡화, 서적, 완구 등 일상생활필수품을 파는 상점이 북적대고 있었다.

메이지가 되어 생겨난 장사도 있다. 양복, 양산, 구두, 서양

야마노테 중류의 전형적인 임대주택(메이지 중기)

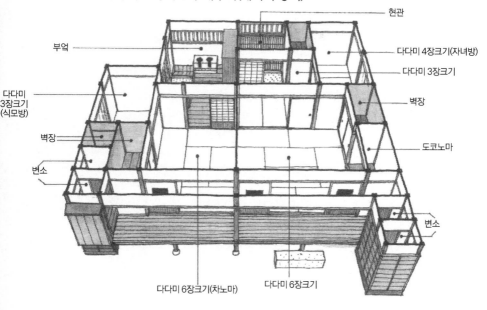

현관

부엌

다다미 4장크기(자녀방)

다다미 3장크기

다다미
3장크기
(식모방)

벽장

벽장

도코노마

변소

변소

다다미 6장크기(차노마)   다다미 6장크기

잡화, 외국에서 들어온 장신구, 램프, 서양가구 등을 취급하는
상점이 생겨나고 사진관도 번성했다.

　장인(숙련된 기술자)으로는 목수, 미장이, 소목장이, 금속장식품
세공사, 석공, 염색, 일본 옷 재봉, 건구, 표구, 이발, 미용 등이
많았고, 에도 단센(둥근 부채), 우키요에浮世絵(목판에 새긴 서민 풍속화),
에도 풍경종, 에도 기리코切子(유리세공), 네쓰케根付(남성용 허리띠에 다
는 장신구), 치요가미千代紙(종이접기), 연, 하고이타羽子板(베드민턴과 비
슷한 놀이의 공치는 나무판), 완구 등 에도의 전통공예를 계승한 장인
도 건재했다.

시바 고요칸(紅葉館)

　서민 대부분은 이러한 소상인과 기술자이며 공장이나 제조업
에서 일하는 직공도 많았다. 근교에는 농가도 많았고, 또 연안부
에는 고기잡이와 김 재배가공을 경영하는 사람도 적지 않았다.
　장사형태는 보통의 소매점 이외에 도매상, 중개인 등의 유통
업자가 있고 특히 신선식품은 시장에서 거래되었다.
　어시장은 니혼바시, 신바新場, 욧카이치, 후카가와, 가나스기金
杉, 시바 등 6군데에 있었는데 특히 니혼바시 바로 옆 강변의 어
시장이 역사도 오래되고 규모도 제일이라며 자랑으로 여기고 있
었다(현재의 어시장은 간토대지진 이후에 쓰키지로 이전되었다가 2018년 10월 6일

사쿠라다 맥주제조소
고지마치의 기요이쵸에 있었다.

에 83년만에 쓰키치에서 외곽 2km 떨어진 도요스豊洲로 이전했다).

후카가와의 기바木場는 에도시대부터 목재집산지로 넓은 목재 저장소가 있었다.

도쿄 특산품인 채소도 많이 있었다. 가메이도의 무, 소송엽, 네리마의 무, 야나카의 생강, 다키노가와의 우엉, 데라시마의 가지, 그 외 당근과 두릅 등은 에도시대부터 전통적인 농작물이다. 최근에 '에도 도쿄 채소'로서 부활하여 인기가 있다. 청과물 시장은 간다 다쵸多町, 교바시 다이콘 해안大根海岸, 혼죠 등 시내 10군데에 있었다.

간다의 야나기와라柳原 강가는 에도시대부터 헌옷가게 거리로 유명했지만 메이지 중기 이후는 근처의 이와모토쵸岩本町가 헌옷시장으로 붐비게 되었다. 헌옷은 서민에게는 일일이 지어 입지 않고 바로 입을 수 있는 편리한 의류였다. 고풍스런 느낌이라기보다는 지금의 기성복 감각에 가까울지도 모른다. 양복은 입고 싶어도 값이 비쌌기 때문에 외국에서 들여온 수입 중고의류가 서민에게 인기가 있었다.

상점 없이 직접 상품을 팔러 다니는 행상이나 노점상, 길거리 예술인과 인력거꾼도 있었다. 이런 영세한 장사꾼들은 뒷골목에 지어진 나가야와 빈민가에 정착해 하루하루를 겨우 살아가는 생활에 쫓겼다. 그들을 상대로 하는 전당포와 돈놀이꾼도 있었다. 높은 이자로 돈을 빌려주는 악덕 고리대금업자는 얼음과 자의 단어를 빌려 '아이스'라고 불렀다. 그 냉혹함이 사람들에게 미움을 사면서도 제법 호황을 누렸던 것 같다.

음식점은 초밥, 단팥죽, 메밀국수, 튀김, 규나베, 대합냄비요리, 싸움닭, 장어, 미꾸라지 등 종류가 다양해 지방에서 올라온 관광객은 눈이 휘둥그레졌다. 니혼바시 기와라다나木原店(지금의 코레도 니혼바시 뒤쪽) 길은 거리 양쪽이 음식점으로 늘어서 있어 쇼쿠쇼진미치食傷新道라고 불렀다.

야오젠八百善, 가메세이亀淸, 우에한植半, 유메이로有名樓, 이부무라로井生村樓 등 옛 모습 그대로인 고급요리점은 강과 해안의 한적하고 전망이 좋은 장소에 넓은 부지를 갖추고 영업하고 있어 상류인사의 교류나 간혹 연설회와 미술공진회共進會(전람회) 등에도 이용되었다. 시바의 고요칸紅葉館은 오자키 고요를 중심으로 유파가 형성된 겐유샤硯友社[37]의 맴버가 애용한 요정으로 호화로운 정원이 유명했다.

고급서양요리는 호텔과 레스토랑에 있었지만 간편한 서양식당도 있어서 오믈렛, 카쓰카레, 고로케, 비프스테이크 등을 즐겼다. 일본인이 좋아하는 카레라이스는 가정요리로서도 인기가 높아 메이지 중반에 이미 부인잡지에 조리법이 소개되었다.

술은 오로지 술집에서 팔렸고 정말 한잔만 하고 싶을 때에는 선술집[居酒屋]에 들르는 것이 서민의 즐거움이었다. 술은 도쿄 근교에서는 거의 생산되지 않았고 지방에서 술단지나 병에 넣어 운반해 왔다.

맥주는 메이지 4년(1871)에 요코하마 야마테橫浜山手의 용수를 사용하여 영국인이 양조를 시작한 것이 최초라고 한다. 이 맥주는 지명을 따서 아마누마 비어사케天沼ビヤザケ라는 상표로 일본에 거주하는 외국인에게 환영받았다. 일본인이 양조한 최초의 맥주는 오사카의 시부야 맥주라고도 하고 도쿄의 사쿠라다桜田 맥주라고도 하는데 확실한 것은 모른다.

마침내 홋카이도 개척사가 삿포로札幌에 양조장을 만들고, 메

---

37 1885년 서구화주의에 대항해 전통적인 에도취미(江戸趣味)와 근대적인 사실주의를 내세우며 설립된 문학결사.

이지 18년(1885)에는 해외수출을 겨냥한 본격적인 맥주회사인 재팬 브루어리 컴퍼니도 발족했다. 각각 삿포로맥주와 기린맥주의 전신이다. 메이지 20년(1887) 이전에는 사쿠라다맥주, 아사다淺田맥주 등 유명한 상표가 몇 개 있었는데 독일식 기린 맥주에 눌려 시들해졌다.

맥주는 처음에 매우 비쌌지만 얼마 지나지 않아 비어홀beer hall이 생겨 값싸게 마실 수 있게 되었다. 비어홀은 메이지 32년(1899)에 신바 시 기슭에 일본맥주주식회사가 시작한 에비스惠比壽 비어홀이 원조라고 한다.

양주를 좋아하는 사람도 많아졌다. 빙수와 아이스크림으로 유명했던 긴자 오와리쵸尾張町의 하코다테야函館屋가 일본 최초의 스탠드바(서양식 술집)를 개업한 것은 메이지 10년(1877)대라고 한다. 한편 서민을 대상으로는 아사쿠사의 가미야 바神谷bar가 메이지 말기부터 인기를 모아 현재까지 영업을 계속하고 있다.

커피는 나가사키 데지마의 네덜란드인이 마시고 있었다는 기록이 있는데 일본인은 녹차 마시는 습관이 있기 때문에 메이지가 되었어도 별로 보급되지 않은 것 같다. 서양요리의 예법으로서 식후에 마시는 것이라는 정도로 인식되었고 기껏해야 서양에 다녀온 사람이나 문화인이 즐겨 마셨을것이라고 여겨진다. 메이지 29년(1896)에는 우에노 구로몬쵸黑門町에 일본 최초의 커피점인 '코히샤칸可否茶館(커피찻집)'이 개점했지만 기대했던 것만큼 유행하지 않고 사라져버렸다.

나가야에서의 생활

　에도의 서민은 주로 시타마치를 중심으로 생활하고 있었다. 메이지가 되었어도 시타마치의 모습은 에도 무렵과 그다지 변함이 없었다. 큰길가에는 도죠즈쿠리로 지은 상점이 처마를 맞대고 늘어서 있었고 서양식 건축이 듬성듬성 눈길을 끌게 되었지만 그 뒤쪽에는 여전히 나가야가 가득 채우고 있었다.

　나가야長屋 타입도 옛날과 그다지 변함없이 좁은 골목길에 칸막이로 6~8채로 분할된 방들이 줄지어 있었다. 현관과 부엌문을 같이 쓰고, 좌식 설거지대와 부뚜막 그리고 흙으로 빚은 풍로가 놓여있고 천장에는 연기를 뽑아내기 위한 배출창이 있었다. 거실은 다다미 4장 반 크기(약 7.4평방미터) 정도가 보통이다. 에도시대에는 연중행사처럼 대형화재가 많아 가재도구는 거의 지니고 있지 않았고 이불은 구석에 겹겹이 포개어 놓았다. 벽장이 일반화된 것은 메이지가 되고 나서인 것 같다. 서민도 얼마간의 살림살이를 갖게 되었다는 결과라고도 말할 수 있다. 이불과 고리짝을 벽장에 넣어두고 옷장과 접이식 밥상, 난방용으로 사용하는 나무로 만든 화로, 벽시계를 걸게 된 것도 역시 방화대책이 강구되어 대형화재가 줄어든 메이지 중기 이후다. 그전까지 밥상으로 사용하던 하코젠箱膳[38]에서 바뀌어 접이식 밥상

---

38 한 사람 몫의 식기와 식사할 때에는 뚜껑을 밥상으로 사용.

시타야의 나가야(시타마치 자료관의 전시에 의함) 메이지 중기

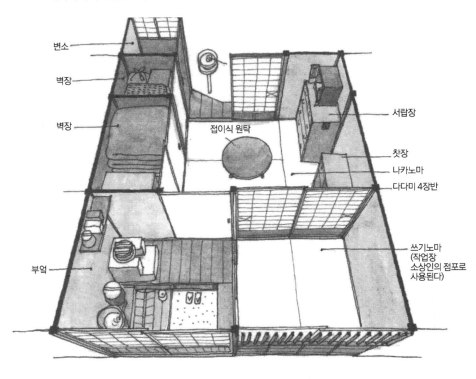

변소
벽장
벽장
부엌
접이식 원탁
서랍장
찻장
나카노마
다다미 4장반
쓰기노마
(작업장
소상인의 점포로
사용된다)

[ちゃぶ台]이 보급된 것은 메이지 말부터 다이쇼에 걸친 무렵이
다. 가족이 단란하게 하나의 식탁에 둘러앉게 된 것은 근대적인
가족관계의 정착을 의미한다.

에도의 뒷골목 나가야 동네에는 공동변소가 있었지만 각 호
마다 구멍 한 개의 변소가 보급된 것도 메이지가 되고 나서인
것 같다. 우물은 변함없이 공동이었는데 마침내 수도보급과 동

시에 공동수도꼭지가 달리게 되고 생활환경은 조금씩 개선되어 갔다. 시타마치에서는 꽤 큰 상가라도 건물안에 욕실이 있는 곳은 거의 없었고 목욕은 대중목욕탕을 이용했다. 대중목욕탕 안에 있는 욕조 출입구에는 열을 차단하기 위해 작은 문이 달려있었다. 이 작은 문이 달린 폐쇄적인 구조는 메이지가 되어 겨우 발로 교체되었고 그 후 지방에 있는 온천장에서 보고 배워 지금과 같은 밝고 개방적이며 위생적인 욕조로 바뀌었다. 대중목욕탕은 서민의 솔직한 교제 장소였다.

그러나 '셋집은 3년 화재를 면할 수 있다면 집을 다시 지을 수 있는 돈이 생긴다'고 했다. 결국 3년분의 집세로 한 채를 지을 수 있다는 것이므로 매우 허술한 집이었다는 것은 에도시대와 그다지 다르지 않았다.

협소함을 보완하기 위해 골목길을 활용했다. 집 밖에 풍로를 내놓고 생선을 굽거나 화분에 나팔꽃을 가꾸어 골목길이 생활과 사교의 공간으로서 중요한 역할을 담당하고 있었다. 다이쇼기가 되면 전등과 가스가 보급되기 시작했고 지붕에 만들어 놓은 채광용 미닫이창은 보이지 않게 되었다. 2층구조의 나가야는 에도시대부터 제법 많았던 것 같다.

나가야에 거주하던 사람은 주로 장인과 점원, 공장노동자 등으로 조그만 장사를 경영하는 가게도 있었다. 생활은 결코 풍족한 편이 아니었다. 여유가 있는 상가商家에서는 딸에게 샤미센三味線(일본의 대표적 현악기)과 춤, 나가우타長唄와 기요모토淸唄 등 젊은 여성이 교양으로 익혀야 할 것들을 배우게 했지만 가난한 나가야의 아이들은 아기를 돌보거나 견습 점원으로 가야했다. 그렇지 않으면 여공이나 기생으로 일해야만 했다. 부인들은 버선 바느질, 나막신 끈 만드는 바느질, 일본 옷 만들기와 옷을 뜯어 빨아서 말리는 일 등의 수공 부업으로 어려운 생활을 견뎌내고 있었다.

그러면서도 시타마치에서는 에도시대부터 독특한 기질과 인정이 뿌리박혀, 대나무를 쪼개듯이 명쾌한 성격과 돈쓰는 씀씀이가 좋다는 소위 에도 토박이의 기질로서 좋아했다. 이전부터 내려오는 인습에 얽매어 있던 농촌생활과 달리 질서정연하지 않

나가야의 공동수도꼭지

으면서도 거기에는 자유로운 편안함이 있었다. 지방에서 유입인구가 많았던 탓인지 타향 출신자들을 차별하지 않고 동화해 가는 포용력도 있었다. 이렇게 골목을 중심으로 형성된 '먼 친척보다도 가까운 이웃'이라는 시타마치 전통의 근린의식은 그 후에도 오래 지속되었다.

햇볕이 들지 않는 동네

메이지 4년(1871), 이와쿠라 견외사절단이 구미 각국으로 역사적 방문여행을 떠났지만, 이 때 오쿠보 도시미치와 기도 다카요시木戸孝允는 런던의 이스트엔드를 시찰했다. 당시의 이스트엔드는 소문난 슬럼가(빈민가)였다. 좁고 청결하지 못한 가옥이 밀집해있어 역병과 범죄의 소굴이 되어 정말 생지옥이라고 할 정도의 굉장한 상태였다고 한다. 나중에 영국을 발칵 뒤집어놓은 희대의 연쇄살인마로 유명한 잭 더 리퍼가 함부로 날뛰던 곳도 이 부근이었다. 아닌 게 아니라 오쿠보도 대단히 쇼크를 받은 듯 '한심한 세상이 왔다'며 감상을 토로했다고 한다. 사쓰마의 하급 무사였던 오쿠보도 경험해 본 적 없는 참상이었다.

거기에 비하면 메이지 초기의 하층계급은 가난하다고는 하나 아직 근대 이전의 관대한 인간다움을 잃지 않은 것 같다. 그들은 검소한 의식주, 근면하면서 변변치 않은 벌이로도 만족해 보이고 걱정이 없는 행복한 표정을 짓고 있었다고 한다. 이것은 당시 일본인에 관해 상당한 호의와 이국정서를 나누었다는, 일본에서 생활한 적이 있던 어느 서양인이 쓴 기록에서 미루어 짐작할 수 있다. 그러나 근대화가 진행되어감에 따라 그러한 소박하고 느긋한 생활은 급속히 변질되어 갔다.

산업혁명의 성과는 세계적으로 그때까지의 안락한 농촌생활을 파괴했고 도시는 유입되는 농촌인구로 인해 팽창하고 있었다. 런던과 파리에서는 19세기 전반 50년 동안에 인구가 두 배 이상 늘었다. 이러한 상황은 근대화의 길로 힘차게 달리는 도쿄에서도 일어났다. 도쿄는 유입인구가 계속 늘어남과 동시에 비참한 빈곤과 그에 따라 발생하는 폭력과 범죄, 역병을 수반하여 메이지 중기부터 다이쇼에 걸쳐서 슬럼의 존재가 큰 사회문제로 부각되었다. 메이지 23년(1890)의 경제공황으로 인해 세상은 불경기로 고통받았고 경기가 회복되었어도 이번에는 물가고에 시달려야했다. 정부는 부국강병을 슬로건으로 큰 산업을 보호하려다 보니 도리어 농촌과 영세한 수공업자들을 압박하는 결과를 초래하게 되었다.

빈곤자 대책문제는 에도시대부터 있었다. 재해와 기근 때에는 마을자치집회소를 통해 빈민규휼을 위한 오두막을 설치했고 적립금제도나 구황미를 비축하는 저장고도 있었다. 이시카와지마石川島에는 수형자(경범자과 우범자)들의 갱생시설로서 자립지원시설[人足寄場]도 있었다. 메이지가 되면 이러한 에도의 유산은 옛 제도라는 이유로 폐지되고 새 제도의 약자대책은 임기웅변적인 것이 되어갔다.

메이지 5년(1872), 러시아 황태자가 방일한다고 해서 혼고 가가 번加 賀藩(도쿄대 혼교캠퍼스) 저택 안에 240명의 거지를 수용한 양육원이 개설되었다. 나중에 우에노 고코쿠인護國院으로 옮기고 다시 메이지 29년(1896)에는 고이시카와로 이전하여 거지와 길가에 쓰러져 있는 사람, 환자, 미아 등의 빈곤자를 수용하고 고아원과 양로원, 훈맹원(맹아학교) 등도 개설했다.

그러나 이러한 시설만으로는 빈곤자의 극히 일부 밖에 수용할 수 없었다. 생계수단을 잃은 사회의 최하층 사람들은 일반 나가야보다 생활환경이 더욱 열악한 변두리 슬럼가로 모여들어 정착했다. 날품팔이와 인력거꾼, 길거리 예술가와 행상인, 막노동꾼, 넝마장이 등은 얼마 안 되는 수입으로 그날그날을 겨우 살아가는 힘든 생활이었다. 온종일 언덕 아래에서 기다리고 서 있다가 짐을 실은 수레가 지나가면 뒤에서 밀어주고 1전 정도의 돈을 받으려는 '다칭보료ちん坊'라는 일거리가 있을 정도였다. 아주머니들은 담배를 말거나 성냥곽에 상표붙이기, 둥근 부채살에 종이붙이기 등의 자질구레한 수공작업으로 겨우 입에 풀칠하며 견뎌내고 있었다. 자급자족에서 소비경제의 시대로 이행되고 있었던 메이지 하층서민은 어쩔 도리 없이 가난했다.

당시의 유명한 슬럼가라고 하면 요쓰야 사메가하시鮫河橋, 다니야谷屋, 시타야 야마부시쵸山伏町, 만넨쵸万年町, 시바 신모우쵸新網町 등으로 이곳은 골짜기나 해안가의 질퍽질퍽한 햇볕이 들지 않는 불결한 동네였다. 불과 0.1평방킬로미터도 채 안되는 사

빈민가

방 300미터 정도의 지역에 5000명이나 되는 주민이 북적거리며
살고 있었다. 그 밖에 시내 각 구 여기저기에 소규모 빈민가가
흩어져 있었다. 그중에는 궁전이나 번화가 바로 뒷길에 이러한

슬럼가가 지붕을 잇대고 있던 곳도 있었다.

　자는 곳은 싸구려 여인숙이나 셋집에서 해결했는데 도저히
집이라고 할 수 없을 것 같은 형편 없는 곳이었다. 길게 생긴 집

을 판자로 칸막이해서 몇 가구로 나눈 노후화된 집은 다다미 4
장이나 3장 크기 정도인데 이러한 곳에서 가족이 함께 잠을 자
고, 게다가 친척들까지 비집고 들어와 살기도 했다. 지붕은 썩
고 마루는 빠지고 벽은 골판지를 붙이고 있던 곳도 있었다. 그
런데도 집세를 내지 못하면 쫓겨났다. 먹을거리라면 주로 가까
운 병영과 병원에서 나오는 잔반으로 해결했는데 이 마저도 업
자에게 사지 않으면 구할 수 없었다. 얼마인가 돈이 들어오면 한
꺼번에 먹고 마시는데 다 써버렸고 무일푼이 되면 그야말로 낡
은 이불을 뒤집어쓰고 곯아떨어지는 생활의 반복이었다.

　당시의 일반적인 사회인식에서는 이러한 빈민가의 존재를 단
순히 나태한 자나 낙오자가 모이는 곳 정도로 생각했던 것 같
다. 국가 차원으로 본격적인 복지정책을 실시하는 사업은 별로
없었다. 마쓰하라 이와고로松原岩五郞의《최암흑의 도쿄最暗黑の東
京》(메이지 26년)와 요코야마 하라노스케橫山源之助의《일본의 하층
생활日本之下層生活》(메이지 32년) 등 뛰어난 저널리스트가 어렵게 잠
입하여 쓴 현지보고가 발표되어 일반의 관심이 높아지기 시작
했지만, 결국 빈민구제사업은 일부 민간독지가의 기부나 자선가
의 기부에 의해 지원되고 있을 뿐이었다. 그야말로 복지없는 정
치였을 뿐만 아니라 오히려 어중간한 구제책은 가난한 사람들
의 독립심을 훼손하고 태만을 조장할 뿐이라는 식의, 약자를
외면할 생각밖에는 없었다.

　양육원은 메이지 23년(1890)에 도쿄시영이 되었다. 이 시기부터

생활빈곤자 및 노인대책 등의 복지문제에 관심이 몰려 시부사
와 에이치가 60년간 원장을 역임했다. 시부사와는 일본 복지사
업의 창시자로 일컬어지고 있다.

머지않아 시구개정계획에 의해 도심부의 슬럼가는 점차 정리
되고 아라카와, 오지, 혼죠, 후카가와, 고이시카와, 시나가와 등
의 주변지역으로 분산되었지만 이것도 근본적인 슬럼대책이 아
닌 제국도시로서 체면을 유지하기 위한 이주확산계획에 불과했
다. 이렇게 번화가나 관청가 등 당당한 근대건축군의 위용과는
달리 이스트엔드를 방불게 하는 비참한 생활이 제국도시 도쿄
의 뒷모습을 형성하고 있었다.

전염병과의 싸움

에도막부 말기 이후, 개항장을 거쳐 외국에서 들어온 전염병은
사람들에게 큰 공포로 다가왔다. 일반적으로 위생관념도 낮고 아
직 미신이나 신앙에 의지해 병을 치료하려는 사람들도 많았다. 콜
레라와 장티푸스, 이질, 페스트 등 전염병이 자주 맹위를 떨쳤다.
또한 인플루엔자도 가끔 유행해 많은 사람들이 목숨을 잃었다.
메이지 7년(1874)에는 도쿄에 천연두가 번져 3000명의 사망자가 발
생했으며, 19년(1886)에는 1만 명 가까이 콜레라로 목숨을 잃었다.

19세기 후반부터 유럽에서는 세균학이 발전했다. 파스퇴르
Louis Pasteur와 코흐Robert Koch의 공적으로 결핵, 장티프스, 콜레

라, 디프테리아 등의 병원 체가 속속 밝혀지게 되었다.

기타자토 시바사부로北里柴三郎는 코흐 곁에서 파상풍균 연구에 획기적인 업적을 쌓고 메이지 25년(1892)에는 시바 공원 안에 전염병 연구소를 창립했다. 얼마 지나지 않아 연구소를 국가에 기부해 내무성 소관이 되었고 시로가네다이白金台로 이전했다. 1914년이 되면 이것과는 별개로 새로운 사립 기타자토北里 연구소를 열었다. 연구원인 시가 기요시志賀潔는 메이지 30년(1897)에 이질균을 발견해 그들의 연구가 세균학 발전에 큰 공헌을 했다. 그러나 일반에게는 아직 예방백신에 의한 치료법이 확립되지 않

전염병이 발생한 마을 소독

아 일단 전염병이 확산되면 손을 쓸 수 없는 상황이었다.

국가의 대책은 어떻게든 환자가 발생한 집 안팎을 소독하고 환자를 '피난병원'이라는 가설 격리병원에 수용하는 수밖에는 대책이 없었다. 방역위생행정은 경찰단속으로 강행되어 경찰관이 강제적으로 연행해 입원시키기 때문에 이런 것이 도리어 병이상으로 공포스러웠다. 일단, 피난병원으로 이송되면 대부분 다시는 살아서 돌아올 수 없다고 알려져 있었다. 콜레라에 걸려 피난 병원에 이송된 환자 중에 우물에 몸을 던져 자살하는 사람도 있었다. 그 때문에 주변 우물은 전부 사용금지가 되었다는 이야기도 있다. '전염병 예방법'이 메이지 30년(1897)에 제정되어 전염병 발생은 점차 줄어들었다.

에도시대의 와칸和漢(한방)의학 대신 메이지시대에는 서양의학이 대단히 번성해 근대적인 '병원' 시설이 생겼다. 보신전쟁戊辰戦爭[39] 때 사상자의 치료 및 외과수술로 서양의학의 우위성이 증명되었기 때문이다. 그러나 당시는 아직 병원 수도 적고 입원료도 비쌌다.

막부 때부터 있던 의학학교는 얼마 안있어 도쿄대학 의학부로 발전하였고 부속병원을 병설했다. 사립에서는 메이지 6년(1873)에 사토 다카나카佐藤尚中의 준텐도順天堂 병원, 메이지 15년(1882)에 사

---

39 왕정복고 쿠데타에 성공한 신정부와 이에 반발하는 막부 및 막부를 지지하는 번들이 1868년 1월부터 1869년 6월까지 약 1년 5개월 간 치른 전쟁.

전염병연구소(메이지 27년)

기타자토 시바사부로에 의해
시바구 아타고쵸에 개설됐다.
후에 내무성 소관으로 통괄됐다.

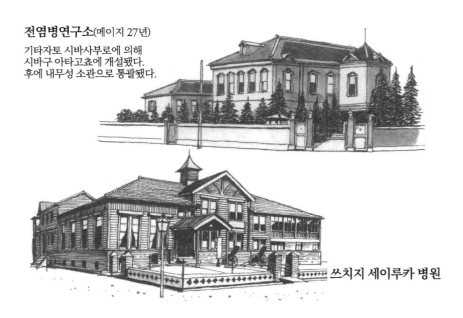

쓰치지 세이루카 병원

일본적십자병원(메이지 24년)

시부야무라 황실소유지 안
현재의 일본적십자 의료센타

유시마 쥰텐도 의원
(메이지 8년)

사토 다카나카가 세운
최초의 사립병원

사키 도요佐々木東洋의 교운도杏雲堂 병원이 생겼고, 메이지 19년(1886)에 생긴 하쿠아이博愛 병원은 이듬해 일본적십자 병원으로 개칭되었다. 이 해 도쿄 지케이慈惠 병원이 개원했고 33년(1900)에는 쓰키지 세이루카聖路加 병원이 개설되었다. 일본 의학계는 메이지 초기부터 독일식 의학이 주류를 차지했으며, 진료기록도 독일어로 적었다. 세이루카 병원은 일반 의료와 함께 공중위생이나 예방의학, 의료사회사업 도입 등 미국식 실전 의학을 특색으로 했다.

그런데 이 무렵 만성전염병으로 폐결핵이 클로즈업되기 시작했다. 옛날부터 과로에 의해 오장이 손상됨으로서 발생한다며 무서워하던 병이었다. 아직 스트렙트 마이신이나 페니실린 등이 없었던 시절이었기 때문에 당시는 불치병이라고 여기고 있었다. 이 병 때문에 젊어서 목숨을 잃는 사람이 많았다. 히구치 이치요, 마사오카 시키正岡子規, 구니키다 도포国木田独歩 등이 결핵으로 사망했다. 도쿠토미 로카德冨蘆花의 《불여귀》와 같이 주인공이 결핵으로 죽는 소설이 널리 읽혀져 독자들의 눈물을 자아냈다. 결핵은 메이지 30년(1897)대부터 확산되기 시작했다. 특히 공장의 가혹한 노동조건이나 낮은 임금, 도회지의 좁은 주택 사정, 가난으로 인한 영양사정 등과 밀접한 관계가 있었다. 즉 산업혁명의 성립과 공업화의 급성장이 초래한 병으로 특히 저소득층에 준 타격은 매우 컸다. 게다가 점차 중·상류계층에도 확산될 조짐이었다. 이대로는 공업력의 병폐, 나아가서는 군사력의 쇠퇴까지 일으킬 상황이었다. 다이쇼기에 들어 '결핵예방법'이 시행되었지만 '망국병'이라며 공포에 떨었다. 실제로 결핵을 극복할 수 있게 된 것은 태평양전쟁 이후다.

매연 뿜는 포병공창

고라쿠엔後樂園이라고 하면 유원지나 도쿄 돔으로 알려져 있지만 이곳은 원래 에도 초기부터 미토번水戶藩의 하저택이 있었던 곳으로 넓은 회유식 정원回遊式庭園⁴⁰은 지금까지도 그 옛날의 정취를 느끼게 해준다. 현재의 야구장이나 유원지 주변은 메이지와 다이쇼시대에는 포병공창, 즉 육해군의 철포 및 화약을 제조하던 군수공장이었다. 일반적으로는 '조헤이造兵'라는 이름으로 알려져 있었다.

포병공창의 전신은 메이지 원년에 세키구치 스이도쵸關口水道町의 옛 막부 대포제조소를 물려받아 설치되었다. 세키구치의 물을 이용해 수차를 돌려 동력으로 이용했다. 메이지 4년(1871)에 옛 미토번 저택부지로 옮겨 나중에 포병공창이 되었다. 식산흥업을 육성하자는 구호와 함께 등장한 대표적인 관영공장으로 부지는 정원을 포함하여 40만 평방미터나 되었다.

수십 동의 공장에 숲을 이룬 굴뚝에서 뿜어나오는 매연은 도쿄의 하늘을 뒤덮었고 기계소음은 하루 종일 울려 퍼졌다. 도

---

40 연못을 중심으로 그 주위를 산책길에 따라 거닐 수 있도록 만들어진 정원.

심 한가운데에 이런 대규모 공장이 존재했던 것인데 지금이라면 당장 산업공해의 원흉이라며 제일 먼저 비난의 대상이 되었을 것이다. 사실은 공장직원이 포탄을 옮기려다가 떨어트려 대형폭발사고를 일으킨 엄청난 사건도 발생했다. 그러나 당시는 연기나 소음도 산업근대화의 상징이라고 생각했을지도 모른다. 에도시대부터 화물양륙장이던 공창 앞의 이치베市兵衛 강가에서는 포탄을 배에 선적해 운반했다. 도로망이 아직 정비되지 않았던 메이지 초기는 재료나 제품수송에는 간다가와 강의 수운이 역시 중요한 입지 조건이 되었다.

마침내 청일전쟁과 러일전쟁을 거치면서 생산규모도 비약적으로 증대해 메이지 22년(1889)부터 42년(1909)까지 20년간 기관수로 하면 11배, 마력수로 하면 60배, 공장의 노동자수도 8배나 증가해 2만 명 이상 늘어났다. 이러한 공장노동자들은 대다수가 공장 부근일대 및 혼고 근처에 정착해 살았는데 이들이 조석으로 가스카쵸春日町 주변을 따라 줄지어 출퇴근하는 모습이 이색적이었다고 한다.

공장노동자뿐만 아니라 하급 봉급생활자는 모두 허리에 도시락을 두르고 통근했기 때문에 일명 고시벤상腰弁さん(가난한 월급쟁이)이라고 불렀다. 값비싼 알루미늄 도시락통도 가끔 볼 수 있었다. 그 무렵에는 와다쿠라몬和田倉門에서 간다바시, 히토쓰바시一ツ橋 주변의 해자(수로) 옆길을 따라 오테마치 일대의 관청가로 통근하는 하급관리가 많아 일명 '고시벤 거리'라고 일컬어졌다.

전쟁 덕분에 일본의 산업혁명도 이 무렵이 되면서 완성되어 대규모 제철소나 조선소, 방적공장, 기계제조공장 등이 각지에 건설되었다. 일본의 근대산업은 이렇게 군수산업과 방적산업을 중심으로 발달하고 세계적인 수준으로 발전하기 시작했는데 그

포병공창 이치베(市兵衛) 강가
오른쪽 본관 건물은 콘더의 설계라고 한다. 왼쪽의 숲은 고라쿠엔(後樂園) 정원

목표는 항상 대륙을 향해 있었다. 청일과 러일의 두 전쟁을 통해 목표는 더욱 확실해졌지만 그 배경에는 뒤처진 농촌과 저가의 임금이 대신하고 있었다.

포병공창 공원들의 임금도 결코 높지 않았다. 메이지 후반에

는 노동운동의 물결이 거세지자 공창 안에서도 파업이나 사보 타주⁴¹가 자주 일어났다. 사보루サボる라는 단어는 이때 만들어 진 것이다.

원래 간다 산쟈키쵸三崎町, 니시키쵸錦町, 미토시로쵸美土代町 주변은 일본 노동운동의 발상지다. 노동자 및 학생이 많았고 연설이나 집회장이 있고 서점이나 출판활동도 활발했다. 메이지 30년(1897)에 직공의용회(노동조합)가 조직되어 39년(1906)에는 사회당이 결성된 것도 간다 일대였다.

도쿄 포병공창은 간토대지진으로 소실되었고 1933년에 규슈 오구라小倉로 이전했다.

땡땡 전차가 지나갑니다

개업 이래 20년 동안 도쿄 시민의 발이 되어준 철도마차도 마침내 전차와 교체될 시기가 왔다.

전차가 처음으로 공개된 것은 메이지 23년(1890) 제3회 내국권업박람회 때이다. 도쿄전등회사가 미국에서 사륜전차를 수입해 와서 선전을 목적으로 우에노 공원의 회장에 3~4백 미터 정도의 레일을 깔고 사람들을 태우고 달렸다.

메이지 27년(1894)에는 교토京都, 31년(1898)에는 나고야名古屋, 33

---

41 노동자가 생산능률을 저하시키는 쟁의행위.

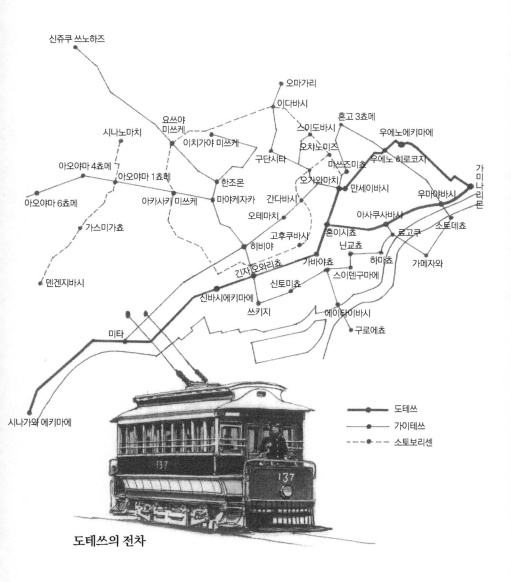

신쥬쿠 쓰노하즈

오마가리

이다바시

혼고 3쵸메

요쓰야 미쓰케

스이도바시

우에노에키마에

시나노마치

이치가야 미쓰케

오차노미즈

아오야마 4쵸메

구단시타

마쓰즈미쵸

우에노 히로코지

가미나리몬

아오야마 1쵸메

한조몬

오가와마치

만세이바시

우마야바시

아오야마 6쵸메

아카사카 미쓰케

마야케자카

간다바시

아사쿠사바시

가스미가쵸

오테마치

혼이시쵸

료고쿠

소토데쵸

고후쿠바시

닌교쵸

하마쵸

가메자와

히비야

가바야쵸

긴자 오와리쵸

스이덴구마에

덴겐지바시

신토미쵸

에이타이바시

신바시에키마에

쓰키지

구로에쵸

미타

시나가와 에키마에

도테쓰

가이테쓰

소토보리센

도테쓰의 전차

년(1900)에는 오다와라小田原에 시가전차市街電車가 달렸다. 도쿄에서는 훨씬 늦은 메이지 36년(1903)에 드디어 시나가와에서 우에노 구간이 개통되었다.

경영은 도쿄마차철도회사가 조직을 개편한 도쿄전차철도회사인데 흔히 '도테쓰東鐵'라고 불렀으며, 궤도도 마차철도의 궤도를 그대로 새로 만들어 같은 노선을 달리게 했다. 이어서 '가이테쓰街鐵'라고 부르던 라이벌 도쿄시가철도회사가 스키야바시數奇屋橋~간다 구간을 운행하기 시작했고 이듬해에는 도쿄전기철도회사의 '소토보리센外堀線'이 개업했다. 이렇게 도쿄에는 세 개의 노선이 삼파전을 이루며 각각 구간계통을 연장해 나갔다.

'골목을 넓히고 전차가 지나간다. 이곳은 천하의 땅'

이라는 노래가 불려지고 메이지 38년(1905)에는 '전차창가'가 탄생했다.

'꽃의 관청은 마루노우치 / 가까운 히비야에 모여 /
전차 길은 십자로 / 자, 우에노로 놀러가지 않을래?'

라는 가사로 시작하여 노선주변의 지리 및 풍물을 엮어 만든 가사가 52번까지 이어진다. 노래로 노선안내를 짓는 아이템은 5년 전에 생긴 '기적소리 신바시를······'이라는 유명한 '철도창가'

메이지 후기의 가구라자카

와 동일하다. 이것은 메이지만의 독특한 발상이었다. 전차창가
와 철도창가 이외에도 여러 개가 만들어진 것 같다.

버스나 택시는 아직 없었기 때문에 뭐니뭐니해도 시가전차는
도쿄시민에게 가장 편리한 대중교통기관이었다. 예전에는 야마
노테에서 시타마치로 볼일이 있어 외출할 경우에 하루가 걸리던
것이 전차 덕분에 편하게 이동할 수 있게 되었다. 이렇게 시민의
행동범위가 넓어짐과 동시에 거주지도 점점 시내 외곽으로 확대
되어 갔다. 또한 전차의 각 노선이 모이는 환승 지점은 사람들
의 입출입이 늘어 새로운 번화가로 활기가 넘쳤다.

메이지 39년(1906)에 3사는 합병하여 도쿄철도회사가 되었는데

합병하면서 동시에 전차삯을 인상했다. 때문에 이에 반대하는 시민들이 전차에 돌을 던지고 방화를 일으키는 사건이 발생했다. 공공사업의 입장에서 도쿄철도회사는 그 후 도쿄시에 매각되어, 도쿄시 전기국이 운영하게 되고 메이지 말기 44년(1911)에 '시덴市電'(시영전차 나중에 都電)이 되었다. 이후 장기간에 걸쳐 도쿄 시민에게 사랑을 받았지만, 팽창하는 도시 인구로 인한 만성적인 혼잡을 해소하기에는 불가능했다. 쇼와가 되자 노면전차 그 자체가 운송기관으로서의 한계에 도달했고, 쇼센省線(현재의 JR) 전차 및 지하철, 사철私鉄교외전차로 이어지게 된다.

번화가의 변천

에도에서 가장 번창한 번화가는 료고쿠 히로코지와 아사쿠사였다. 료고쿠바시 기슭에는 방화용공터[火除地]로써 넓은 공간이 있고 노점이나 가설 공연장 등으로 활기가 넘쳤다. 이처럼 강과 도로가 교차하는 지점은 전망이 좋고 개방감이 있어 많은 사람이 모여들어 자연스럽게 번화가로 성장했다. 그러나 메이지가 되면 이러한 장소는 좋지 않은 존재로 인식되면서 서민은 자유로운 놀이공간을 잃게 되었다. 그 대신 정부는 아사쿠사와 우에노 같은 옛날부터 서민에게 인기가 있었던 절과 신사부지를 공원으로 지정하고 정비하는 방침을 취했다.

메이지가 되고 도쿄의 인구가 계속 증가하면서 시가지가 점점 확대되어감에 따라 니혼바시나 교바시 같은 예전부터 번화가였던 곳 이외에도, 시내 여기저기에 크고 작은 상점가가 핵심이 되어 발달했던 것 역시 메이지 도쿄의 특징이다. 시타마치에는 닌교쵸人形町, 우에노의 야마시타, 후카가와의 몬젠나카쵸門前仲町 등이 번성하고 야마노테에는 아자부쥬방麻布十番, 우시고메, 가구라자카神樂坂, 요쓰야 등 에도부터 이어져 온 상점가가 번화가로 한층 더 번성했다.

그렇지만 에도시대부터 일상생활물자는 동네 상점에서 간단히 구할 수 있었고 상인들이 멜대를 매고 물건을 팔러 오기 때문에 물건을 산다고 해도 대개는 자신이 사는 곳 가까운 곳에서 해결했다. 니혼바시와 같이 전문점이나 고급점이 즐비한 상점가는 좌식판매 점포구조였기 때문에 특별한 용무가 있는 고객 이외에는 방문하지 않았다. 즉 쇼핑의 즐거움은 그다지 없었다고 생각하는 것이 좋을 것 같다.

메이지 중반부터는 소비경제가 발달하자 진열판매점이 늘어나고 권공장勸工場의 유행이나 백화점이 생겨나 마침내 요즘과 같은 쇼핑스타일이 확립되었고 이에 따라 상점가의 성격도 변화해갔다.

이러한 변화를 제일 먼저 받아들여 쇼윈도를 설치한 고급전문점이나 음식점이 늘어선 근대적인 쇼핑센터로서 선구가 된 곳은 역시 긴자였다. 긴자에는 단순히 상품이 진열되어 있을 뿐만 아니라 유행이나 국제화에 입각해 정보가 넘치고 있었다. 에도

메이지 후기의 긴자 오와리쵸(지금의 4쵸메 교차점)

중앙의 핫토리 시계점(현재의 와코우 장소)의 탑은
메이지 6년의 벽돌건물 2층 위에 27년 증축됐다.

에서 가장 중심가라고 알려진 니혼바시를 대신해 긴자가 도쿄 제일의 상점가가 된 이유도 납득이 간다. 시세이도資生堂 화장품, 미키모토御木本 진주, 다니자와谷澤 구두, 센비키야千疋屋 과일, 이토야伊東屋 문방구, 쥬지야十字屋 성서(나중에 악기), 기무라야 빵집, 야마노山野 악기, 교분칸教文館 서적, 마쓰자카松崎 전병, 유럽풍 과자인 후케이도風月堂, 수입 잡화를 파는 사에구사三枝 등은 지금까지도 긴자에서 오래된 점포로 유명하다.

환상의 터미널 만세이바시 역(메이지 45년)

교통의 발달도 번화가의 성쇠에 큰 영향을 미쳤다. 거리 곳곳의 교차로는 예로부터 네거리로서 활기가 넘쳤는데 시덴市電의 각 노선이 교차하는 간다 스다쵸神田須田町, 오가와마치小川町, 혼고 3쵸메 등의 교차점은 환승객이 넘쳐나 상점가로서도 발전하게 되었다.

메이지 말기가 되면 근교전차가 개업하는데, 그 터미널역도 번화가의 요소를 띠고 있었다. 고부철도甲武鐵道(중앙선)의 터미널인 만세

이바시 역 앞은 가까운 스다쵸 교차점을 대신해 급속히 발전했고, 도쿄에서도 손꼽히는 번화가가 되었다. 메이지 45년(1912)에는 벽돌 구조의 호화로운 역 건물이 완성되었지만 간토대지진으로 인해 소실되었다. 그 후 다이쇼 말에 우에노~도쿄역 구간이 개통되어 순환 야마노테센이 완성되자 만세이바시 역은 터미널로서의 의미를 완전히 잃었다. 게다가 시덴의 노선개통에서도 제외되는 바람에 1936년에는 폐지되고 그 후는 교통박물관이 되었다. 교통박물관은 철도박물관으로서 2007년에 사이타마로 이전했다. 현재 만세이바시 부근은 과거 번화가의 정취조차도 느낄 수 없다. 신쥬쿠, 시부야, 이케부쿠로 등이 터미널 역으로 번창하게 된 것은 야마노테센의 바깥쪽으로 근교 주택지가 확산된 쇼와 이후부터이다.

메이지의 유행

메이지 5년(1872)경에 도쿄와 요코하마에서 갑자기 토끼사육이 유행하기 시작했다. 마침내는 애완동물이라기보다 투기의 대상이 되어 눈 깜짝 할 사이에 고가가 되었고 털의 모양이 특이한 희귀종 토끼를 사들여 비싼 가격으로 거래하는 모임도 여기 저기에서 열렸다. 쵸닌과 사족 중에서는 이런 붐을 타고 한탕하려는 속셈으로, 얼마 없는 전 재산과 공채를 쏟아 부어 무일푼 신세가 되어버린 사람이 많았다고 한다. 정부가 아무리 금지령을 내려도 전혀 잠잠해질 기미가 없자, 결국 한 마리당 월 1엔의 토끼세를 부과하고 나서야 겨우 진정되었다고 한다.

이와 매우 유사한 투기성이 있는 것으로 오모토万年青(원예 식물)가 유행했다. 원래 교토 주변에서 시작되어 메이지 10년(1877)대에 전국적으로 확산된 것 같다.

같은 시기 전국적으로 유행한 것에 게킨月琴이 있다. 중국 악기인데 교토와 오사카에서 유행하기 시작해 도쿄에서도 14년(1881) 무렵부터 서민들 사이에서 붐이 일었다. 음색이 매우 우아하고 연주기술도 샤미센에 비해 쉬웠던 것 같다. 그러나 메이지 27년(1894)에 청일전쟁이 발발하자 적의 색을 띤 음악이라 하여 곧바로 퇴색되었다고 한다.

유행이라고 하면 역시 패션이다. 문명개화의 도래와 함께 에도시대의 복장규정이 완화되고 외국의 영향을 받아 의복풍습도 변해갔다.

메이지의 패션에서 획기적이었던 것은 뭐니뭐니해도 양복이었다. 육해군의 군복, 순사와 철도원의 제복은 물론, 관청의 관료들도 의복제도에 의해 양복을 착용하게 되었다. 일반 남성들 중에서도 멋쟁이들은 제일 먼저 양복을 입고 금테 안경과 금시계의 사슬을 늘어트리고 문명개화를 만끽했다. 그 무렵에는 프록코트나 모닝드레스 위주였으며 양복에 단추가 3개 있는 것은 비즈니스용 의복이었다. 양복은 원래 운동복이나 노동복으로 막부 말경에 유럽에서 탄생한 것이다.

양복은 사람들에게 환영을 받았지만, 값이 비쌌으며 그리 손

쉽게 구할 수 있는 것이 아니었다. 그래서 한결같이 위에 걸치는 신사용 망토를 애용했다. 원래는 인버네스 코트라는 망토식 겉옷의 일종이었는데 개량하여 메이지에서 쇼와 초기까지 폭넓게 보급되었다. 이 망토는 톤비라고 부르기도 했으며 오히려 일본전통의복에 더 잘 어울렸다. 양복을 입고 싶은 나머지 철도원을 지원하는 사람도 있었다고 한다.

더욱 간단한 것으로는 담요(모포)가 자주 사용되었다. 담요는

학생
점원
하오리 하카마
톤비
오노보리상
신사정장
시루시반텐을 입은 사원
서생
연미복
프록코트

붉은색으로 염색해 인력거의 무릎 덮개로 사용하고 있었는데 이것을 몸에 걸치고 다니는 사람이 나타났다. 특히 도쿄 구경을 위해 상경한 지방사람들이 많았다. 통 좁은 바지에 붉은 담요를 걸치고 굽이 낮은 나막신을 신고 박쥐우산(서양우산)을 든 스타일이었다. 그래서 '붉은 담요'라고 하면 오노보리상ぉ上りさん(지방에서 도쿄를 구경하러 온 사람)의 대명사가 되었다. 담요보다 훨씬 스마트한 솔이 유행한 것은 메이지 7년(1874)이었다.

양복이 유행했다고는 해도 메이지는 아직 일본전통의복을 선호하는 시대였다. 양복에 보울러 햇Bowler hat(채플린 모자)을 쓴 관원도 집에 돌아가면 기모노로 갈아입었다. 메이지 전체로 보면 양복은 30%, 일본 전통복 70% 정도라고 말할 수 있다. 메이지 시대에는 사쓰마(가고시마) 출신자들이 세력을 떨쳤기 때문에 남성들 물건도 사쓰마풍이 인기가 있었다. 사이고 다카모리처럼 사쓰마 모치(떡)나 사쓰마 허리띠, 사쓰마 나막신이 널리 유행하게 되었다.

상인들은 변함없이 줄무늬의 기모노를 입고 폭이 좁은 남성용 허리띠에 허리앞치마를 두른 모습이고, 하오리羽織(짧은 두루마기)를 입는 사람은 지배인급 이상이었다. 샐러리맨들도 현대와는 매우 다른 이미지였던 것 같다. 고위급 관원은 양복으로 멋을 부렸지만 회사원은 면직물 기모노를 입고 허리띠에 허리앞치마 차림으로 사무를 보고 있어 일반 상인의 모습과 크게 다르지 않았다. 즉 예부터 내려오던 오타나御店(상가) 제도의 연장이었

다. 이 시스템은 의복이 양복으로 변했어도 종신고용과 연공서
열이라는 형태로 극히 최근까지 통용되고 있었다. 장인은 근무
하는 본점에서 지급되는 상점마크가 새겨진 작업복 상의에 배
를 덮는 앞치마와 통 좁은 바지를 입은 모습이었다.

　여성의 경우도 대부분이 일본전통의복이었다. 로쿠메이칸시
대에는 당시 구미에서 최신 유행하던 버슬 스타일의 드레스를

로쿠메이칸시대의
버슬 스타일

상류 부인의
이브닝 드레스

장인의 부인

숄

아즈마코트

게이샤

하오리 모습의 아가씨

여학생

입었지만 이것은 일부 상류계급만의 특수한 것으로 메이지 20년 (1887)대가 되면 그 자취를 감추었다. 남성의 옷을 양복이라고 하듯 부인복은 메토후쿠女唐服(외국 부인복)라고 불렀다.

예부터 여성기혼자는 오하구로お歯黒[42]로 치아를 검게 물들이고 푸른색 눈썹이라고 하여 눈썹을 밀어버리는 풍습이 있었지만, 이것도 서서히 퇴색되어 갔다. 그 무렵 화장용 백분은 납을 원료로 했기 때문에 건강에 나쁜 영향을 줄까 걱정되었다. 당대 제일 유명한 온나가타女形(가부키에서 여성 역을 하는 남자배우)를 연기하던 나카무라 후쿠스케中村福助도 납중독으로 고생했다고 한다. 이윽고 백분 연구가 진행되어 메이지 30년(1897)대에는 일본산 납성분이 없는 백분이 발매되었다.

서민들이 거주하는 시타마치의 부인들은 변함없이 검은 옷깃이 달린 면직물이나 평직으로 짠 견직물의 기모노에 소매를 걷어붙이고 바지런히 일하고 있었다. 교양수업을 다니는 아가씨들은 노랑색 기모노에 마 잎사귀 문양으로 염색된 띠를 둘렀다. 몰락 사족의 생활은 힘들었고 야마노테의 부인들의 평상복은 지극히 허름한 옷차림이었다. 대체로 메이지 여성은 대부분 수수한 차림이었던 것 같다. 기모노의 무늬도 수수한 줄무늬나 격자무늬가 많았고, 회색이나 갈색에 녹색을 약간 띤 차분하고 세

---

42 귀족의 기혼여성이 했던 화장의 일종으로 쇳조각을 술이나 차, 식초에 산화시켜 얻은 액에 이빨을 검게 물들이는 것.

련된 색조를 좋아했다.

　여성이 하카마袴(주름잡힌 하의)를 입는 것도 메이지에 생겨난 풍속이다. 처음에는 '여자가 하카마를 입다니……'라며 눈살을 찌푸리던 사람도 있었지만, 활동적인 점이 시대와 맞아 떨어지면서 특히 여학생은 에비챠이로海老茶色(적갈색)의 하카마를 애용해 '에비챠시키부海老茶式部'라고 하면 여학생을 지칭하는 대명사가 되었다.

　일반 여성이 하오리를 입게 된 것도 메이지 초기의 일이다. 남성의 검은 문장紋章이 새겨진 하오리를 본 떠, 메이지 27(1894)~28년(1895)부터 검은 치리멘(오글쪼글한 견직물)에 문장을 넣은 하오리가 정장으로 유행하기 시작했다. 메이지 19년(1886)에 시로키야白木屋 양복점이 팔기 시작한 새로운 기모노 코트는 '아즈마吾妻코트' 라는 이름으로 많은 인기를 얻었다.

　　　'남편은 양복 나는 코트, 요즘 유행하는 세련된 옷'

이라고 평판이 났다.

　메이지 초기, 단발령이 내려진 시기에는 남성과 같이 단발하는 여성도 나타났지만 이것은 지나치다고 생각했는지 이내 금지된 듯하다. 어쨌든 '여성에게 옷과 머리 모양은 매우 소중한 것'이라고 여겼던 시대다.

　에도시대에 발달한 일본전통 머리모양은 고도의 머리 묶는

일본 여성의 머리모양과 속발

도진아게(소녀)

다카시마다

잇쵸가에시

마루마게
(기혼자)

영국식 묶기

마가렛

서양식
내려묶기

하사시가미

서양식 올려묶기

기술로 그 화려함을 경쟁했는데 막부 말기부터 메이지에 걸쳐 전체적으로 작고 소박해지는 경향을 보인다. 그러나 활동에 불편하고 비위생적인 일본전통 머리모양보다도 합리적인 서양 방식의 헤어스타일을 보급시키려고 하자, 메이지 18년(1885)에 대일본 부인묶음머리 개량속발회라는 운동이 일어나면서 점차 서양식 머리묶기가 일반화되었다.

부인속발회는 서양식 올려묶기, 서양식 내려묶기, 영국식 묶기, 마가렛 등의 헤어스타일을 장려하고 있는데, 그 외에 야카

이마키夜会巻き(올려묶기의 변형), 히사시가미庇髮(부풀려 앞쪽으로 내밀게 빗은 형태), 그 변형인 203고지二百三高地(러일전쟁의 여순 요새에서 연상한 이름인 것 같음) 등이 유행에 따라 등장했다. 서양식 머리묶음 모양이라고 해도 머리 묶어주는 사람이 일본전통 머리모양 방식으로 묶어 주었기 때문에 일본전통의상에도 잘 어울렸다.

수수하게 지어 입던 메이지의 일본 기모노도 러일전쟁 후 복고 열풍이 불어 갑자기 화려해졌다. 미쓰코시 포목점이 화려한 겐로쿠시대(17세기 후반)의 무늬를 팔기 시작해 유행이 되었고, 모모야마(16세기 후반)풍의 기모노도 많이 입게 되었다.

모슬린, 서지, 플란넬(방사모)은 메이지에 등장한 일본 기모노의 새로운 소재다. 서지나 플란넬은 춘추복으로 애용되었다. 기타하라 하쿠슈北原白秋의 시에도,

'짝사랑은 플란넬의 옷과 같은 부드럽고 세심한 나의 근심'

메이지 범죄기록부

메이지가 시작되고 얼마간은 아직 세상이 살벌했지만, 드디어 세간의 정서도 안정되기 시작했다. 그 무렵의 도쿄는 지금에 비해 인구도 적고 지역도 협소한 탓인지 도시범죄는 현대에 비해 많지 않았던 것 같다. 그렇기 때문에 가끔 흉악범죄나 엽기사건이 일어나면 그야말로 도쿄 전체에 이슈가 되었다.

억압되어 지내던 대중의 욕망이나 잡념이 사건의 발생과 함께 노골적인 호기심으로 자극되어 사람들의 관심을 끌었다.

암살로 물든 에도막부 말기에 이어 메이지가 되어서도 악인의 암살이 계속 되었다. 교토에서는 새로운 군대 창설에 공이 있던 오무라 마스지로大村益次郎와 메이지정부에 참여했던 막부 말기의 유학자 요코이 쇼난橫井小楠이 살해되고, 도쿄에서도 메이지 4년(1871)에 유신의 대립자 중의 한 사람이었던 참의參議 히로사와 사네오미広沢真臣가 암살되었다. 우대신 이와쿠라 도모미는 메이지 7년(1874)에 아카사카 이치가이 미쓰케喰違見付에서 자객에게 습격을당했지만 간신히 담을 넘어 살 수 있었다. 11년(1878)에는 내무경 오쿠보 도시미쓰가 아카사카 기오이쵸紀尾井町의 길거리에서 암살되었다. 메이지 22년(1889) 제국헌법발포 당일 문부성 대신 모리 아리노리森有礼가 사살되었고, 이듬해에는 외무대신이 폭탄테러로 인해 한쪽 다리를 잃었다. 그리고 메이지 34년(1901)에는 전 통신대신이 도쿄시청 안에서 암살되었다.

메이지 초기, 서민사회의 범죄로 유명한 사건은 요루아라시 오키누夜嵐おきぬ와 다카하시 오덴高橋お伝이다. 둘 다 여성이 일으킨 사건인데 당시의 신문은 그녀들을 '악독한 여자'로 단정 지었다. 오키누의 본명은 하라다 기누原田きぬ라고 하며 원래 하타모토의 딸이었다. 집안이 몰락하고 빚더미 신세가 되었는데 아라시 리카쿠嵐璃珏라는 가부키 배우에게 반해 남편을 쥐약으로 독살했기 때문에 메이지 5년(1872)에 참수당했다. 다카하시 오덴

은 죠슈上州 태생으로 불치병에 걸린 남편의 치료비를 벌기 위해 남자를 바꿔가며 살다가 결국 헌옷장수를 여관으로 불러들여 살인을 저지르고 만다. 메이지 20년(1887)에 참수당했다.

에도시대의 형벌은 매우 잔혹한 것이었다. 나무기둥에 묶어 놓고 찔러 죽이던 형벌과 불기름을 붓는 형벌은 채찍질과 함께 메이지 2년(1869)에 금지되었고 그로부터 10년 후에 효수하는 형벌도 폐지되었다. 참수는 2년 후인 메이지 14년(1881)에 폐지되었다.

또 여성범죄로 유명한 사건은 메이지 20년(1887)에 일어난 하마쵸浜町의 마치아이待合(게이샤와 유흥을 즐기는 음식점-옮긴이) '스이게쓰粋月'의 여주인 하나이 오우메花井お梅의 하코야箱屋 살인사건이다. 몰락 사족인 아버지와 금전관계로 문제가 있었는데 그것을 이용하려고 했던 하코야(배우의 신변을 지키고 보살피는 남성)를 사살해서 무기징역을 선고 받았다. 《메이지 시절의 여자明治一代女》라는 타이틀로 두고두고 소설이나 연극, 신나이新内(애조를 띤 노래)나 유행가로 불려진 유명한 사건이다. 15년 후 특사로 출옥한 오우메는 단팥죽가게와 방물잡화상점을 열었지만 운영이 잘 되지 않자 결국 여배우가 되어 직접 본인이 저지른 살인사건인 미네키치 살인峰吉殺し의 주인공을 연기하는 상황으로까지 전락했다고 한다.

복수는 메이지 6년(1873)에 금지되었는데 7년 후에 도쿄의 한복판에서 일본 최후의 복수라고 일컬어질 만한 사건이 일어나 시민들에게 이슈가 되었다. 후쿠오카현福岡県 출신의 우스이 로쿠로臼井六郎라는 청년이 부모의 원수를 갚기 위해 도쿄재판소

판사인 이치노세 나오히사一瀨直久를 긴자 산짓켄보리三十間堀 번화가에서 살해한 것이다. 우스이의 아버지는 막부 말기 혼란기에 번정개혁의 복잡한 상황에서 이치노세에 의해 메이지 원년에 암살되었고 이치노세는 그 후 신정부에 중용되어 판사로 출세했다. 로쿠로는 도쿄에 상경해 무예를 연마하고 메이지 13년(1880) 말에 사건을 일으키고 종신형을 받았다.

새로운 범죄로 권총을 사용하는 강도도 나타났다. 시미즈 사다키치清水定吉라는 남성이 메이지 원년부터 19년간 잡히기까지 안마업을 하면서 강도짓을 일삼아 결국 사형에 처하게 되었는데 이 사건은 곧이어 나니와부시浪花節(샤미센 반주로 의리나 인정을 노래한 대중적인 창)와 연극의 소재가 되었다.

메이지 30년(1897), 오챠노미즈의 간다가와 강에 알몸의 여자 시체가 떠오르는 엽기적인 사건이 발생했다. 얼굴에는 많은 상처가 있고 인상착의를 알 수가 없었는데 '엄청난 미인이다'라는 소문이 무성했다. 경찰조사결과 마쓰다이라 요리노시松平紀義라는 대부업을 경영하는 남성이 체포되었고, 피해자는 내연녀인 코노라는 것이 판명되었다. 그녀는 매춘부로 남성들을 상대로 살았는데 생활력이 매우 강해 조금씩 번 돈을 모아두었다고 한다. 이것이 범행남성의 표적이 되었고 마쓰다이라는 무기징역 판결을 받았다.

옛날부터 다이묘 집안에 자주 있던 집안소동이 메이지에 일어났다. 이것이 소마사건이다. 옛 소마 나카무라相馬中村 6만 석의 종가집 주인이며 당주인 자작인 소마 도모타네相馬 誠胤는 발작적으로 난폭해지는 정신병이 있어 병원에 갇혀 있었다. 옛 번사인 니시고리 다케키요錦織剛淸는 감금이 불법이라며 고소하고 혼고에 있는 부립 텐쿄인 癲狂院(정신병원)에 유폐되어 있었던 도모타네를 이미 데리고 나갔다. 소마 가문측과 옛 번사측 쌍방의 매스컴 대책과 소송싸움은 신문에 좋은 화젯거리를 제공했으며 니시고리를 충신으로 칭찬하는 신문도 있었다.

메이지 25년(1892) 당사자인 도모타네가 심장마비로 급사해 버리자, 니시고리는 후계자인 요리타네順胤(도모타네의 이복형제)를 비롯한 소마相馬 가문측이 도모타네를 모살했다고 고발했다. 재판소는 도모타네의 무덤을 파내어 조사했지만 결국 살해한 증거는 나오지 않았다.

양쪽은 판사를 비롯한 사법 관계자와 경시청 관계자들에게 거액을 마구 뿌려대는 거대 의혹사건으로까지 발전했다. 아무튼 중의원 의장 호시 도루星亨와 나중에 도쿄시장이 된 고토 신페이後藤新平, 문호 시가 나오야志賀直哉의 조부인 시가 나오미치志賀直道 등을 끌어들인 괴기하고 미스테리한 사건이었다.

결국 니시고리는 무고죄 판결을 받고 충신에서 한순간에 거대 사기꾼이 되었다. 소마 가문은 유명한 아시오 동광산足尾銅山을 소유하고 있었는데 유신 후에 후

메이지 30년 무렵의 오챠노미즈 풍경

루카와 이치베古河市兵衛(후루카와 광업의 창시자)에게 팔아 꽤 많은 재산을 소유하고 있었다고 한다. 이것을 노린 것이라면 과연 어느 쪽이 진짜 '악역'이었을까?

메이지 35년(1902)에는 메이지 최대의 엽기적인 사건이 일어났다. 유명한 노구치 오사부로野口男三郎의 엉덩이살 사건이다. 고치마치에서 11세의 소년이 엉덩이살이 파인채 살해되었다. 이 사건은 미궁 속에 빠졌지만, 3년 후에 인근에 살던 약방주인이 살해되어 조사해 보니 350엔이 사라졌다. 용의자로 검거된 오사부로는 소년 사건도 자백했다. 경찰은 처남인 노구치 네이사이野口寧齋도 죽인 것이 아닌지 의심하여 유치장 안으로 스파이를 들여보내기도 하고 고문을 한 결과 네이사이도 살해했다는 자백을 받았다.

노구치 네이사이는 당시 대단히 유명한 한시 작가였다. 네이사이의 여동생인 소에와 연인 사이였던 오사부로는 여자친구의 오빠에게 환심을 사서 여동생과 결혼을 하고 노구치 가문으로 들어갔다. 네이사이는 전부터 한센병에 걸려 고민하고 있었는데 오사부로는 이 병에는 사람고기를 넣어 만든 탕국을 마시면 효과가 있다는 속설을 믿고 소년을 살해했다는 설이 신문을 떠들썩하게 했다.

오사부로는 네이사이의 신용을 얻기 위해 때마침 일어난 러일전쟁에 통역관으로 종군한다고 거짓말을 하고 약방주인을 속여 얻은 돈으로 군복을 만들기도 했다. 그의 정체를 알게된 네이사이는 결국 그를 집에서 쫓아냈다. 이 일에 앙심을 품은 오사부로는 네이사이를 죽였다. 그러나 재판이 시작되자 그는 약방주인 살해 이외의 2건은 완강히 부인했다. 결국 이 2건은 증거불충분으로 무죄가 되었고, 약방주인 살해죄로 메이지 41년(1908)에 처형되었다. 그 사이 오사부로는 이치가야 감옥에서 '옥중고백'을 집필해 무죄를 호소했지만 역시 진실은 미궁 속에 빠졌다.

'아아 이 세상은 꿈인가 덧없음인가 옥사에서 혼자
생각에 잠드네. 꿈에서 깨어 보니 주변은 고요하고 밤
은 깊어간다.'

거리에서는 엔카시演歌師가 사건의 전말을 엮은 '한밤의 추억'이라는 장대한 시를 쓸쓸하게 바이올린 멜로디에 실어 연주하여 많은 대중의 감상을 자극했다.

메이지 41년(1908), 도요타마군豊玉郡 오쿠보大久保에서 일어난 부녀 폭행 살해사건이 온 도쿄를 뒤흔들었다. 지금의 신쥬쿠 오쿠보에서 일어난 일이다. 이 무렵 이 지역은 도쿄의 인구증가와 함께 개발된 신흥주택지였다. 빈 공터에서 목욕을 마치고 집으로 돌아가는 관원의 아내가 살해되었다. 전부터 대중목욕탕의 여탕을 몰래 훔쳐보다가 경찰에게 요주의 인물로 지목된 이케다 가메타로池田亀太郎라는 24살의 정원사가 다른 사건으로 체포되어 범행을 자백했다. 가메타로는 치아가 돌출되어 있었기에 '돌출 거북이'라는 별명으로 불렸다. 이후 몰래 훔쳐보는 것이 취미인 사람을 일반적으로 돌출거북이라고 통칭하게 되었다. 가메타로는 1심에서 무기징역 판결을 받았지만 후에 감형되어 보석으로 풀려났다. 과학수사가 아직 발달하지 않았던 시대였기 때문에 무죄가 되었던 것 같다.

그처럼 태평스러웠던 메이지의 도쿄에도 강도와 살인 등 잔혹한 사건은 여럿 있었던 것 같은데 살벌한 이야기는 이 정도로 해두기로 하자.

제 7 부

도시의 즐거움

제7부
도시의 즐거움

도쿄 12개월

　태양력 채용, 서양식 건축의 출현, 양복, 시계의 보급, 시구개정실시, 철도마차, 시가전차 개통 등 외래문화의 영향을 받아 메이지의 도쿄에는 점차 도시화, 근대화의 물결이 밀려들었다. 그러면서 에도시대부터의 계절감이나 연중행사 등도 조금씩 변해갔다. 그렇지만 아직 서민의 생활은 에도의 잔재가 남아 있었고 오래된 습관이 깊게 뿌리박혀 있었다. 지금의 도쿄와 비교해 보면 물질적으로는 가난했지만 계절마다 매화와 벚꽃, 등나무, 철쭉, 창포와 같은 다양한 색상의 예쁜 꽃으로 물들고 반딧불이 채집에 달구경, 단풍 채집, 눈 쌓인 경치를 바라보며 술을 벗

삼는, 옛날부터 행락지를 방문하는 즐거움이 있어 지금보다 생활의 템포나 생활감은 조금 여유로웠던 것 같다.

특히 20세기를 맞이하는 메이지 30년(1897) 전후의 몇년간은 청일과 러일의 두 전쟁 사이에 끼여 비교적 살기 좋은 평화로운 시기였다고 한다. 그러나 군마현에서는 공해의 원조라고 할 수 있는 아시오 광독사건足尾鑛毒事件[43]이 발생하여 와타라세가와 강 부근의 주민들의 생활은 더없이 비참했고 이에 항의하는 운동은 관청에 의해 탄압을 받았다. 그렇지만 그러한 세상 속에서도 도쿄 시민은 여유롭게 사계절을 즐기고 있었다.

1년의 시작은 정월 초하루. 초하루의 일출을 보며 정화수를 떠놓고 새로운 기분으로 신년을 맞이했다. 집집마다 문 앞에 소나무를 장식하고 신사나 절에 가서 새해 참배를 했다. 도소주屠蘇酒(설날 아침에 마시는 술)나 일본식 떡국요리[お雜煮]를 먹으며 축하하는 관습은 예나 지금이나 변함이 없다. 학교에서는 신년 행사가 실시되고 아이들은 나들이용 기모노를 입고 등교했다. 새해 첫날, 어느 집이나 아버지는 문장紋이 새겨진 하카마와 모닝코트를 입은 정장차림으로 외출하는 것이 관습이었다. 연하장은 메이지 30년(1897)대부터 일반화된 풍습이다.

---

43 메이지시대 초기부터 도치기현과 군마현의 와타라세가와(渡瀬側) 주변에서 일어난 공해사건. 구리광산개발에 의한 매연, 광독가스, 광독수 등 유해물 질이 주변 환경에 큰 영향을 초래했다.

사자춤이나 미카와 만자이三河万歳(각지를 돌며 공연하는 것), 사루마와시猿廻し(원숭이 재주로 돈을 버는 일) 등이 집집마다 방문하는 것도 정월의 풍물이었다. 아이들은 세뱃돈을 받고 하네쓰키나 연날리기에 푹 빠졌다. 결혼적령기의 젊은이들은 햐쿠닌잇슈百人一首(100명의 가인의 노래를 한 수씩 모은 것)의 카루타(카드놀이) 모임을 즐겼다. 남녀 교제가 엄격했던 메이지의 젊은이들에게 카루타 모임은 단 한 번 교제할 수 있는 가슴 뛰는 기회였다. 이런 모습

설맞이 도쿄 거리

칠복신 배그림 장수
원숭이 재주부리기
소방출초식
사자춤
하네쓰키
도리오이
미키와 만자이
정초에 새배하며 돌아다님

은 오자키 고요의 소설 《금색야차》에도 그려져 있다. 밤이 되면 '보물, 보물……'을 외치면서 보물선 그림을 팔러 온다. 보물선(칠복신이 탄 보물을 가득 실은 범선)을 인쇄한 그림을 베개 밑에 두고 자면 신년에 좋은 첫 꿈을 꾼다는 길조를 상징하는 것이다.

거리의 행상인

빵장사

나막신 굽갈이

빵 빵 빵

낫토·삶은콩

쥐약 장사

탕약 장사

두부장사

낫토장사

삐

라오야⁴⁴

셋타수리 雪駄⁴⁵

옷치니 약장사

해독제 장사

도야마 약장사

---

44 (담배대의) 설대를 교체하는 장사.
45 눈올 때 신는 신발.

메이지가 되어 시작된 연중행사로는 1월 6일 관병식과 소방출초식(시무식)이 있었다. 관병식은 육군시무식이라고 하며 아오야마 연병장(지금의 메이지 신궁 외원)에 천황을 모시고 분열식分列式을 펼치는 행사다. 메이지 12년(1879)부터는 요요기 연방장(지금의 요요기 공원)에서 실시했다. 소방출초식은 가지바시몬鍛冶橋門 안쪽 광장에 소방대가 모여 경시총감이나 소방사령장관의 검열을 받고, 분열식을 하고나서 에도시대부터 실시해 오던 사다리타기 곡예 기술을 경쟁했다.

1월 15일은 상점에서 일하는 직원들이 연 2회 휴가를 얻어 귀향하는 날이다(또 한 번은 추석인 7월 15일). 평소 일터에서 머물며 일하는 어린 사환과 가정부 등도 이날만은 일에서 해방되어 여유롭게 보낼 수 있었다. 새로 지은 기모노를 입고 용돈을 받아 도쿄에 본가가 있는 사람은 양손에 선물을 들고 부모님이나 보증인이 계신 곳으로 향했다. 지방 출신자는 각각 아사쿠사 등의 축제장으로 가서 요세寄席나 파노라마를 보고(물론 메이지 후기에는 활동사진임), 맛있는 음식을 먹으면서 모처럼 마음대로 활개를 폈다.

정부는 새롭게 국가의 축일을 만들어 2월 11일을 기원절이라고 정했다. 지금의 건국기념일의 전신이다. 학교에서는 교장선생님이 천황의 얼굴이 그려진 액자 앞에서 〈교육칙어〉를 낭독하고 〈기미가요君が代〉와 '구름에 우뚝 솟은 다카치호高千穂의 산 위에서 부는 바람에 풀도 나무도……'라는 기원절 창가를 부르고 나서 그날 수업은 휴강이다.

이때부터는 매화꽃 꽃망울이 터지기 시작해 가메도의 가류바이臥龍梅나 오모리의 우메야시키梅屋敷는 매화를 보러 가는 사람으로 붐볐다. 3월 3일 모모노 셋쿠桃の節句(여자 아이를 위해 인형을 장식함)가 끝나고 4월 8일 꽃축제(석가탄신일을 축하하는 행사) 때에는 슬슬 벚꽃구경을 하기에 좋은 시기다. 우에노 공원, 아스카야마飛鳥山, 시나가와 고텐야마, 고가네이 즈쓰미小金井提 제방 등은 에도시대부터 벚꽃의 명소였다. 무코지마 스다즈쓰미隅田堤 제방 주변은 특히 사람들이 많았고, 밤이 되면 요시와라의 밤 벚꽃놀이로 떠들썩했다. 벚꽃이라고 하면 왕벚나무가 유명한데 이 벚나무는 에도 말기에 스가모 소메이染井 지역의 정원사가 만들어낸 품종이 전국적으로 확산된 것이다.

꽃구경 시즌이 지나면 메구로의 죽순이 제철을 맞이했다. 스사키洲崎와 오다이바お台場, 시나가와 갯펄에서는 조개잡이가 활발해졌다. 5월 5일은 단오의 절구다. 메이지가 되어 단오를 비롯한 다섯 절구가 폐지되었지만, 여전히 민간풍습으로 남아 있었다. 5월의 하늘에는 잉어모양의 깃발이 헤엄치고 대중목욕탕에는 창포물이 준비되어 있었다.

순국자의 영혼을 기리는 쇼콘샤招魂社가 구단자카에 세워지고 메이지 12년(1879)에는 야스쿠니 신사靖國神社로 개칭되었다. 제사는 봄가을 두 번 올렸는데 5월과 9월의 5일, 6일, 7일의 3일간은 경마, 격검, 검무, 스모 등이 봉납되었다. 불꽃을 쏘아올리고 서커스, 다마노리, 요지경 등의 가설공연장이나

도시의 예술가들

에치고 사자

호카이부시

호카이
호카이

성대묘사 달인

엔카시

점괘종이 장사

이아이居合[46] 곡예

신나이 나가시

엿장사

노점상이 즐비해 인산인해를 이루었다.

그 후 5월 17~18일은 아사쿠사의 산쟈묘진三社明神(아사쿠사 신사) 축제가 돌아온다. 핫피法被[47]를 맞춰 입고 영차, 영차하며 오미코시お御輿(제례 때 신위를 모시고 메는 가마)를 메는 산쟈마쓰리三社祭는 지금도

---

46 앉아 있다가 재빨리 칼을 뽑아 적을 베는 검술.
47 일본 전통의상. 축제 참가자들이나 장인들이 착용한다. 쪽색이나 갈색 무명으로 만들며, 옷깃에 옥호나 상표 등을 염색한다.

도쿄의 초여름을 물들이는 없어서는 안 될 중요한 행
사다. 도쿄에서는 마쓰리(축제) 이외에도 여기저기에
서 매일 같이 엔니치緣日(신불을 공양하고 재를 올리는
날)가 열렸다. 낡은 가재 도구, 분재, 금붕어잡기,
라무네(레몬네이드), 구운 옥수수 등 먹거리를 파는
곳도 붐볐다. 사이타마埼玉의 반딧불이가 판매
되기 시작하는 것도 이 무렵이었다.

파출소

물자동차

공중전화
(메이지 33년)
당시에는
자동전화라고
했다.

　야마노테의 주택가에서 일부러 시타마치까
지 산책하러 오는 사람들도 많았고, 화분에
심은 식물을 소중히 들고 귀가하는 젊은 관
원 부부의 정겨운 모습도 볼 수 있었다.

　사계절마다 갖가지 꽃을 보며 즐기는 기쁨도 있었다. 철쭉의
명소는 소메이와 오쿠보, 스가모는 국화, 등나무는 가메이도 텐
진이 유명했다. 사람들은 계절별로 자주 꽃을 찾아다닌 것 같
다. 집에 있자면 모종장사, 히에마키 장사稗蒔売48, 금붕어 장사,
곤충장사, 비파엽탕枇杷葉湯 약장사 등등 행상인들의 물건 파는
소리가 계절이 바뀐 것을 알려주었고 엔니치에서 사온 청아한
소리를 내는 풍경종과 다시마 일엽초를 처마에 장식하는 시기
도 이 무렵이다.

---

48 넓적한 도자기 수반에 피나 좁쌀 등을 싹트게 해서 푸른 논처럼 보이게 한
　분재.

사계절의 행락

강놀이 개시 축하 행사

갯벌 조개잡이

매화 구경

호리키리의 난초

가메도의 등나무

축제

햣카엔의 싸리

데코마이[49]

단고자카의 국화인형

---

49 제례 때 남장을 한 기생이 쇠막대기를 끌고 신여(神輿)의 앞에서 걸어가며, 추던 춤.

메이지 도쿄의 하루는 신문 배달원의 '신문이요!'라는 힘찬 외침소리와 함께 시작했다. 각각의 신문사 이름을 물들인 핫피를 입고 집집마다 조간을 던지며 아침을 누볐다. 네모진 나무 손수레를 끌고 가는 빵집 배달원, 우유 배달원도 아침 일찍 일어난다. 아침 식사 시간에 맞추어 '낫토, 낫토, 낫토. 삶은 콩……'이라며 낫도 장사도 돌아다녔다. '두부, 두부튀김, 간모도키雁擬き(다진 채소를 으깬 두부로 감싸 기름에 튀긴 음식)……'를 외치며 두부 판매원도 돌아다닌다. 메이지 말에는 푸~ 하고 나팔을 불며 다녔다.

거리에는 어패류나 메밀국수 장사, 그 외에 엿, 약, 점괘 종이 장사 등 온종일 갖가지 물건을 파는 행상인과 수선 행상, 길거리 예술가들이 돌아다녔다.

도로가 아직 포장되어 있지 않았기 때문에 날씨가 맑은 날에는 흙먼지가 날려 걷는 것조차 힘들었을 것 같다. 그래서 수레에 큰 물통을 싣고 물을 뿌리면서 끌고 다니는 물자동차가 나타나 도쿄의 명물이 되었다.

6월이 되면 창포와 에도가와 강 기슭의 반딧불이 채집, 이리야 아사가오시入谷朝顔市의 나팔꽃 축제도 큰 즐거움이었다. 이 무렵이 되면 거리의 군고구마 장수들은 일제히 빙수장사로 옷을 갈아입는다. 잘게 깬 얼음과 아이스크림, 도코로텐ところてん(한천)이 제일 맛있는 계절이 찾아온다. 에도시대에 얼음은 상류계급만 먹을 수 있었다. 메이지가 되면 하코다테의 얼음이 인기를 모았다. 나중에는 기계제빙이 실용화되었는데 값싼 얼음은 사람들에게 기쁨을 주었다.

6월 14일, 15일, 16일은 히에 신사日枝神社의 산노마쓰리山王祭, 7월이 되면 칠석에 이어 센소지浅草寺 절의 사만육천일四萬六千日[50]이 온

여름의 풍물

료고쿠 수련장

나팔꽃 모종

모종장사

풍경종 장사

빙수

간이 휴계소

정어리 팔아요

금붕어
금붕어

정어리장사

금붕어장사

곤충장사

---

50 센소지의 본존인 관세음보살의 엔니치 중에 46000일 분의 공덕을 얻을 수 있다고 여겨지는 7월 9, 10일.

다. 쪽빛이 감도는 유카타浴衣(무명 홑옷)를 입고 참배를 마치고나서 붉은색 꽈리화분을 장식한 센소지를 구경하며 걷는 것도 시타마치의 풍경이다. 길모퉁이에는 갈대발을 쳐놓은 보리차 노점상의 긴 평상이 즐비하게 늘어선 간이휴게소가 있었다.

실내수영장같은 것은 없었던 시절이었지만, 강물은 깨끗했다. 스미다가와 강의 료고쿠両国나 하마쵸浜町 해안에 개장한 수영장으로 아이들은 매일 수영연습을 다녔다. 지금의 스위밍 스쿨이다.

료고쿠의 강놀이 개시 축하행사는 에도시대부터 여름 최고의 행사였다. 7월 중순부터 8월 중순은 대개 토요일 밤을 골라 개최되었던 것 같다. 료고쿠 부근의 요정이나 놀잇배가 주최하여 수백 발의 불꽃을 쏘아 올렸다. 지붕을 씌운 소형 배와 대형 놀잇배, 토사운반선과 자갈운반선, 거룻배 등이 시끌벅적하게 떠다니고 료고쿠바시의 다리 위는 불꽃구경을 하러 나온 사람들로 밀치락달치락, 양쪽 강기슭에도 넘쳐날 것 같은 인파로 붐볐다. 한몫 보려는 빙수, 초밥, 라무네, 삶은 팥 등을 파는 포장마차 상점들도 즐비했다. 메이지 33년(1900)에는 다리 난간이 무너져내려 수많은 사람이 강에 빠져 다치는 참사도 일어났다.

시원한 바람을 찾는 사람들은 스사키나 오모리 해안으로 수영하러 갔다. 해수욕이라는 것도 메이지 30년(1897)경부터 건강 증진을 위해 일반화되었던 것 같다. 처음에는 남녀 혼욕이 금지되어 있었다. 좀 더 교외로 눈을 돌려 즈시逗子나 오이소大磯 주변으로 떠나는 사람도 있었다. 오이소의 해수욕장은 메이지 18

년(1885)에 개장했다고 하는데 선전 광고에 유명한 가부키 배우를 기용해 화제가 되었다. 바다가 싫은 사람들은 신쥬쿠 쥬니신사新宿十二社의 연못이나 다키노가와 벤텐瀧野川弁天, 메구로부도目黒不動(瀧泉寺) 등으로 나가 폭포를 맞으며 더위를 식힌 것 같다. 폭포라고 해도 아주 작은 것이었다.

무코지마 핫카엔百花園에 가을 풀꽃들이 피고, 여름도 이윽고 끝을 고하는 9월에는 간다마쓰리로 한층 더 붐볐다. 초등학교부터 대학까지의 모든 학교에서는 가을운동회가 열렸다. 가을이 깊어지면 국화 꽃을 구경할 수 있는 계절이 온다. 10월부터 11월에는 고마고메 단고자카의 국화인형 축제가 도쿄의 명물 행사였다. 단고자카는 정원수나 분재를 판매하는 가게가 많이 모여 있던 곳으로 각 정원에 무대를 마련해 그 해의 인기 있는 교겐狂言(노가쿠의 막간에 상연하는 희극) 등을 소재로 만들어 장식한 국화인형은 당시에 대단히 인기가 있어 구경꾼이 많이 몰려 들었다. 그러나 메이지 40년(1907)대가 되면 료고쿠 국기관의 국화인형 쪽에 인기를 빼앗겨 폐업해 버렸다고 한다.

단풍놀이의 계절이 되면 도쿄에도 옛날부터 사람이 많이 모이는 명소가 있었다. 시나가와의 가이안지海晏寺 절은 가마쿠라 시대(1185~1333년)부터 단풍의 명소로 알려져 있었지만 경내가 좁고 나무도 적어서 오히려 다키노가와瀧野川 쪽이 인기가 높았다. 그 외 우에노 공원, 시바 공원, 메구로부도 등의 단풍도 보기 좋았다고 한다.

이케우에 혼몬지池上本門寺 절의 오에시키お会式라는 니치렌슈日蓮宗의 법회 이후, 11월 3일의 천장절天長節은 메이지 천황의 생일을 축하하는 축일이 되었고 다이쇼 이후에는 메이지절明治節이 되었다. 지금의 문화의 날이다. 신년행사처럼 관병식을 거행하는 것이 관례였다. 천장절에 이어 야스쿠니 신사의 가을의 시제[秋の例祭(10월17~20일)], 15일은 시치고산七五三[51]의 축하일이다. 나들이옷을 입고 막대모양의 사탕[千歲飴]이 들어있는 주머니를 손에 든 아이들을 이곳저곳의 신사에서 볼 수 있었다.

11월 닭의 날[酉の日]은 시타야 오토리 신사鷲神社의 마쓰리(축제)에서 복갈퀴를 파는 도리노이치酉の市라는 축제에 특히 붐볐다. 11월에 닭의 날이 세 번 있는 해는 화재가 많다고 하는데 이것은 옛날부터 내려오는 이야기다. 화재감시인은 매일 밤 '불조심……'을 외치며 딱따기를 치면서 마을을 돌아다녔다. 날이 샐 무렵 '화재는 간다 미토시로쵸美土代町……'라고 외치며 북을 치면서 화재가 멀리 간 것을 알리는 소리도 들렸다.

가까운 화재는 경종을 울리며 알렸다. '비켜라, 비켜!'라며 힘차게 달려가는 소방대, 화재현장에 모여든 구경꾼들도 대단히 많았던 것 같다.

음력 12월, 새 해를 장식할 필수품을 파는 하고이타이치羽子板

---

51 일본의 전통 명절로, 남자 아이가 3살·5살, 여자 아이가 3살·7살 되는 해의 11월 15일 전후로 해서 어린이들의 성장을 축하하는 행사.

市 시장은 14~15일에 후카가와 하치만 신사를 시작으로 17~18일은 아사쿠사 간논淺草觀音, 20~21일은 간다묘진神田明神을 비롯한 여러 장소에서 열려 신불 앞에 장식할 공물과 마유다마繭玉[52] 등 새해를 위한 여러가지 물품으로 가득했다. 여자아이들은 하고이타이치 시장에 가는 것이 큰 즐거움이었다.

동짓날에는 대중목욕탕에 유자탕이 준비되어 있었다. 대청소와 떡찧기로 연말에는 왠지 모르게 분주했다. 아이들은 '벌써 며칠 밤 자면 새 해'라고 손꼽아 기다렸고 뒷골목 나가야 거주자들은 밀린 월세나 빚 변제 독촉으로 골치가 아팠다. 이윽고 이곳저곳의 절과 신사에서 제야의 종소리가 울려 퍼지고 메이지의 도쿄는 새로운 한 해를 맞이했다.

연극구경

가부키歌舞伎[53]는 에도시대부터 시민들에게 사랑을 받아온 예능이다. 메이지가 되었어도 에도시대와 그다지 변함없는 내용으로 계속 상연되고 있었다. 가부키극장은 덴포개혁天保改革(1830~1843) 이후에 아사쿠사 사루와카쵸猿若町의 에도 3극장(모리타 극장守田座, 이치무라 극장市村座, 나카무라 극장中村座)이 정해졌는데, 메

---

52 버드나무 가지에 누에고치 모양의 과자 따위를 단 설날 장식.
53 일본 고전연극으로, 노래 · 춤 · 연기가 함께 어우러지는 공연예술.

하마쵸 메이지 극장
(메이지 26년)

신토미쵸 신토미 극장(메이지 11년)
지금의 교바시 세무서 장소

가부키 극장(메이지 22년)
고비키쵸의 현재 장소,
나중에 일본풍으로 건축됐다.

이지가 되어 중앙 진출을 목표로 한 사람은 모리타 간야守田勘弥였다. 그는 메이지 4년(1871) 신시마바라新島原 유곽 터에 생긴 신토미쵸新富町로 모리타 극장을 옮기고 새로운 연극개량운동의 거점으로 삼으려고 했다. 신모리타 극장은 그때까지 없었던 대형 극장이었다. 나중에 신토미 극장新富座으로 개칭되었지만 메이지 9년(1876)에 화재로 소실되어 그 후 11년(1879)에 재건되었다.

새 신토미 극장은 더욱 컸다. 무대를 프로시니엄 아치식 proscenium arch[54]으로 꾸미고 객석 일부에 의자를 설치하는 등 최신식 설비로 화제를 모았다. 최초로 무대조명에 가스등을 사용해 야간공연이 가능해졌다. 개장식에는 정부 고급관료와 유명인사가 참석했고 육해군의 군악대 연주를 시작으로 막이 열렸다. 신토미 극장은 당시의 톱스타 이치카와 단쥬로市川団十郎, 오노에 기쿠고로尾上菊五郎, 이치카와 사단지市川左團次의 단키쿠사団菊左 멤버를 내세우며 메이지 전기의 가부키 업계를 리드해 신토미 극장시대를 구축하게 된다.

정부는 민중교화 수단으로 가부키에 주목하고 개화정책에 따른 연극개량지도에 나섰다. 이에 동조해 새시대의 풍속을 받아들인 '잔기리모노散切り物[55]와 살아있는 역사를 지향하는 '활력물活歷物[56]이 선보였다. 메이지의 명배우라고 하면 뭐니뭐니 해도 이치

---

54 무대와 객석을 사진틀처럼 확연하게 구분한 무대형식. 액자무대.
55 서민 생활을 소재로 짧은 머리와 양복 등의 신풍속을 도입한 양식의 연극.
56 사실을 중시하여 당시의 언어·풍속을 재현한 양식의 연극.

카와 단쥬로였는데 그는 열심히 활력물에 주력하여 메이지 20년 (1887)에는 천황 앞에서 연기해 가부키의 사회적 지위를 높임과 동시에 자신도 슈퍼스타로서 메이지의 연극계에 군림하게 되었다.

메이지 22년(1889)에는 가부키 극장歌舞伎座의 개장이 도쿄 전체의 화제를 불러 모았다. 도쿄 니치니치東京日日 신문의 후쿠치 오치가 개량연극의 본거지로서 당시로서는 가장 참신한 대형극장을 고비키쵸에 설립했다. 외부는 서양식 목조 3층건물이고 내부는 모두 편백나무의 일본식 좌식으로 꾸몄다. 정면 너비는 27미터, 안쪽 깊이는 54미터, 지붕 높이는 9미터, 건평은 1500평방미터, 수용인원은 3천 명이라는 일본 제일의 호화로운 대형극장이었다. 이로 인해 신토미 극장은 가부키 극장에게 최고자리를 빼앗기고 메이지의 가부키 업계는 신토미 극장 시대에서 가부키 극장시대로 전환하게 되었다. 몇 년 후 하마쵸浜町에 메이지 극장明治座이 생겨 가부키 극장과 나란히 도쿄의 두 대형극장으로 일컬어지게 되었다.

그러나 개량연극이라고 해도 활력물은 별로 재미가 없었던 것 같다. 가부키라고 하면 역시 쓰루야 난보쿠鶴屋南北와 가와타케 모쿠아미河竹默阿称가 창작한 잔혹 비정한 악당의 세계가 화려하게 펼쳐지는 교겐이 인기가 있었지만, 이것은 부정되어 결국 딱딱한 역사적 사실이나 권선징악의 교훈적인 내용뿐이었다. 그래서인지 에도 토박이들에게는 감동을 주지 못했던 것 같았고 그다지 평판도 좋지 않았다. 막부 말기의 가부키 작가인

가와타케 모쿠아미도 시대를 반영한 '잔기리모노'를 쓰고 이것을 기쿠고로가 공연했지만 현대물로는 오히려 가와카미 온지로川上音二郎의 신파 쪽이 인기를 모았다. 결국 가부키는 고전으로 회귀하게 되었다.

가부키는 이즈모노 오쿠니出雲阿国가 처음 시작한 것으로 알려져 있는데 1629년에 남녀공연이 금지되어 여성의 역활은 오야마女形(여자역의 남자배우)가 연기해왔다. 그러나 여배우나 조류기다유女流義太夫(여성이 장편 서사시를 특유의 창법으로 노래하는 공연) 등의 여성 예술인이 완전히 사라진 것은 아니었다. 메이지 23년(1890)에는 드디어 남녀공연이 인가되어 여배우들인 구메하치九米八가 인기를 얻었다. 신파극의 가와우에 사다얏코川上貞奴는 본격적인 여배우 1호로 유럽 공연에서도 호평을 얻었다.

메이지 37년(1904)과 38년(1905)에 단주로, 기쿠고로, 사단지가 연이어 세상을 등지자 가부키도 쇠퇴하고 신파나 제국극장의 여배우극이 활발해져 일본의 연극계는 새로운 전개를 맞이하게 되었다.

노래는 세상만사에 따라

음악 세계에서도 지금까지 이어져온 일본의 전통음악에 대해 서양음악이 등장한 것은 획기적인 사건이었다. 서양음악은 막부 말기에 이미 각 번에 고적대 등이 조직되어 서양식 조련에 의해 연주되고 있었지만 메이지가 되어 정식으로 육해군 군악대가 편성되었다. 궁중 만찬회나 로쿠메이칸에서 외국사신들 앞에서 연주할 기회가 많았던 궁내성 궁중음악의 아악 연주가들도 군악대를 모방하여 취주악(관악합주)과 관현악(오케스트라) 연주를 도입했다.

일반인이 서양음악과 가까워진 계기는 메이지 12년(1879)에 문부성에 둔 음악취조괘에 의해 채용된 음악교육의 보급효과였다. 메이지 14년(1881)에는 교과서에 '소학창가'가 도입되어 서양식 소가곡이 다수 만들어졌고 일본의 동요나 외국민요도 채용되었다. 이들 창가는 당시 문학자나 음악가에 의해 작사 작곡된 친근하고 격조 높은 것이 많았다. 외국곡은 반드시 번역본은 아니었지만 멜로디에 가사를 조화롭게 매치하여 초등학생뿐만 아니라 일반인들에게도 널리 애창되어 현재까지 부르고 있다.

도레미파의 서양음계는 당시 일본음계에 익숙한 사람은 부르기 어려웠던 듯 파(4)의 음과 시(7)의 음을 뺀 이른바 '요나누키四七抜き' 음계가 자주 사용되었다.

일반인들에게는 일본음악의 전통도 짙게 남아 있었다. 옛날부터 이어 내려온 아악, 료쿄쿠浪曲, 비파琵琶, 소쿄쿠箏曲, 통소 이외에 근세의 샤미센 음악으로 나가우타, 기다유, 기요모토, 도키와즈, 신나이 등의 음곡도 메이지 초기의 문명개화시대에는 일시적으로 쇠퇴했지만, 그 후 부활하여 세력을 되찾았다. 유행가로서 하우타端唄, 고우타小唄, 속곡俗曲, 민요 등도 좋아했다. 나가우타長唄와 조루리浄瑠璃는 가부키나 문학 등과 밀접한 관계가 있어 일반인들에게 사랑을 받고 있었다.

안타깝게도 이들 음곡이 격이 낮고 속되다고 해서 메이지의 학교 교육에서 배제된 적도 있었다. 최근 들어 민족의 보물이기도 한 이 음악을 재평가 하는 기운이 되살아나고 음악교육의 교재로 샤미센 등을 채용하는 학교도 늘고 있다.

창가는 널리 확산되었지만, 서양음악이 일반에게 보급되기란 무척 어려웠다. 음악학교의 정규 음악교육 이외에는 일부 애호가가 피아노나 오르간, 바이올린 등의 서양악기를 배웠는데 악기값이 고가였다.

이처럼 메이지의 음악 사정은 방악과 양악 2중구조로 되어 있었는데 얼마 지나지 않아 결국 이 둘은 위화감 없이 융화되었다. 서양악기와 일본악기의 합주 등 새로운 시도가 이루어지고 오케스트라도 조직되었다.

번화가나 엔니치(길일)의 길거리 예술가인 엔카시가 부르는 유행가는 속되지만 한편으로는 소박하면서 서양음악의 곡상을 기본으로 하고 있었다. 엔카시는 바이올린을 켜면서 가사집을 파는 메이지시대의 음악 장사다. 민간의 취주악도 악대를 조직해 유원지나 백화점 선전 등에 활약하기 시작했고 소년음악대도 생겨났다.

우카레부시浮れ節라고 불리며 일종의 길거리 예술가였던 나니와부시浪花節[57]가 요세에 등장해 인기를 얻게 된 것도 메이지가

---

[57] 三味線을 반주로 의리나 인정을 노래한 대중적인 창(唱).

료고쿠 신류테이新柳亭는 기다유의 상설요세였다.

되고 나서 부터이다. 처음에는 떠돌이 기술자나 인력거꾼, 마부
와 같은 하층 계급이 팬이었지만, 마침내 인기가 확산되어 메이
지 40년(1907)에는 도추켄 구모에몬桃中軒雲右衛門이 혼고 극장에서
대성공을 거둔 뒤로 실업가와 정치가 팬도 늘어나 황금시대를
맞이하게 되었다.

메이지의 아이돌, 무스메 기다유

연극구경이라고 해도 입장료는 꽤 비쌌다. 텔레비전이나 영화
가 없었던 에도시대부터 서민의 저가오락이라고 하면 뭐니뭐니 해
도 요세(대중적 연예장)가 그 첫 번째였다. 메이지 중기에 도쿄의 요
세는 약 150채 정도 있었다. 시타마치의 간다나 아사쿠사에 많았

고 혼고本鄉나 시바芝에도 있었다. 각 구에 적어도 3~4채는 있었다
고 한다. 건물은 평범한 상가보다 조금 큰 정도이며 아주 큰 곳은
4~5백 명 정도의 관객석이 있었던 것 같다.

요세의 연기는 우선 고단講談[58]과 라쿠고落語가 있었고 이에

무스메 기다유

---

58 남자 예능인이 혼자 책상 앞에 앉아 부채나 딱다기를 들고 이야기를 낭송한다.

대해 이로모노色物라고 하는 음곡, 마술, 성대모사, 흉내 내기, 우스꽝스런 표정, 환등幻灯[59] 등이 있었다. 고단과 라쿠고 전문의 지정석과 이로모노 지정석이 분리되어 있는 곳이 많았다.

고단은 옛날부터의 전쟁 이야기, 복수, 도적을 주인공으로 하

---

59 그림, 사진, 실물 따위에 강한 불빛을 비추어 그 반사광을 렌즈에 의하여 확대하여서 영사(映射)하는 조명 기구.

는 시라나미白浪物(도적물) 등, 굳이 분류하자면 강경파 예술에 속하며 팬들도 대개 남자들뿐이었다. 메이지 전기의 야담가로 유명했던 쇼린 하쿠엔松林白円은 처음에는 도적물을 특기로 했기 때문에 '도적 시라나미'라는 별명을 얻었다. 그러나 시국물時局物을 주제로 한 '메이지 공신록'이나 세이난 전쟁과 같은 새로운 실록물로 많은 인기를 얻었다. 나중에는 민권운동에 참여하여 정부를 공격하는 등, 개화의 야담가로 불렸다. 지금이라면 아마도 텔레비전의 뉴스앵커라고 말할 수 있을 것이다. 정부는 그의 인기를 이용하려고 했으며 메이지 25년(1892)에는 천황이 감상하는 덴란코엔天覽口演의 영광을 얻었다.

메이지의 라쿠고계에서 화술의 묘와 독창적인 재주로 일대 명인이라고 알려진 사람은 산유테이 엔쵸三遊亭円朝이다. 〈모란등롱牧丹燈籠〉, 〈시오바라 다스케塩原多助〉 등 그가 창작한 인정을 소재로 한 많은 이야기는 한 시대를 풍미했고 가부키의 연기 주제로도 채택되었다. 그의 팬은 이노우에 가오루, 시부사와 에이이치. 오구라 기하치로大倉喜八郎, 마쓰카타 마사요시松方正義 등 정재계의 쟁쟁한 사람들도 많았다.

한편, 메이지 20년(1887)대부터 말기까지 크게 유행한 것이 무스메 기다유娘義太夫, 흔히 다레기다이다. 미혼여성이 하는 큰 올림머리에 꽃 비녀를 꽂고 화려한 가타기누肩衣(무사의 소매없는 예복)를 입은 모습으로 고음의 날카로운 목소리를 지르는 요염한 다유(상급 연예인)는 당시의 아이돌 스타였다. 절정부분에 이르면 독서대에서 몸을

쑥 내밀며 일부러 비녀를 떨어트리기도 하면서 열연했다고 한다. 팬은 압도적으로 서생(학생)이 많았고 객석은 입장객이 많아 입장을 사절할 만큼의 성황을 이루었다. 다유의 고운 목소리와 용모에 끌려,

지금쯤 한시치≠七 님은 어디에서 왜……'

와 같은 중요한 부분에 다다르면 신발보관패를 두드리며,

'도스루(어떡하지), 도스루……!'

라며 일제히 기이한 소리를 냈다. 이들을 이름하여 '도스루 팬클럽[ド─スル連]'이라고 했다. 이들은 메이지의 열광적인 오빠부대였다. 공연이 끝나면 다유를 태운 인력거를 애워싸고 공연장 주변을 우르르 몰려가는 소동이 벌어졌다. 다레기다의 폭발적인 인기에 라쿠고나 고단은 객석이 줄어 고민했을 정도였다.

서커스와 마술

서커스라고 하면 반가운 음악대의 음색과 함께 어릴적 향수가 담겨 있다. 메이지 19년(1886), 도쿄 토박이들의 화젯거리는 뭐니뭐니 해도 이탈리아 찰리네 곡마단이었다. 이탈리아의 찰리네

곡마단 40여 명이나 되는 단원이 일본에 와서 아키하바라에 텐트를 치고 공연을 했다. 코끼리, 사자, 호랑이 등 진귀한 맹수와 조련사가 함께 연기하는 스피드와 스릴 만점의 서양 곡마단인데 그 웅장한 스케일과 묘기에 어른아이 할 것 없이 모두 눈이 휘둥그레졌다. 그 무렵에는 서커스를 곡마라고 불렀다. 어쨌든 곡마단이라고 하면 찰리네, 찰리네라고 하면 서커스를 의미할 정도로 온 도쿄에서 인기를 불러 모았다. 이후 쓰키지로 옮겨 공연을 계속했고 그 후에도 메이지 시기 동안에 3번이나 일본에 왔다. 마침내 일본인 중에서도 서양풍 곡마단을 모방해 연기하는 무리도 나타나 일본풍 찰리네라고 자처하면서 각지를 순회하

찰리네 곡마

며 공연했다.

한편, 마술은 일본에서도 옛날부터 전해 내려오는 예술로 이들을 와즈마和妻라고 하는데 메이지가 되면, 외국에서 서양 마술사가 들어와 많은 영향을 주었다. 제일 먼저 서양마술을 받아들인 사람은 기텐사이 쇼이치帰天斎正一이다. 방금 뿌린 씨에서 곧바로 싹이 나고 꽃이 핀다든지 솜을 넣어 만든 쥐 모형이 실제로 움직이는 것을 본 사람은 모두가 놀랐다.

이어서 메이지 최고의 마술사는 쇼쿄쿠사이 덴이치松旭斎天一이다. 덴이치는 후쿠이福井 번사의 집안에서 태어났지만 어려서 불가에 들어가 수행하였다. 얼마 지나지 않아 칼날 위 걷기와 불 건너기 기술 등 진언종의 비법을 익혀 각지를 순회하였는데 어쩌다 나가사키에서 만난 미국인 요네스의 추천으로 미국으로 건너가서 일본의 독창적인 마술을 선보여 각지에서 호평을 받았다.

덴이치는 미국에서 서양요술을 배워 메이지 16년(1883)에 귀국하자마자 금세 스타의 자리에 오르고 이듬해에는 천황이 감상하는 공연의 영광을 얻었다. 요세의 이로모노와 서양마술은 모두 큰 장치를 사용했기 때문에 대형극장을 무대로 이용했다.

덴이치는 서양 마술박사를 자칭하며 공중부양이나 십자가에 매달리는 연기로 전국을 순회하여 대성공을 거두었고, 물을 이용한 공연예술 등의 일본적인 기예를 가미해 유럽이나 중국까지 발을 넓혔다.

덴이치는 메이지 말에 은퇴하고 애제자인 쇼쿄쿠사이 덴카쓰

松旭斎天勝가 그 뒤를 이었다. 덴가쓰는 11세
에 덴이치의 제자로 들어가 선천적인 아
름다운 미모로 덴이치이치 극장天一一座의
스타가 되었다. 꽹음 한 발, 대포에서 몸
소 포탄이 되어 쏘는 등 스케일이 큰 그
녀의 공연예술에 관중은 침을 삼켰다.
그녀도 세계적인 마술사로서 구미와 각
국에서 명성을 높였고 다이쇼와 쇼와를
통틀어 마술계의 여왕으로 군림했다.

화류계 여성들

메이지기의 고위급 관료의 부인 중에는 화류
계 출신 여성이 많았던 것은 잘 알려져 있다. 이토 히로부
미의 부인 우메코는 본디 시모노세키下關의 게이샤芸者(기녀)
였고, 기도 다카요시木戸孝允 부인은 기온祇園의 명기 이쿠마쓰라
는 이야기가 곧잘 사람들 입에 오르내렸다. 막부 말기의 교토를
무대로 신센구미新選組[60]를 상대로 싸우며 활약한 기도 다카시
를 남몰래 원조했다는 그녀의 에피소드는 너무나도 유명하다.

---

60 1863년에 쇼군의 신변보호를 목적으로 조직됐으나 이후 교토의 치안유지를
목적으로 활동했고 막부에 반대하는 세력과 싸웠다. 막부체제가 붕괴하자 정
부군에 저항하는 무진 전쟁에 참전했다.

메이지 10년대의 야나기바시

20년에 철교로 교체 됐다.
정면의 건물은 요정 '가메세이(龜淸)'이다.

무쓰 무네미쓰陸奥宗光의 부인
은 신바시에서 명성을 떨친 쇼쇼라는 이름의 명기였다. 그 외
야마가타 아리토모山県有朋와 가쓰라 다로桂太郎의 두 번째 부인(
제2부인)도 화류계 출신의 여성이었다. 두 번째 부인이라는 것은
소위 첩을 말하는 것인데 메이지 5년(1872)까지는 정실과 나란히
호적에 기록되어 두 번째 부인으로서 법적으로 인정을 받았다.
  그녀들은 세상물정을 통해 교양도 있고 남자를 조종하는 기
술이 뛰어나 이러한 고위급 관료의 호스티스 역으로 그 이상
알맞은 역할은 없었을 정도였다. 메이지의 남성들은 자주 기생

놀이를 즐겼던 것 같다. 지금처럼 바나 클럽도 없던 시대에 정부의 고관, 귀족, 재계인들의 상류인사들은 정치교섭이나 영업교제의 장소로 화류계를 자주 이용했다. 게이샤는 그 장소를 제공하 는 불가결한 존재였던 것이다.

유녀와는 달리 기예를 파는 게이샤는 에도시대에 생겨난 직업으로 메이지가 되어 예기라는 명칭을 얻게 되었다. 에도의 게이샤 중에 가장 격식 있는 곳은 요시와라 게이샤로 알려져 있는데 메이지가 되자 갑자기 신바시와 야나기바시가 화류계의 으뜸으로 급속히 인기가 높아졌다. 특히 신바시는 관청가와 가까워 정부의 고위 관료가 자주 출입했고 일본의 독특한 '요정정치'는 여기에서 시작된 것이라고 일컬어지고 있다. 요정은 연회에서 게이샤와 음식을 제공하는 장사로 정치가나 관원, 실업가들이 게이샤를 불러서 먹고 마시면서 비공식적으로 정책이나 사업을 상담하는 곳이다. 화류계는 신바시, 야나기바시, 요시쵸芳町, 후카가와 등 역시 시타마치에 많았고 야마노테에서도 아카사카와 요쓰야가, 그 외 시내 여러 장소에서 번성했다.

그러나 사쓰마와 쵸슈의 시골 무사출신 정부고위 관료들은 에도시대의 세련된 놀이손님들과는 달리 노는 방식도 야만적이었던 것 같다. 당시의 쓰진通人(남성놀이에 능통한 사람)들이라고 하면 옛 막부 관료 출신의 인텔리전트하고 에도 본토박이의 세련된 자타공인이 인정하는 무리가 많았다. 그들은 신문기자가 되어 정부를 비판하는 입장에 서게 되면 신바시보다도 오히려 야나기바시를 유흥의 거점으로 삼았던 것 같다.

아사노 신문의 나루시마 류호쿠成島柳北도 야나기바시 단골손님 중의 한 사람으로서 《야나기바시 신지柳橋新誌》라는 한문체의 깔끔한 책을 내고 메이지 초기의 화류계 소식을 실어 시류를 풍자했다. 그는 와칸요和漢洋(일본, 중국, 서양)의 학문에 정통하여 옛 막부시대에는 상당한 요직에 있었는데 유신 후에는 하야했다. 이 책도 너무나도 신랄하게 정부를 조롱한 탓에 발행금지가 되고 말았다.

메이지의 도쿄에서 명기로 평판이 높았던 사람은 폰타, 오즈마, 만류와 같은 여성들이었다. 이와 같은 화류계의 명기들은 당시 패션리더로서 사교계의 스타와 같은 존재였다. 사진에 의

요시와라 대문

한 게이샤의 미인선발대회도 가끔 열려 인기를 얻었다고 한다.

그러나 이러한 명기들은 화려한 존재 뒤에 속세의 굴레와 밑바닥의 비참한 생활에 눈물짓는 여성들도 많았다.

아사쿠사바시, 야나기바시, 료고쿠바시 부근

세개의 다리는 각각 메이지 17년, 20년, 37년에 철교로 교체됐다.

유곽 주위를 둘러싼 도랑에 등불이 흔들거린다

요시와라의 역사는 오래되어 가부키와 라쿠고, 우키요에 등에도 그려져 있는데, 에도 정서가 풍부한 일종의 문화센터적인 역할을 띤 동네였던 것으로 인식되고 있다. 유곽은 일본의 사회 기구나 도시의 생활문화의 하나라고 하는데 결국 매춘을 목적으로 하는 정부공인의 특수지역이다. 메이지가 되자 일본근대화의 치부라는 생각도 하게 되었다. 메이지 5년 (1872) 근대국가로서 체면상 창기해방령이 실시되었지만 갈 곳이 없는 창기(창녀와 기생)들은 사창가에 모여들거나 첩이 되는 일이 많았다. 요시와라는 가시자시키賃座敷(유료로 방을 빌려주는 업)라는 명목으로 바로 또 부활하여 변함없이 영업하고 번성했다.

옛날부터 유곽은 외부와 차단하기 위해 수로를 파서 유곽주위를

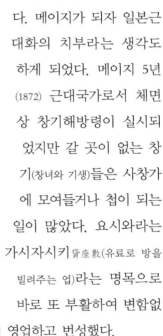

료고쿠바시

모토야나기바시

요네자와쵸

요코야마쵸

도리하타고쵸 방면

덴마

에워싸도록 구획되어 주로 시가지의 외곽지역에 설치되었다. 요시와라도 아사쿠사의 변두리에 있었다. 메이지 무렵에도 요시와라 주변은 논밭이었는데 사람들은 이 논밭을 요시와라 논밭이라든가 뒤뜰의 논밭이라고 불렀다. 여름에는 개구리 노래 소리가 들리고, 가을이 되면 고추잠자리가 춤추고 메추라기가 지저귀는 소리도 들렸다고 한다.

그러나 영업상 가장 빨리 문명개화 풍조를 받아들여 기생들의 양장차림이 빨랐던 것도 요시와라였다.

게다가 유곽 건축에 서양식을 가미한 건

요시와라 나카노마치
가도에비로(메이지 17년)

물이 메이지 20년(1887)대부터 속속 등장해 일종의 선전효과를 높여 사람들을 놀라게 했다. 그 중에서도 유명한 건물은 중앙통로인 나카노마치仲ノ町에 인접한 교마치 1쵸메의 '가도에비로角海老樓'인데 로쿠메이칸이 준공되던 이듬해인 메이지 17년(1884)에 의양풍 3층 건물이 당당하게 건축되어 명물이 되었다. 건물 위에는 직경 2미터나 되는 대형시계 탑을 갖추고 있었다. 조석으로 시간을 알리는 종소리가 주위에 울려퍼졌다. 히구치 이치요樋口一葉도 류센지쵸龍泉寺町에 살던 때에는 이 가도에비로의 시계 소리를 들으며 살았음에 틀림이 없다. 그녀의 명작 《키재기たけべ》의 첫머리에 '유흥을 즐기고 돌아가는 손님은 정문 근처 버드나무 아래에서 못내 아쉬워 유곽을 되돌아보고……'라고 묘사한 그 유곽의 정문은 무쇠로 만들어졌으며 메이지의 유명인 후쿠치 오치의 한시를 새겨 넣은 큰 가스등이 세워져 있었다. 다이모지로大文字樓, 이나모토로稲本樓 등 가도에비로에 견줄만한 큰 유곽 건물 사이에는 손님을 창녀집으로 안내하는 찻집이 있었고 하리미세張見世(손님을 끌기 위해 창녀들이 앉아있는 장소)에는 손님들로 왁자지껄했다. 이곳은 사시사철 불야성을 이루며 시끌벅적거림을 자랑하고 있었다. 그러나 간토나 도호쿠 지방의 가난한 농촌지역에서 반강제적으로 창기로 끌려온 여인들에게는 그야말로 인신매매의 '괴로운 세계'이기도 했다.

요시와라 이외에도 에도시대부터 시나가와, 신쥬쿠,

센쥬, 이타바시 등이 유곽으로 공인되어 있었다. 신시마바라는 메이지 4년(1871)에 폐지되었지만, 메이지 2년(1869)에 생긴 네즈根 津 유곽은 도쿄대학과 너무 가깝다는 이유로 나중에 스사키洲 崎의 매립지로 옮겨 스사키 유곽이 되었다. 그러나 유곽 주위를

신바시 부근의 제국박품관
(메이지 31년)

둘러싼 도랑에 등불을 비추던 3층건물의 유곽들이 늘어선 거리
도 메이지 44년(1911)의 요시와라 대화재로 한순간에 재가 되어
저 유명한 버드나무는 뿌리만 남기고 타버렸다. 이듬해에는 스
사키 유곽도 불에 타버렸다. 이것으로 화려함을 자랑하던, 에도

에비스 맥주홀
(메이지 32년)

를 생각나게 하는 흔적과 어제의 모습을 잃게 되었다.

일본의 유곽은 태평양전쟁 후인 1958년 매춘방지법이 시행될 때까지 계속되었다.

메이지의 명물 권공장

권공장勸工場, 권업장勸業場 등으로 불리는 점포 형식이 생겨난 것은 메이지 첫 해에 시작된 박람회나 공진회共進会(품평회와 전람회를 절충한 것-옮긴이)의 영향이라고 하며 메이지만의 독특한 유행이다.

번화가에서도 서술했지만, 에도 이래의 고급상점은 상점 앞에 상품을 진열하지 않고 고객의 요구에 응해 안쪽 창고에서 물품을 가져와 파는 '좌식판매' 방식이 일반적이었다. 이에 비해 권공장은 처음부터 상점 앞에 상품을 진열해 놓아 고객이 직접 집어서 구매하는 '진열판매'라는 방식이다. 이것이 급속히 유행하게 된 것은 내국권업박람회의 매점스타일이 인기를 모았기 때문이라고 한다. 이때 팔다 남은 상품을 모아 구성한 것이 다쓰노구치의 권업장이고 이것이 권공장의 시작이라고 일컬어지고 있다.

이렇게 해서 권공장은 메이지 10년(1877)대에 시작하여 20년(1887)대에는 일반화되었고, 또 30년(1897)대가 되면 전성기를 맞이하여 긴자를 비롯한 우에노와 간다 등의 시내 각지에 개업하게 된다. 건물 안을 순회하는 통로 양측에는 작게 나누어진 점포가 늘어서 있고 일용잡화, 양품, 장신구, 가방류, 화장품, 완구, 문구, 철물, 도자기, 신발, 미술골동품, 에조시絵草紙(사건을 그림으로 그려 넣어 인쇄한 흥미본위의 책) 등, 모든 가정용품을 자질구레하게 늘어놓고 판매했다.

겉치레를 좋아하는 도쿄 토박이들은 좌식판매 상점이라면 물건을 내오게 해놓고 사지 않고 상점을 나올 수는 없었지만, 진열판매가 되고 나서부터는 특별히 어떤 물건을 사지 않아도 산책 삼아 상점을 눈요기만하고 어슬렁거리면서 다니는 형태의, 이전까지 없었던 새로운 쇼핑 재미를 느끼기 시작했다. 이것이 나중에 '긴부라(銀ぶら, 번화한 긴자 거리를 산책하는 일)'로 발전하게 되었다.

긴자의 권공장은 메이지 11년(1878)에 제일 처음으로 ⊕(동그라미 안의 십자)교바시 권공장이 긴자 2쵸메에 생겼고, 30년(1897)대에는 여섯 군데로 늘어났다. 그중에서도 신바시 다리 옆에 있었던 제국박품관帝国博品館은 가장 유명한 권공장으로서 메이지 31년(1898)에 완성되었다. 나무골조 벽돌구조 3층건물로 사람의 이목을 끄는 르네상스 풍의 건물인데 이토 다메키치伊藤為吉가 설계했다. 그는 긴자 오와리쵸尾張町에 있는 핫토리服部 시계점도 개축했으며 무용가인 이토 미치오, 무대장치가인 이토 기사쿠, 배우 겸 연출가인 센다 고레야千田是也 등 유명한 예술가 형제의 아버지라고 한다.

박품관 건물에서 재미있는 것은 계단 대신 경사로를 도입한 것인데 그 길을 따라 손님의 흐름을 이끄는 구조이다. 입구로 들어가 관내를 한 바퀴 돌면 출구로 나오도록 되어 있다. 이것

남자아이의 놀이

사방치기

죽마

연날리기

낚시

팽이치기

딱지치기

넷키

굴렁쇠 굴리기

여자아이의 놀이

풍선놀이

셋셋세

줄넘기

가고메 가고메

공치기

공기놀이

은 에도시대의 사자에도榮螺堂(나선형 건축양식의 불당)에서 아이디어를 얻어 발전시킨 것임에 틀림없다. 이 무렵은 아직 백화점에서도 신발을 벗게 했는데 권공장은 신발을 신은 채로 들어가서 손님들의 딸깍거리는 나막신 소리가 시끄러웠다고 한다.

권공장의 번영도 백화점이 생기면서 메이지 말년에는 점차 쇠퇴하기에 이르렀고, 개점 이후 도쿄에서 가장 번성했던 박품관도 다이쇼기에 다시 지어졌다. 현재 이 장소는 박품관 빌딩이 되었고 최상층에 친숙한 박품관 극장이 있어서 연극이나 뮤지컬이 상연되고 있다.

메이지의 아이들

평화가 지속된 에도시대에는 아이들의 놀이가 다양하게 생겨 나메이지에서 다이쇼, 쇼와로 계승된 것도 적지 않다. 메이지가 되어 그네, 시소, 철봉 등 서양의 놀이기구가 일본에 들어왔다. 또 아동의 건강과 체력증강을 목표로 초등학교 교과에 체조를 도입하고 그 영향으로 집단운동유희가 발달하였고 운동회도 열리게 되었다.

하리코張り子[61] 인형과 흙인형 등 에도시대의 완구도 역시 메이지가 되어 외국에서 새롭게 양철, 고무, 셀룰로이드 소재의 장난감이 들어와 아이들 놀이도 더욱 다양해졌다. 그러나 값비싼

---

61 틀에 종이를 여러 겹 바르고, 마른 후에 틀에서 빼낸 종이세공.

장난감이 없더라도 아이들은 충분히 즐겁게 놀았다. 여자 아이들의 구슬놀이, 납으로 만든 딱지, 팽이, 카루타(카드놀이), 주사위, 공기 등을 진열해놓은 번화한 뒷골목의 막과자 가게는 아이들의 천국이었다. 엔니치와 마쓰리도 재미있는 행사다. 유리구슬이나 죽방울 역시 메이지가 되었어도 유행한 놀이다.

놀이터는 오로지 번화한 뒷골목이나 집 앞의 골목길이었다. 지대가 높은 야마노테에는 빈터도 많았다. 남자아이들의 놀이는 역시 집밖의 놀이가 많아 여름에는 잠자리잡기, 겨울에서 눈싸움, 청일전쟁 무렵부터는 전쟁놀이도 많이 했다. 죽마와 대나무 잠자리, 굴렁쇠 굴리기, 연 등은 직접 만든 것이다. 칼로 깎아서 만든 나무 봉을 땅에 찌르며 노는 '넷키根っ木'[62]라는 놀이도 메이지 특유의 놀이였다.

여자아이의 놀이도 언니놀이, 소꿉놀이, 종이접기놀이, 실뜨기, 오하지키놀이[63], 공기놀이, 하네쓰키, 공치기 등 여러가지가 있었다. 고무공이나 고무풍선은 메이지 중기에 국산품이 나오기 시작했다. '가고메 가고메'[64]나 '여기는 어느 오솔길이지' 등의 예전부터 내려오던 놀이, '맞은편 골목길의 오이나리상에게……'

---

62 나뭇조각을 번갈아 땅에 던져 꽂으면서 상대편의 것을 쓰러뜨리는 놀이.
63 납작한 유리구슬, 조가비, 잔돌 등을 손가락으로 튕기며 노는 여자아이들의 놀이.
64 눈을 가리고 쭈그리고 앉은 술래 주위를 여럿이 손을 잡고 노래 부르며 돌다가, 노래가 끝났을 때 술래에게 등 뒤에 있는 아이의 이름을 맞히게 하고, 맞으면 그 아이가 술래가 되는 아이들의 놀이.

라는 손으로 공을 튕기면서 부르는 노래도 에도시대부터 전해 내려 오는 동요다. 줄넘기, 사방치기(땅 따먹기), 숨바꼭질, 술래잡기 등은 남자아이와 여자아이 모두에게 인기가 있었다.

'열심히 공부하고, 마음껏 놀아라'라고 하지 않더라도 아이들은 씩씩하게 잘 놀았다. 아이들은 집에서 뿐만 아니라 동네 사람들로부터 귀여움을 받으며 자랐다. 보습학원에 다니고, 컴퓨터 게임에 열중하는 지금의 아이들과는 놀이형태가 많이 달랐던 것 같다.

그러나 한가로이 놀 수만은 없었던 아이들도 있었다. 농촌이나 가난한 가정의 아이들은 일찍부터 절에 들어가거나 점원살이로 내몰리는 일이 오히려 당연한 것이었다. 여자아이들은 미리 햇수를 정하고 아기돌보는 일에 고용되어 있었다. 그녀들은 아기돌보기뿐만 아니라 가사노동도 혹독하게 시켜 식모 이하의 대우를 받는 경우도 많았다. 그렇지 않으면 화류계에 팔려갈 수밖에 없었다. 소년법 같은 것도 없던 시절이다. 열 살 전후의 아이들을 노동력으로 이용하게 된 것은 메이지 이후의 일이라고 하지만 이런 풍조는 다이쇼에서 쇼와 초기까지 이어졌다. TV드라마 '오싱'[65]의 주인공 같은 사람들은 도쿄나 지방 여기저기 가는 곳마다 있었다.

---

65 1983년에 방영한 '일본드라마(NHK-TV소설)' 드라마. 소설은 1984년에 출간되어 베스트셀러가 되었다.

따르릉 따르릉하며 달리는 자전거

1815년경 프랑스에서 자전거가 발명되었다. 처음으로 일본에 들어온 것은 메이지 3년(1870)경이라고 한다. 그 무렵의 자전거는 아직 전근대적인 것이었다. 당시의 니시키에에 그려져 있는 자전거를 보면 일본인이 어쩌다 보고 흉내 내다가 터득해 만든 것인 듯 나무로 만든 바퀴 세 개에 수동 레버와 페달이 달린 허접한 물건으로 도무지 실용적이라고 할 수 없다.

그래도 메이지 10년(1877)대가 되면 각지에 자전거를 임대 영업하는 곳이 생겨났다. 아키하바라에서 세발자전거를 1시간에 2전에 빌려주어 꽤 장사가 잘되었다는 이야기도 있었다. 그러나 이것도 어디까지나 놀이의 영역을 벗어나지 않았다.

메이지 10년(1877)대 중반이 되면 세발 이외에 두발 자전거가 등장 하는데 이것은 앞바퀴가 극단적으로 큰 오디너리형, 소위 오뚝이 자전거라고 하는 타입으로 당시의 니시키에에도 그려져 있다. 이 자전거는 안장이 높아 타고 내리기에 어려웠고 굴러 넘어져 기절하는 사람도 생기는 등, 역시 실용적인 점에서는 아직 문제가 많았던 것 같다.

메이지 10년(1877)에 요코하마의 이시카와 마고에몬石川孫右衛門이라는 사람이 프랑스제 자전거를 수입하기 시작했지만, 가격이 2백 엔이나 했다고 한다. 당시 순사의 첫 월급이 8엔 정도였다고 하니 이것은 현대의 포르쉐 정도였을 것이다.

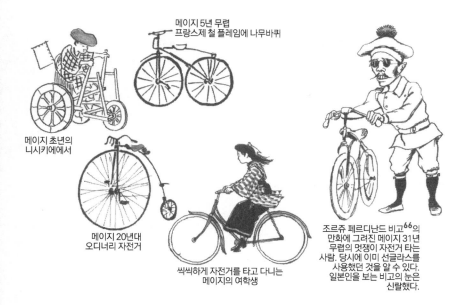

메이지 5년 무렵
프랑스제 철 플레임에 나무바퀴

메이지 초년의
니시키에에서

메이지 20년대
오디너리 자전거

씩씩하게 자전거를 타고 다니는
메이지의 여학생

조르쥬 페르디난드 비고[66]의
만화에 그려진 메이지 31년
무렵의 멋쟁이 자전거 타는
사람. 당시에 이미 선글라스를
사용했던 것을 알 수 있다.
일본인을 보는 비고의 눈은
신랄했다.

이 무렵부터 국산자전거를 만들기 시작하여 마침내 현대와
같은 스타일의 효율 좋은 자전거가 보급되기 시작했다. 그렇다
고 해도 아직까지는 가격이 비쌌기 때문에 한동안 일부 멋쟁이
신사들의 취미나 스포츠의 대상이었다. 시즈오카静岡에 은둔해
있던 도쿠가와 요시노부도 자전거 타기에 열중했다고 한다. 메
이지 20년(1887)대 말에는 각지에 자전거 애호가 그룹이 생겨 자
전거를 타고 멀리 가는 동호회 모임이 개최되기도 했다.

일반인에게 자전거 보급이 본격화 된 것은 메이지 30년(1897)

---

66 Georges Ferdinand Bigot(1860~1927) : 프랑스 만화가, 삽화가, 화가이다. 메
　　이지시대 일본에서 풍자만화로 유명하다. 일본에서 17년간 활동하면서 당시의
　　시대상을 알려주는 많은 그림을 남겼다.

대부터이다. 역시 임대 자전거의 역할이 컸던 것 같다. 이 무렵 유행하던 노래에 이런 것이 있다.

'따르릉 따르릉하며 달리는
자전거를 빌려 타고
자전거 곡예를 잘하는 건방지게
양손을 놓은 멋쟁이 신사
저쪽으로 가면 위험해요.
이쪽으로 오면 위험해요.
아~ 위험하다고 말하는 사이에, 거봐 넘어졌잖아'

이렇듯 타는 즐거움으로 시작한 자전거는 마침내 편리함과 실용성을 인정받아 단골집으로 주문을 받으러 돌거나, 짐받이에 상품을 싣고 배달을 가는 데 사용하게 되었다. 이 무렵이 되면 고무바퀴에 공기주입 타이어가 발명되어 자전거 곡예공연이나 자전거 경주, 운동회 등이 개최되어 대중적인 인기를 모았다.

러일전쟁 무렵에 여성 자전거 애호가도 나타나 화제를 모았다. 메이지 36년(1903)의 고스기 텐가이小杉天外의 소설 《마풍연풍魔風恋風》에서는 시대의 풍속을 받아들여 주인공 여학생이 적갈색의 하카마를 입고 씩씩하게 자전거를 타고 돌아다니는 묘사가 있을 정도로 인기를 독차지했다. 이 주인공은 자전거 사고를 당해 부상을 입어 입원한다는 내용이다.

놀라지 마시라, 세금 2백만 엔

메이지 10년(1877), 신바시역에 커다란 주머니자루를 어깨에 짊어지고 청년 한 명이 내려섰다. 이와야 마쓰헤이岩谷松平라는 가고시마 출신의 이 남자는, 이듬해에 긴자에 상점을 열어 류큐에서 생산되는 무명직물[薩摩絣, 사쓰마가스리]과 고쿠부國分 '덴구天狗(도깨비) 담배'의 제조 판매에 나섰다. 이것은 순수 일본산 잎을 사용한 궐련인데 당시 멋쟁이들의 담배로 인기가 있었다. 이와야는 지금의 마쓰야松屋 백화점 근처의 최신식 벽돌거리로 진출

담배소매점앞

덴구 담배의 이와야 상회

지금의 긴자 마쓰야(松屋) 장소에 있었다.

해 기발한 광고로 오랫동안 긴자의 명물이 되었다.

상점 정면 너비는 대략 36미터, 기둥과 처마는 새빨갛게 칠하고 시마즈島津 후작의 문장紋인 ⊕(동그라미 안의 십자)와 똑같은 마크와 거대한 도깨비 얼굴[덴구天狗]을 간판으로 내걸고, 마쓰 히라 자신도 빨간 프록코트에 정장용 서양모자를 쓴 차림으로 새빨간 마차를 몰고 돌아다녔다. 상점 앞에는 '놀라지 마시라, 세금 2백만 엔'이라는 간판이 걸려있어 사람들의 이목을 끌었는데 이 캐치프레이즈는 눈 깜짝할 사이에 유명해졌다. 그 후 점점 증액되어 나중에는 2백만 엔에서 3백만 엔까지 올라갔다. 물론 이것은 과대 광고일 것이다.

1985년에 일본전매공사가 민영화되어, 일본담배산업으로 이름을 바꾸었지만 본디 메이지 중기까지 담배산업은 민영기업이었다. 종이로 싼 담배(궐련)는 가격이 비교적 비싸서 당시는 역시 예로부터의 곰방대를 이용한 잎담배가 주류였다. 메이지 37년(1904)경에도 잎담배가 70% 가량 차지했다. 어지간한 부자가 아니면 궐련은 밖에서 피고, 집에서는 담뱃대로 담배를 피우는 상태였던 것 같다. 여성 흡연도 메이지까지는 오히려 일반적이었다. 미성년자 흡연이 금지된 것은 메이지 33년(1900)경의 일이다.

이와야 상회의 '덴구 담배'에 이어, 메이지 23년(1890)에 치바 상회가 '모쿠단牧丹 담배'를 판매하기 시작했다. 또 교토의 무라이村井 형제상회는 24년(1891)에 '선라이즈Sunrise'를 시판하고 도쿄로 진출해 '덴구'에 대항한 '히어로hero'를 발매하기 시작했다. 무라이 상회의 선전도 화려했다. 몇 대의 마차에 악대를 태워 연이어 거리로 내보내거나 수십 개의 대형 깃발을 앞세워 대열을 지어 시가지를 행진했다. 이렇게 해서 이와야 대 무라이의 선전 경쟁은 더욱더 격렬해졌다.

메이지 27년(1894)의 청일전쟁에서 담배는 위문품으로 환영받았고 궐련의 수요도 늘었다. 정부는 이것을 눈여겨보다가 담배 전매를 실시하려고 했다. 때마침 무라이는 미국 자본을 도입해 버지니아 잎을 수입했지만, 라이벌인 이와야는 이것을 미국 담배 트러스트(기업합동)의 음모라고 선동하면서 전매강화정책을 지지했다. 게다가 니로쿠신보二六新報가 이와야의 스캔들을 신문지상에 기사화하는 등 담배전쟁은 헤어날 수 없는 수렁에 빠지게되었다. 어쨌거나 이와야는 처와 첩이 사이좋게 동거해 자녀를 50명이나 두었다고 소문나 있었다.

정부는 러일전쟁을 앞두고 전쟁비용을 공채와 증세에 의해 조달하려고 했다. 담배전매제는 지금으로 말하면 대형 소비세의 일종으로 단순히 잎담배의 전매뿐만 아니라 제조까지 전매하는 '담배전매법'이 공포된 것은, 러일전쟁 개전 직후인 메이지 37년(1904) 4월이다. 덕분에 그토록 요란했던 담배판매 경쟁도 덧없는 꿈으로 사라지고, 가격은 종래보다 20퍼센트나 올랐고 소금과 장뇌삼(야생에서 기른 산삼)도 국가의 전매가 되었다.

활동대사진·축음기

요즘 영화를 활동사진이라고 말하면 놀림을 받는다. 메이지 후반에 서민의 관심은 뭐니뭐니해도 활동사진이었다. 활동사진이라는 이름은 후쿠치 오치가 명명했다. 시네마토그래프[67]나 바이타스코프(영사기)라는 영화장치가 일본에 들어 온 것은 메이지 30년(1897)경으로 간사이에서 먼저 선보였다. 도쿄에서는 가부키 극장에서 최초로 공개되었는데, 일반 공연은 간다 니시키쵸 긴키칸錦輝館이

간다 긴키칸

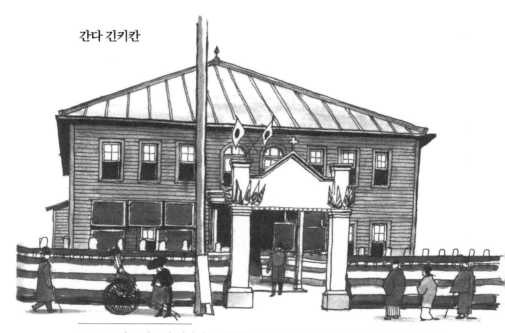

---

67 1895년 프랑스의 뤼미에르 형제가 발명한 영화 촬영기·영사기명. 또, 그것으로 영사한 영화.

라는 것이 정설로 되어 있다. 필름의 내용은 나이아가라 폭포의 경치나 뉴욕의 화재 광경, 메리여왕의 사형무대 장면, 여성의 댄스 등 모두 3분 정도의 싱거운 것들이었지만 움직이는 사진을 처음 보고 모두들 깜짝 놀라 눈깜짝할 사이에 도쿄의 화젯거리가 되었다.

긴키칸은 그 당시에는 아직 드물게 있었던 임대 홀이다. 2층은 요릿집, 1층은 재미없는 연설회장이었던 것 같다. 대단히 허술한 목조건물이었던 것 같은데, 이 긴키칸에 대해서는 유명한 사건이 또 하나 있다. 메이지 41년(1908) '헤이민平民 신문'의 필화사건으로 투옥되었던 야마구치 고켄山口孤劍의 출옥환영회가 긴

긴키칸의 내부

키칸에서 열렸는데 그 자리에서 '무정부공산無政府共産'의 붉은 깃발을 흔들다가 주최자 측인 사카이 도시히코堺利彦, 야마카와 히토시山川均, 오스기 사카에大杉栄, 아라하타 간손荒畑寒村 등의 사회주의자가 일제히 검거되어 중금고 1년 이상의 형을 받았다. 이것이 유명한 적기 사건赤旗事件(사회주의자 탄압 사건)이며 긴키칸의 이름도 후세에 남게 되었다.

활동사진 상영은 급속히 확산되어 메이지 36년(1903)에는 아사쿠사 의 전기관電気館(영화관)이 상설관으로 이름을 날렸다. 외국 물뿐만 아니라 일본에서도 촬영하게 되었다. 러일전쟁의 기록영화가 화 제가 되었고 가부키나 신파의 무대극과 칼싸움 영화가 만들어졌다. 무코지마에는 촬영소도 생겼다. 영화는 메이지 말기에서 다이쇼에 걸쳐 새로운 서민의 오락으로 가파르게 성장했다. 특히 아사쿠사의 6구六區에는 영화관이 즐비하게 들어섰다.

영화스타 1호인 오노에 마쓰노스케尾上松之助가 데뷔한 것도 이 무렵이다. '큼직한 눈의 마쓰짱'이라는 애칭으로 다이쇼 말까지 한 시대를 풍미한 인물이다. 당시는 아직 무성영화시대였으므로 무대 뒤에서 대사와 줄거리를 설명해 주는 '활동변사(활동사진 해설가)'라는 일본특유의 직업이 생겼고 마침내 인기변사도 등장하게 되었다. 메이지 44년(1911)에 아사쿠사 긴류칸金龍館에서 상영된 프랑스의 범죄영화 '지고마Zigoma'는 공전의 대히트를 했다. 지고마는 악한의 대명사가 될 정도였다. 지금의 TV 연속드라마처럼 매일 바뀌며 이어지는 것으로 연속활극이라고 불렀다.

엔니치의 축음기 상점

이관을 통해서 음곡 등을 들려주었다. 거대한 나팔은 손님을
끌기 위한 것이었으리라.

　'꽃의 파리던가 런던이던가, 달은 우는가 두견새, 지
고마가 이길까, 경찰이 이길까, 허허실실 불똥 튀기는
지혜의 대결, 다가오는 사건은 그들의 그림자를 사전
에 미리 던진다. 과연 승리는 옳은 것인지 그릇된 것인
지, 악한 지고마를 태운 기차는 어디로…… 포린 탐정
의 운명은 어떻게…… 아~ 아~ 억울하다, 이번 주 상
영 전편의 이별……'

이런 멋진 어조의 활동변사에게 팬들은 열광하고 아이들은 지고마놀이에 몰두하는 상황에 이르게 되자 너무나 혼잡스러워져서 결국 상영금지가 되고 말았다고 한다.

그런데 이 무렵에 출현한 또 한 가지의 발명품이 있다. 에디슨이 메이지 10년(1877)에 개발한 축음기다. 일본에 소개된 것은 그때 부터 10년 정도 지나서였다. 원통형의 밀랍관 축음기(에디슨 클라스엠)였다. 상품으로 수입한 것은 메이지 29년(1896)경이었는데 32년에는 축음기 전문점이 아사쿠사에 개점했다.

여기저기에서 벌어지는 마쓰리(축제)나 엔니치(길일)에서는 이것을 들려주면서 장사를 하는 곳도 나타났다. 납파이프 레코더는 지금의 테이프 레코더처럼 녹음도 가능해 100회 정도는 재생 가능했다고 한다. 엔니치의 축음기 가게에는 '지칸ﾎ聲'이라는 의사가 사용하는 청진기와 같은 고무관을 열 몇 가닥씩 늘어트려 놓고 1회에 2전을 받고 속곡이나 기다유(조루리)를 들려주었다. 그중에서도 인기가 있었던 것은 당시 유행하는 나니와부시였다.

그 후, 원반식 레코드가 발명되었다. 러일전쟁 후에는 일반 가정에도 보급되었다고 하는데 모두 외국제로 매우 비쌌다. 게다가 레코드도 일본에서 녹음한 것을 외국에서 복제해 다시 그것을 수입하는 과정을 거쳤기 때문에 값이 비쌌다. 국산 축음기와 레코드가 탄생한 것은 메이지 42년(1909), 미국과의 공동 출자로 일미축음기제조 주식회사가 설립되어 나중에 일미축음기상회가 되었다. 이것이 일본 콜롬비아 레코드회사의 전신이다.

나가우타, 비파, 쟁곡箏曲(거문고 연주), 속요 등의 일본의 전통 음악이나 창가, 동요 등의 양악도 녹음되었는데 뭐니뭐니해도 압도적인 인기는 나니와부시이고 도츄켄 구모에몬桃中軒雲右衛門과 요시다 나라마루吉田奈良丸의 레코드가 대히트였다. 도츄켄 구모에몬의 녹음 요금은 쌀 한 되에 20전이던 시절에 1만 엔이었다고 한다. 그래도 레코드 산업은 큰 벌이가 되었다.

야구·보트·스모

일본의 스포츠는 예부터 전해 내려온 무도武道에서 발전한 것이 많은데 그에 비해 야구, 보트, 테니스, 등산, 스키 등 서양에서 들어온 스포츠는 새로운 즐거움으로 학생과 젊은이에게 환영을 받았다.

그중에서도 야구는 일본인에게 가장 사랑받는 스포츠였다. 야구가 전해진 것은 의외로 오래 되었다. 이시이 겐도石井研堂의 《메이지 사물기원明治事物紀原》에 의하면 일본에서 야구의 원조는 철도기사 히라오카 히로시平岡熙로 여겨지고 있다. 히라오카는 미국으로 유학을 가서 철도공학을 배우고, 귀국할 때에 야구배트 한 자루와 야구공 3개를 가지고 돌아와 야구를 보급시켰다. 메이지 10년(1877)경에는 철도국 직원과 재일미국인을 중심으로 '신바시 클럽'이라는 팀을 결성하여 열심히 연습했다고 한다. 그런데 그보다도 앞서 호레스 윌슨Horace Wilson이라는 개성학교에

고용된 미국인 교사가 메이지 5년(1872)에 학생들에게 가르친 것
이 최초라고도 한다. 이밖에도 메이지 초기에는 미국에서 야구
용구를 가져온 사람이 몇 명인가 있었다고 한다. 여하튼 글러
브와 미트도 없이 맨손으로 딱딱한 공을 잡는 것은 목숨을 걸
고하는 운동이었다.

　야구는 자유평등의 정신을 구현하는 스포츠로서 당시의 청
년들에게 열광적인 환영을 받았다. 고후대학교, 게이오기쥬쿠.
메이지 가쿠인明治学院, 고마바 농학교駒場農学校에서 활발했고 팀
도 늘어 운동장도 만들어졌다. 메이지 20년(1887)대가 되면
제1고등학교 팀이 전성기를 맞이했다.
이 팀은 29년(1896)에는 요코하

료고쿠 국기관
(메이지 42년)

마의 외국인 팀을 29 대 4의 큰 차로 물리쳤다는 기록이 있다. 하이쿠 시인 마사오카 시키正岡子規가 대학예비문 시절에 야구에 열중했던 이야기가 유명하다. 야구라는 이름도 시키가 명명했다고 하는데 실제로는 당시의 제1고등학교 선수가 붙였다고 한다.

메이지 37년(1904)에는 최초의 와세다 대 게이오전에서 2 대 1로 게이오가 승리했다. 이듬해의 2회전에서는 3 대 0으로 와세다의 승리였지만, 흥미진진했던 3회전은 게이오 응원단에서 난투극 직전의 좋지 못한 상황이 벌어져 중지되고 말았다. 그 후 와세다 대 게이오전이 재개된 것은 다이쇼 말이 되고나서다.

스미다가와 강의 보트레이스(조정 경기)도 학

생스포츠로 인기가 있었다. 처음에는 도쿄대 학생들이 2~3척의 보트로 단순히 강에서 노를 젓는 정도였는데 그 후 와세다, 게이오, 가쿠슈인, 고등상업, 고등사범 등에게도 보트열기가 번져 나갔다. 메이지 17년(1884)경에 시작된 도쿄대학 각 학부 대항레이스는 이윽고 각 학교 대항레이스로 발전했다. 그중에서도 도쿄대 대 고상高商(현재 히토쓰바시대학)의 열띤 경기는 손에 땀을 쥐게 하는 경기였다. 경기는 대부분 봄, 가을 2회, 아즈마바시의 상류에서 열렸다. 만개한 벚꽃을 배경으로 펼쳐진 스미다가와의 보트레이스는 도쿄의 봄을 멋지게 수놓는 풍경이었다고 한다.

일본 고대부터 이어져 온 무도는 새 시대를 맞이하여 변화할 수밖에 없었다. 고베神戸 출신 가노 지고로嘉納治五郎는 도쿄대 출신의 문학사인데 가쿠슈인에서 교편을 잡으면서 메이지 15년(1882) 시타야 이나리쵸下谷稻荷町 에이죠지永昌寺 절에 영어와 경제학 사설학교를 열고, 동시에 유도연습장도 동시에 갖추었다. 이것이 훗날의 고도칸講道館으로, 그때까지의 유술柔術(유도의 전신)에서 탈피해 새로운 유도를 창시하였다. 메이지 26년(1893)에는 고이시카와 시타도미사카쵸下富坂町에 다다미 100장이 깔린 도장을 열었다. 유술은 예부터 전해 내려온 무도이지만 당시는 이름이 알려진 것만도 30개의 유파가 있었다.

한편, 스모(일본 씨름)도 오랜 역사를 가지고 있다. 혼바쇼本場所(씨름대회) 개최는 료고쿠 에코인回向院의 경내로 정해져 있었는데 메이지가 되어서도 변함없이 상설개최장 설비도 없이, 옛날 그대로 노천에 판자울타리를 둘러치고 높게 만든 통나무를 새끼줄로 얽어맨 임시로 지은 오두막이었다고 한다. 따라서 비가 오면 씨름대회가 취소되곤 했다. 그 때문에 씨름판이 시작되는 전날에는 북을 치면서 시내를 돌아다니며 다음날의 씨름대회를 알렸고, 또 에코인의 문 앞에 망루를 높게 세워 놓고 매일 아침 망루의 북을 쳐서 씨름대회 개최를 알렸다. 에도시대에 북치는 명인이 두들기는 망루의 북소리가 맑은 날에는 바다를 넘어 멀리 기사라즈木更津(치바현) 근처까지 들렸다고 한다.

그런데 메이지 초기에는 스모 역시도 서구화주의의 충격을 받아 크게 쇠퇴했다. 그중에는,

'씨름 따위의 야만스러운 볼거리는 빨리 금지시켜라'

라는 거친 주장까지 나올 정도였다. 그러나 메이지 천황이 스모를 좋아해 메이지 5년(1872)과 17년(1884)에 천황이 관람하는 스모 대회가 개최된 이후 점차 부활해 융성할 기운을 되찾았다. 스모의 융성을 위해 다카사고 우라고로高砂浦五郎 등은, 근대화를 도모해 메이지 20년(1887)에 도쿄오즈모협회東京大角力協会(일본 씨름협회의 전신)를 설립하고 이사와 심판을 역임했다.

당시 혼바쇼는 1월과 5월의 년 2회이고 정해진 날자는 맑게 갠 날만 골라서 열흘간 경기가 열렸다. 지금의 씨름 선수들이 훨씬 힘들다. 그래도 씨름은 연극공연과 양립하는 대인기였다.

메이지 말년에는 가쿠세이角聖로 칭송되던 히타치야마 다니에몬 常陸山谷右ェ門과 우메가타니 도다로梅ヶ谷藤太郎 등이 도쿄 전체의 인기를 휩쓸며 대단히 활약했다.

임시 오두막을 대신하는 상설관을 건설하려는 움직임은 메이지 36년(1903)경부터 시작되어 40년(1907)에 마침내 공사가 착수되었다. 이렇게 해서 지름 60미터, 높이 24미터의 철골 돔, 이른바 '거대한 철근제 둥근지붕'이 에코인 옆에 세워지고 '국기관'이라는 이름으로 메이지 42년(1909)에 준공 개관했다. 야마가타 아리토모가 명명했다고 한다. 관람석은 주위 벽을 따라 3개 층이고, 수용인원은 15000명, 총공사비는 35만 엔이라고 알려져 있다. 당시는 본격적인 철골구조 건조물이 철근콘크리트구조와 함께 막 실현되기 시작했던 시기였다.

그 후, 다이쇼 4년에 화재로 불타서 내려앉아 500톤의 철골은 엿가락처럼 비틀어지고 말았다. 1919년에 재건되었지만 간토대지진(1923)으로 다시 피해를 입고, 이듬해에 재건되어 팬들에게 오랫동안 사랑받았다. 태평양전쟁 후에는 미군에게 접수되어 메모리얼 홀이 되었다가, 다시 니혼대학日本大學 강당으로 사용되었다가 쇼와 57년경에 헐렸다. 그 사이 국기관은 구라마에蔵前로 옮겼고 다시 1985년에 현재의 국기관이 료고쿠에 세워졌다.

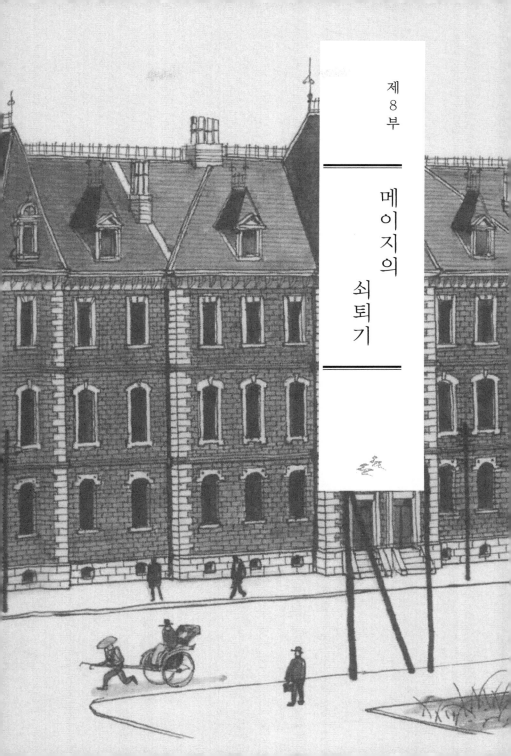

제 8 부

메이지의 쇠퇴기

제8부
메이지의 쇠퇴기

우에노는 북쪽 관문

철도는 그 후에도 계속 발달하여
이미 외국기술에 기대지

않고도 순조롭게 노선을 연장해 갔다. 메이지 17년(1884)에는 우에노~다카사키高崎 구간이 개통되었고, 이듬해에 우에노역이 완성되어 도쿄의 북쪽관문이 되었다. 현재의 도호쿠 혼센東北本線은 그 후 메이지 21년(1888)에 센다이仙台, 24년(1891)에 아오모리青森까지 개통되었다. 우에노역은 도호쿠東北나 호쿠리쿠北陸 지방에서 도쿄로 오는 사람들로 붐볐다. 그 무렵 역 앞에는 이런 사람들을 상대로 게이안桂庵이라는 직업소개소가 많이 늘어서 있었다.

그런데 이 노선을 경영하고 있었던 회사는 일본철도회사라는 최초의 사영철도인데 그 당시 우대신 이와쿠라 도모미 등이 메이지 14년(1871)에 설립했다. 사철이라고 해도 이와쿠라가 화족

우에노역
(메이지 18년)

과 사족의 자산공채를 기반으로 설립한 회사였기때문에 영업실적이 나쁘면 정부가 보조하는 형식이었던 것 같아 반관반민이라고 해야 할 정도였다. 이와쿠라는 철도원 양성학교도 만들었다.

정부의 식산흥업정책이 막바지에 이르고 게이힌京浜 구간의 철도는 불하운동이 일어나기도 했지만 실현되지 않았다. 결국 일본의 철도는 국영과 사철을 동시에 운영하는 상황이 오래도록 지속되었다. 간사이, 산요山陽, 산인山陰, 규슈 등도 각 사철이 건설을 추진해 메이지 35년(1902)과 36년(1903)에는 두 곳의 영업경쟁이 치열해져서 운임가격 인하와 서비스 경쟁이 가속되었다.

그러나 메이지 37년(1904)에 러일전쟁이 일어나자 막대한 군사수송이 필요하게 되면서 이런 경쟁은 일단 종지부를 찍었다. 그와 동시에 정부는 이전부터 계획하고 있었던대로 철도국유화를 추진하게 된다. 결국 전쟁 후인 메이지 39년(1906)에 철도국유법안이 가결되어 주요한 사철은 국채로 매수되었다. 이렇게 해서 전국의 주요 간선은 모두 국유화되고 철도수송체계의 통일이 실현되었다.

현재의 JR야마노테센의 시작은 메이지 18년(1885)에 개통되었던 일본철도회사의 시나가와센品川線이다. 도쿄 야마노테의 서쪽 외곽을 둘러싸고 시나가와에서 아카바네赤羽까지 기차가 달렸다. 34년(1901)에는 야마노테센으로 개칭되었다. 메이지 36년(1903)에는 다시 이케부쿠로池袋에서 다바타田端까지 노선을 연장했고 메이지 말년에는 신바시~도쿄 구간의 고가도로 공사도 시작했다.

그 당시의 야마노테센 노선주변은 시나가와와 신쥬쿠라는 역

참 마을 이외에는 구불구불하게 이어진 구릉지에 밭이 펼쳐져 있고 여기저기 농가가 흩어져 있는 한갓진 전원지대였다.

메이지 22년(1889)에는 고부甲武 철도인 신쥬쿠~하치오지八王子 구간이 개통되었다. 현재의 츄오센中央線이다. 이 철도선은 신쥬쿠에서 도쿄의 시가지까지 연장되어 시나노마치信濃町, 요쓰야, 이치가야, 이다마치飯田町로 이어지는 고부철도 시가센市街線이 메이지 28년(1895)에 개통되었고 그 후 오챠노미즈, 만세이바시까지 연결되었다. 메이지 37년(1904)에는 전차로 교체되었다. 야마노테센이 전차가 된 것은 그보다 늦은 메이지 42년(1909)이다.

철도는 메이지 원년에는 공무성 철도료가 관할했지만 메이지

고쇼터널

고부철도(현재 츄오센)는 전차가 되기 전에는 증기기관차가 달리고 있었다.

25년(1892)에 체신성 관할이 되는 등 우여곡절이 많았다. 그러나 철도국유화와 함께 이들 노선도 메이지 41년(1908)에 내각직속 철도원 관할이 되어 인센院線 전차로 부르게 되었다. 그리고 1920년에 철도청이 생겨 쇼센省線 전차라고 바꾸어 부르게 된다. 우에노~도쿄 구간이 이어져 겨우 현재의 순환 야마노테센이 개통된 것은 1915년이다. 태평양전쟁 후에 철도성이 현업화現業化[68] 되어 국철이 되었다가 다시 민영화하여 현재의 JR이 되었다.

도쿄의 현관으로서 중앙스테이션 계획은 메이지 17년(1884)의 시구 개정계획에서 시작했지만, 러일전쟁의 승리를 기념하는 거대 계획으로서 다쓰노 긴고의 설계로 메이지 말년에 공사를 시작해 도쿄역이 완성된 것은 1914년이다. 다쓰노의 설계는 암스테르담 중앙역을 견본으로 삼았다고 했는데 이 설은 최근에 부정되고 있는 것 같다.

한편 게이힌센京浜線(메이지 32년), 다마가와센玉川線(40년) 등의 사철 전차노선도 연장됐다. 메이지 말부터 다이쇼가 되면 도쿄는 교외로 점점 시가지를 넓혀 갔다. 이에 따라 야마노테센의 주요 역을 기점으로 교외사철전차가 노선망을 늘려갔다. 최근에는 도심을 달리는 지하철과 교외사철노선의 상호노선연장이 일반적이지만 그때까지는 사철의 도심노선연장은 규제되어 있었다.

---

68 국가 및 지방 공공 단체가 하는 일 중, 비권력적이고 경영적 성격을 가진 것을 말한다.

미쓰비시가하라의 잇쵸 런던

메이지 23년(1890), 시구개정계획과 함께 마루노우치丸の内 일대
의 그때까지의 육군용지 약 84000평이 민간에게 불하되었다. 메
이지 원년에 옛 다이묘 저택을 접수하여 관청이나 병영을 만들
었지만 어느덧 세상도 안정되어 황거의 경비를 위한 군사시설은
야마노테 방면으로 이전시키기로 했다. 정부는 불평등 조약개정
에 골치가 아팠지만 도심의 살풍경인 병영 등은 아무래도 문명
국으로서 어울리지 않는다는 판단을 했을 것이다.

그런데 때마침 경제공황으로 구매자가 좀처럼 나타나지 않았다.
결국 미쓰비시의 이와사키 야노스케岩崎弥之助가 128만 엔에 매입하
여 병영과 각종 시설 등을 철거해 버렸기 때문에 스키야바시數奇屋

도쿄역(1914년)

轎에서 오테마치 주변 일대가 한눈에 바라보이는 거치른 들판이 되었다. 이곳을 미쓰비시가하라三菱ヶ原라고 부르고 오랫동안 그대로 방치했다. 이와사키는 '호랑이라도 키울까'라고 시치미를 뗐다.

청일전쟁으로 겨우 경기가 좋아져 메이지 27년(1894)에는 한쪽 구역에 미쓰비시 오피스빌딩 1호관을 지었다. 콘더의 제자인 소네 다쓰조曾禰達蔵가 설계한 것인데 하나의 건물 안에 몇 개의 회사가 동거하는 주상복합빌딩이라는 형식은 이 건물이 최초였다고 한다.

지금처럼 층별로 된 가로구획이 아닌 세로로 나뉜 구조다. 구획별로 전용현관과 계단이 설계되어 있었다. 관청가와 도쿄역을 앞에 두고 이 장소를 선행 투자해서 마침내 거대한 비즈니스 거리를 구축하려는 것이 이와사키의 계획이었다. 이런 거치른 들판이 지금처럼 비즈니스센터로 변신하리라고 그 누가 생각할 수 있었을까.

이듬해 28년(1895)에는 2호관, 29년(1896)에는 3호관, 또 도쿄상업회의소가 생기고 러일전쟁이 끝나 호경기가 되자, 이 부근의 건

미쓰비시 1호관(메이지 27년)

설 열기도 더욱 높아져, 붉은 벽돌의 오피스빌딩이 즐비하게 들어섰다. 메이지 말까지는 빌딩이 13동을 헤아려 마치 런던의 도시를 보는 듯했다고 한다. 바바사키몬馬場先門에서 도쿄 시청사 앞까지의 거리(러일전쟁 이후, 개선도로로 불렸다)를 일명 '잇쵸런던'69이라고 불렀다. 그러나 그 건물군을 뺀 다른 곳은 변함없이 풀이 무성한 공터뿐이었기 때문에 살인사건이 일어나기도 하고 노상강도가 나타나기도 해서 밤에 혼자 다니는 것은 위험했다고 한다.

이들 메이지 건축도 쇼와 30년대(1955~1964) 이후의 고도경제 성장기에 보존하자는 여론을 무시하고 시원스럽게 전부 새로 건축했다. 헐린 미쓰비시 1호관은 '메이지의 호류지法隆寺'70로 불리며 최고의 건축물로 인식되었는데 복원되어 2010년에 미술관으로 공개되었다. 그러나 헐리든지 복원되든지 미쓰비시의 경영판단에 의한 것으로, 문화재라기보다는 결국 상업적인 가치가 우선되었다고 할 수 있다.

자동차의 대중화 시작

일본에 처음으로 자동차가 수입된 것은 메이지 33년(1900)

---

69 영국 경제의 중심지인 런던 롬바드 가(Lombard Street)를 모델로 삼은 100미터 정도의 오피스 거리. ―丁ロンドン.
70 일본 나라현(奈良県)에 있는 가장 오래된 목조건축물. 백제관음상과 구세관음상이 있어 백제와 왜국의 밀접한 교류가 있었다.

에 요코하마에 거주하는 미국인이 구입한 미국제 로코모빌 Locomobile 증기자동차였다고 한다. 일설에는 재미동포가 그 당시 황태자(다이쇼천황)의 결혼식을 축하하여 전기자동차를 진상한 것이 처음이라고도 하는데 이것은 시운전 중에 구경하는 할머니를 피하려다 미아케자카三宅坂에서 황거의 해자에 떨어져 못 쓰게 되었다는 이야기도 있다.

이보다 2년 전인 메이지 31년(1898)이라는 설도 종래부터 있었는데, 이 설은 프랑스의 자동차 회사인 파나르사가 테브네라는 기술자에게 위탁하여 파나르 르바소Panhard Levassor라는 가솔린차를 팔려고 일본에 가져온 것이 최초라는 당시 파리의 신문기사가 최근 발견되어 사실임이 확인되었다. 고작해야 100년 전의 일인데 좀처럼 진위를 가리기 어려운 것 같다. 테브네는 이 자동차를 타고 긴자 거리를 타고 돌아다녔다고 한다. 결국 팔지 못하고 고국으로 가지고 돌아간 듯하다.

일본에서 국산차 1호는 증기자동차였다. 이것은 오카야마岡山의 전기공장 주인인 야마하 도라노스케山羽虎之助가 제작한 2기통 25마력의 자동차였다.

그 후 외국제 자동차가 조금씩 수입되기 시작했지만 대부분이 상류계급 전용이었다. 황족인 아리스가와노미야有栖川宮와 다케히토 친왕威仁親王이 큰 자동차를 좋아해서 메이지 38년(1905)에 독일황 태자의 결혼식에 참석하고 돌아오는 길에 프랑스제 4기통 35마력의 다라크Darracq를 가지고 귀국했는데 그는 국산차 제

긴자 거리를 최초로 달렸던 파나르 르바소 자동차(메이지 31년)
수평직렬 2기통 엔진 1,206cc.

최초의 일본산 승용차 요시다식 타쿠리 1호
(메이지 40년)
수평대향 2기통 엔진 1,852cc.

작에 호의적이었다고 한다. 그밖에 미쓰이 남작, 오오쿠大隈 백
작을 비롯한 실업가와 부자들이 자동차를 사용하기 시작했다.
메이지 41년(1908) 전국의 자동차 보유대수는 41대라고 한다.

최초의 오너드라이버는 오쿠라大倉 재벌의 장남인 오쿠라 기
시치로大倉喜七郎였다. 메이지 34년(1901) 17세에 영국으로 건너가
캠브리지 대학에서 공부하면서 자동차의 매력에 빠져 브루클

랜즈Brooklands의 레이스에서 2위에 입상했다. 메이지 40년(1908)
에 귀국할 때에는 당시의 일류급 자동차 5대를 가지고 돌아왔
다. 메이지 44년(1911)에는 미국의 비행가 마스Mars가 조종하는 커
티스Curtiss 비행기를 상대로 피아트Fiat 레이싱카를 몰아 승리를
거두었을 정도로 대단히 뛰어난 자동차 광이었다고 한다.

여명기의 일본자동차계에서 국산차 개발에 전력을 쏟은 인물
은 도쿄자동차제작소의 기술자인 우치야마 슌노스케内山駿ノ助이
다. 메이지 40년(1908)에 그가 완성한 일본산 가솔린차 1호는 '타
쿠리 1호'라고 명명되어 아리스가와노미야 가문에 납품했다. 가
타쿠리 가타쿠리(털거덕 털거덕) 소리를 내면서 달렸기 때문에 그런
이름이 붙여졌다고 한다.

일부 부자들의 전유물로서만이 아니라 자동차의 효용에 눈을
돌린 쪽은 신문, 백화점, 상점, 빌딩회사 등의 대기업이었는데
수송 및 배달과 선전용으로 이용하기 시작했다.

경시청에서 자동차 단속규칙이 정해진 것은 메이지 40년(1908)이
다. 그 이후 자동차운전면허증이 필요하게 되었다. 최초의 면허증
은 나무재질의 증표였다. 메이지 40년(1908)경에도 도쿄의 자동자
대수가 겨우 150대 정도였다고 하니 도쿄 시내 전체가 자동차로
넘쳐나는 지금 상태에서는 도저히 상상이 가지 않는 이야기다.

천황이 승차하기 위한 자동차는 아리스가와노미야와 오쿠
라 기시치로의 의견을 받아들여 영국에 발주하여 1호차 다임러
Daimler 리무진이 요코하마에 도착한 것은 1913년 무렵이었다고

비행기와 자동차의 경주(메이지 44년)
가와사키경기장

하니 결국 메이지 천황은 차를 탈 기회가 없었다.

히비야 방화사건

'이겼다, 이겼다. 만세, 만세……'

메이지 38년(1905) 9월, 러일전쟁이 끝나고 사람들은 전쟁에 승
리한 흥분으로 열광했다. 도쿄 거리에는 귀환해오는 군대를 환
영하기 위해 임시로 만든 등용문이 여기저기에 세워졌다.

당시 세계에서도 유수의 대국 러시아와 싸운 러일전쟁은 메
이지의 일본인에게 최대의 시련이었다. 국가의 총력을 기울여 겨

히비야 방화사건

우 승리를 쟁취했다고는 하지만 국력은 한계에 도달해 있었다.
더 이상 전쟁을 지속할 수 없는 상황이었다. 미국의 중재로 겨우
강화협상을 맺을 수 있었지만 승리국은 막대한 배상금을 거두
어들이고 영토도 획득해 일반인의 생활도 편해질 것이라고 기대
했던 국민은 강화조약의 내용을 보고 몹시 실망했다. 전시 중에
치른 고생과 증세에 따른 물가고 등, 매일 매일의 생활에 불만이
더해져 소극적인 정부에 대한 노여움이 일제히 분출했다.

강화를 반대하는 국민집회가 히비야공원에서 열린 것은 강화
조인식 당일인 메이지 38년(1905) 9월 5일이다. 경찰은 이를 저지
하려고 공원에 바리케이트를 쳤지만 집회는 강행되었고 3만 명
이나 되는 군중의 기세가 더욱 높아졌다. 시내로 몰려나오는 사
람 수도 늘어났다. 시위를 벌이는 군중은 내무대신의 관저, 경

시청, 어용신문이었던 고쿠민國民 신문사 등을 덮쳐 건물을 파괴하거나 방화하는 소동으로 발전했다. 히비야 주변에서는 10대 이상의 시덴市電(시영전차)이 오도가도 못하고 서있다가 방화로 불이 붙어 검은 연기를 무럭무럭 내뿜고 있었다. 소란은 다음날인 6일까지 이어져 시내 주변부 140개의 경찰서와 파출소가 습격당하는 혼란의 소용돌이에 휩싸였다. 도쿄의 파출소 70프로가 파괴되었다고 하니 그동안 일상에서 쌓인 민중의 울분은 특히 경찰 권력을 향해 있었다. 정부는 황급히 계엄령을 선포하고 군대를 출동시켜 간신히 진압했다.

히비야 방화사건은 도시 민중의 잠재적인 에너지가 자연발생적으로 폭발한 일본 최초의 소란사건이었다. 그러나 2천 명이 넘는 검거자 중 대부분은 장인, 직공, 인력거꾼, 일용직 등의 하층 노동자였다고 한다.

러일전쟁은 일본의 산업을 비약적으로 발전시켜 일부 거대자본이 산업계를 리드하게 되었다. 그 결과 중소기업은 몰락했고, 증세와 물가급등에 의한 불만은 노동자 사이에 소용돌이치고 있었다. 노동쟁의는 급속히 증가했고 연이어 파업이 이어졌으며 전차방화사건, 병사의 집단탈영사건, 아시오 동광산 폭동으로 표면화되었다. 히비야 방화사건은 그 극한의 사건이었다. 빈민이라는 사회문제는 점차 노동문제로 의식하게 되어 이듬해에 일본사회당이 결성되었고 합법정당으로 처음 인정받았지만, 겨우 1년 만에 해산되고 말았다. 정부는 이런 사건을 '혁명'과 '내란'

핼리혜성

에 이어지는 위험사상으로 여겨 공포에 떨었으며 근절하기 위해 애를 썼다.

　메이지 43년(1910) 5월, 핼리혜성이 지구로 접근해 와 밤 하늘에 오랫동안 긴 꼬리를 달고 지나가는 모습은 도쿄에서도 잘 관측할 수 있었다. 그러나 19일에는 충돌해 지구가 파멸한다는 소문이 돌아 사람들은 불안에 떨었다. 결국 아무 일도 없이 혜성은 멀리 가버려 안심했지만 뭔가 불길한 예감을 암시하는 듯한 사건이었다.

그 보름 후에 세상을 놀라게 하는 사건이 일어났다. 고토쿠 슈스이幸德秋水를 비롯한 사회주의자가 잇따라 체포되고 강제로 끌려갔다. 유명한 '대역사건'이다. 일부의 무정부주의자가 몰래 폭탄을 제조해 천황의 암살을 도모했다는 내용의 사건으로 비공개 재판을 거쳐 슈스이 이하 12명이 사형되었다.

이 사건은 암살계획이 실제로 있었는지 어떤지도 확실하지 않고, 처형자 중에는 전혀 관계가 없는 사람도 있었다고 하니 지금까지도 수수께끼로 여겨지고 있다. 국가권력의 음모에 의해 암흑재판이라고 일컬어지고 있지만 그 이후에 정부의 사상 단속과 탄압은 더욱 엄격해져 메이지 말기는 암울한 기운에 덮여 있었다.

메이지의 기념물, 동궁어소

견고한 천황제 국가를 지향하는 메이지 일본에서 천황이 거처하는 궁의 건설은 더없이 중요한 프로젝트였다. 메이지 초반에 교토에서 도쿄로 수도를 옮긴 메이지 천황은 먼저 에도성 니시노마루에 거처를 정했지만 교토에서부터 이어져 온 전통을 고집하는 황궁 관계자는 이전부터 내려오는 관습에 집착해 일본식 목조건물을 고집하는 바람에 문명개화의 상징인 서양건축의 유행에서 한발 뒤쳐지는 결과가 되었다.

그러나 메이지 6년(1873) 5월에 황거가 화재로 소실되어 이를 계기로 궁전건축에도 서양식을 도입하려는 기운이 높아졌다. 황거조 영사업은 지진 등의 자연재해 때문에 서서히 진행되어 메이지 12년(1879)에 간신히 재개되었고 9년의 세월과 4백만 엔의 거액을 들여 메이지 21년(1888)에 겨우 완성되었다.

그 사이 천황은 아카사카의 옛 기슈번紀州藩 관저 터의 임시 궁전으로 옮겨 거주하고 있었는데 결국 15년이나 그곳에서 지내게 되었다. 새로 단장한 일본식과 서양식 절충의 호화로운 새 궁전에서 이듬해인 메이지 22년(1889)에 제국헌법발표가 거행되었다.

그로부터 몇 년 후, 동궁(황태자, 훗날 다이쇼천황)의 결혼식을 대비해 동궁어소東宮御所 건설이 계획되어 궁내성 기술자인 가타야마 도쿠마片山東熊가 담당책임자로 임명되었다. 가타야마는 다쓰노 긴고 등과 함께 콘더의 가르침을 받아 고부대학교 조가학과造家學科 1회 졸업생이었다. 쵸슈의 기병대 출신으로 야마가타 아리토모가 후원자였다고 한다. 콘더가 건설한 아리스가와노미야 저택의 건축에 참가했고 제국나라박물관, 교토박물관, 후시미미야 저택과 간인노미야 저택 등 일생을 황궁건축가로 일관한 인물이다.

이렇게 해서 동궁어소는 메이지 32년(1899)에 드디어 착공에 들어가 42년(1909)에 준공. 공사기간 약 10년, 총공사비 5백 십수만 엔이라고 한다.

어쨌든 메이지 건축의 총결산, 메이지 최고의 기념물이라고 일컬어지고 있다. 디자인, 구조, 설비, 조도調度도 최고를 추구하여 당대 일류의 과학기술과 미술공예의 멋을 결집한 대형건축물이 었다. 이 건물을 지은 가타야마의 역량은 물론이거니와 일본인에 의한 서양 건축기술도 30년 만에 드디어 여기까지 왔다는 메이지 사람들의 집념과 자신만만함을 느끼게 한다.

메이지를 움직인 정치가와 고급관료는 금빛 반짝이는 대례복을 입고 많은 훈장을 달고 자랑스럽게 국가적 행사에 임했지만, 이 일본의 베르사이유 궁전이라고 할 만한 황태자 궁전이야말로 바로 메이지 일본의 대례복 그 자체였다고 말할 수 있을

아카사카 이궁(동궁어소 메이지 42년) 국보

것이다.

동궁어소는 다이쇼시대(1912~1926년)가 되어 아카사카 리큐赤坂
離宮라고 불리게 되었다. 그러나 메이지 천황도 다이쇼 천황도
이곳을 거의 이용하지 않았다고 한다. 역시 대례복은 조금 거북
했던 것일까? 전쟁 기간에도 불타지 않은 아카사카 리큐 궁은
잠시 국립국회도서관이 되었다가 1974년에 영빈관으로 재탄생했
다. 이 화려한 궁전이 누구라도 이용할 수 있는 도서관으로 이
용되었던 시기도 있었다. 현재는 국보로 지정되어 있다.

오늘은 제국, 내일은 미쓰코시

백화점의 시작은 미쓰코시다. 그 전신은 에치고야越後屋 포목점으로 시로키야白木屋, 다이마루大丸와 나란히 에도 3대 포목점의 첫번째로 에도 초기부터 니혼바시 현재의 장소에서 영업을 해온 오래된 점포였다. 메이지 20년(1887)에 미쓰이 포목점三井吳服店으로 이름을 바꾸고 양복부를 만드는 등 경영의 근대화를 도모하여 이윽고 메이지 37년(1904)에는 백화점를 선언하면서 미쓰코시 포목점이 탄생했다.

건물은 아직 검게 칠한 도쿄즈쿠리였고 1층은 다다미가 깔린 좌식판매 형식이지만 2층에는 상품진열장을 설치했다. 취급하는 상품도 포목과 양복뿐만이 아니라 양품, 신발, 화장품, 보석 등 종류가 풍부했다. 시가전차가 개통될 시기부터 상품운송에 자동차를 사용했고, PR잡지를 발행하기도 하고 유명화가에게 의뢰하여 색채가 다양한 미인화 포스터를 만드는 등 선전도 근대적으로 했다. 이 무렵부터 이미 통신판매도 시작되었다.

메이지 말기에는 드디어 본격적인 백화점 건축을 목표로 메이지 41년(1908)에 우선 본점 뒤편에 임시영업소를 개점했다. 임시점포라고는 해도 목조 르네상스 양식의 멋진 3층건물이었다. 그러는 사이에 큰길가에 점포를 사들여 본공사를 시작했다. 엘리베이터와 에스컬레이터, 쇼윈도와 식당을 갖춘 철골철근 콘크리트 5층건물로 근대적 대형점포가 개업한 것은 1914년이다. 그

미쓰코시 백화점 임시영업소(메이지 41년)

미쓰코시 백화점 내부

래도 아직 점포 안에서는 신발을 벗는 식이었다고 한다.

　미쓰코시에 이어 시로키야(이 장소는 훗날 도큐 니혼바시東急日本橋 점이 되었고 현재는 코레도 니혼바시점이다), 마쓰자카야松坂屋, 다이마루(경영부진으로 메이지 43년에 도쿄에서 철수, 1954년에 다시 도쿄로 진출했지만, 현재는 마쓰자카야松坂屋에 흡수된 것 같다) 등의 포목점도 계속해서 근대적인 백화점 경영에 나섰다. 권공장의 유행이 식은 것은 그 영향이라고 여겨진다. 처음에는 상류층과 중류층 위주였던 단골손님도 이윽고 쇼와시대(1926~1989년)가 시작될 무렵에는 점점 대중적인 백화점으로 서민에게도 사랑받게 되었다.

　근대적인 순수한 서양식 극장이 들어선 것도 이 무렵이다. 메이지 44년(1911) 히비야 한 귀퉁이, 황거의 해자 옆에 제국극장이

황거의 해자 옆에는 제국극장(왼쪽)과 경시청(오른쪽)이
나란히 건축되었다.(메이지 44년)

제국극장의 내부

개장되었다. 파리의 오페라극장을 의식한 네오바로크식의 세련된 외관과 화려한 실내장식이 화제를 모았다. 건물뿐만 아니라 그 운영도 근대적이었다. 종래의 가부키극장에 있었던 연극 찻집은 폐지되고 객석에서 음식을 먹는 것은 금지되었다. 그 대신 극장 안에는 레스토랑과 흡연실, 화장실 등이 설치되었고, 좌석번호가 있는 입장권이 발매되고 프로그램도 무료 배포되었다. 이와 같은 근대적인 극장경영은 특히 여성관객에게 압도적인 지지를 받았고 여러 외국의 국립극장에 비교해도 손색이 없는 예술의 전당으로 그 지위를 확립하게 되었다.

러일전쟁 후, 종래의 가부키와 신파를 상대로 쓰보우치 쇼요坪内逍遥, 시마무라 호게쓰島村抱月, 오사나이 가오루小山内薫 등에 의해 새로운 창작극과 번역극이 등장했다. 제국극장은 이러한 신극 활동의 거점으로 큰 역할을 했다. 가부키와 신극을 상영하면서 여배우 양성학교도 병설하고 가정극과 오페라도 상영하게 되었다. 제국극장의 여배우는 양갓집 출신의 자녀가 많다고 해서 화제가 되었고 개장한 해의 11월에 상영된 입센의 〈인형의 집〉에서 로라를 연기한 마쓰이 스마코松井須磨子가 단번에 인기를 모았다. 전 해에 생긴 도쿄 필하모니의 정기연주회도 이곳에서 공연하였다.

미쓰코시와 제국도 도쿄의 모던 계급에게 인기가 높아, 다이쇼 시기에는 '오늘은 제국, 내일은 미쓰코시'라는 캐치프레이즈가 유명해졌다. 특히 야마노테의 중류와 상류계급의 여성들에게 화려한 꿈을 꾸게 했다.

비행기 하늘을 날다

메이지 43년(1910) 12월 19일, 요요기 연병장(지금의 요요기 공원)에
는 겨울의 지독한 추위에도 많은 사람이 몰려들었다. 일본에서
처음으로 비행기가 하늘을 나는 순간을 보려는 것이다.

미국의 라이트 형제가 처음으로 비행에 성공한 것은 메이지
36년(1903)이지만, 이후 유럽 각국에서도 다양한 비행기가 제작되
어 드디어 세계의 항공계는 항공의 시대를 열었던 무렵이다.

실은 일본에서도 육군간호병이었던 니노미야 쥬하치二宮忠八
라는 사람이 비행기 연구에 매달려 메이지 24년(1891)에는 훌륭
한 모형비행기를 만들고 비행에 성공했다. 니노미야는 실물 비
행기 제작을 염원해 육군에 원조를 구했지만, 인간이 하늘을
날다니 꿈만 같은 이야기라고 하면서 전혀 들어주지 않았다. 그
는 군을 퇴역한 후 자금난에도 불구하고 열심히 실용 비행기
제작연구에 몰두하고 있었는데, 얼마 지나지 않아 라이트 형제
의 첫 비행소식을 듣고 쇼크를 받아 단념해버렸다.

그러나 그 후, 여러 외국에서 비행기에 심취된 열기와 그 군
사적 역할을 늦게나마 깨달은 육군은 임시군용기구연구회를 조
직해 비행기 연구에 착수하게 되었다. 군용기구는 메이지 원년
부터 실험이 실시되었고 정탐용으로서 실용화된 것 같은데, 마

도쿠가와 대위의 앙리 팔망 복엽기와 히노 대위의 그레이드 단엽기

침내 비행기를 포함한 항공 전반의 연구조직이 생겨났다. 메이
지 42년(1909)에 블레리오Louis Blériot가 영불해협 횡단비행에 성공
한 직후의 일이었다.

　이 때문에 연구회소속 장교 두 명이 유럽에 파견되었다가 이듬
해에 비행술을 배워 새로 제작된 성능이 뛰어난 항공기를 가지고
돌아왔다. 프랑스에서 공부한 도쿠가와 요시토시德川好敏 대위와
독일에서 공부한 히노 구마조日野熊蔵 대위다. 두 사람은 12월을
기해서 각각 앙리 팔망 복엽기Henri Farman複葉機와 그레이드 단엽기
Grade單葉機로 일본 최초의 공식비행실험을 실시하게 되었다.

　몇 번씩이나 지상 활주시험을 실시한 후에 19일 오전 7시 55
분. 도쿠가와 요시토시 대위가 조정하는 팔망기는 30미터 정도
활주하고서 살짝 공중으로 떠올랐다.

'날았다! 날았다!'

사람들은 열광적으로 환호성을 질렀다. 팔망기는 눈 깜짝할 사이에 70미터의 고도에 올라 크게 2번 선회하고 3천 미터의 거리를 날아 4분 후에 출발점에 착륙했다.

이렇게 해서 도쿠가와 대위는 일본에서 최초 비행의 영광을 차지했지만, 사실 이때의 시험은 6일간에 걸쳐 실시되어 그 첫 날인 14일 오후에 히노 대위의 그레이드기가 먼저 100미터 정도의 비행에 성공했다. 그러나 그날은 활주시험 일정이 있는 날이었다. 히노 대위는 우연히 그냥 한번 날아 본 것으로 처리되었다. 히노 대위는 16일에 다시 35미터의 고도로 약 2백미터를 날았다고 한다. 그 사이 도쿠가와 대위의 팔망기 쪽은 상태가 매우 좋지 않았고 17일과 18일은 돌풍 때문에 비행 실험은 중지되었다가 필사적으로 정비한 끝에 19일에 비행에 성공했다. 불행하게도 그날은 그레이드기 쪽의 상태가 나빴다. 그래도 팔망기에 이어 45미터의 고도로 1,000미터를 비행했다.

현재 일본 최초 비행은 히노라고 인정하고 있지만, 당시에는 끝까지 히노를 무시하고 명문가 출신인 도쿠가와에게 영광을 돌렸다고 생각된다. 도쿠가와는 히토쓰바시一橋나 다야스田安와 견주는 고산쿄御三卿[71]의 하나인 시미즈清水 가문 출신이었다. 그

---

[71] 에도시대 8대 쇼군인 도쿠가와 요시무네(德川吉宗)가 아들 둘을 분가시킨 것이 고산쿄의 유래다. 쇼군 후계자를 제공하는 것은 고산케와 동일하나 따로 영지를 받지 않고 막부의 봉록을 받으며 에도에 거주하는 점이 다르다.

당시 도쿠가와 대위가 조종한 앙리 팔망기는 현재는 '인간의 항공역사자료관'에 보존되어 있다. 이후에 남작, 육군중장, 항공병단장이 된 도쿠가와에 비해 히노의 경력은 그 후에도 불우했다.

메이지는 멀어져간다

메이지 45년(1912) 7월 30일, 메이지천황이 만 59세로 서거했다. 니쥬바시 앞에는 많은 시민이 모여 천황의 죽음을 애도했다. 매서운 세계 정세 속에서 천황과 국민이 하나가 되어 새로운 일본을 구축하는 데 전력 질주해 온 정신적 지주를 잃었기 때문이다. 천황을 신으로 추대해 신격화하려는 정책이 강력하게 추진되고 메이지 천황은 많은 국민으로부터 사랑받고 신뢰 받았다.

원호가 새로 정해져 다이쇼 원년(1912)이 된 9월 13일 밤, 아오야마 장례식장에서는 천황의 장례식이 거행되었다. 전 국민은 3분간 묵념을 올렸다. 다음날인 14일 오전 2시에 운구는 어용 열차에 실려 후시미 모모야마伏見桃山 천황릉으로 향했고 요요기 연병장과 시나가와 앞바다의 군함에서 조포가 은은하게 울려 퍼졌다. 그날 아침에 국민으로부터 신망이 있었던 육군대장 노기 마레스케乃木希典 부부가 전날 밤에 천황의 뒤를 따라 순사한 것을 알고 사람들은 이중으로 쇼크를 받았다.

일본의 근대화는 메이지에서 시작했다. 기차, 전차, 자동차도 달리게 되었다. 내란 및 외국과의 전쟁도 경험했다. 헌법도 제정

천황의 장례식

아카사카의 노기 마레스케 저택

'군인은 검소를 으뜸으로 해야 한다'라는
신조를 그림을 표현한 듯한 집이다.

소토사쿠라다의 설경

정면의 건물은 참모본부(메이지 17년), 전쟁으로
소실. 현재는 간세이 기념관이다.

됐다. 사람들의 생활은 반드시 넉넉
해졌다고는 할 수 없지만 에도시대
에 비하면 여러가지로 살기 편해진
것은 확실하다. 정부의 처사가 약간
성급해 마지못해 이끌려갔다고는 하
지만, 한 나라가 이 정도로 급속히
근대화를 달성한 사례도 세계에는
없었다. 그리고 그 근대화는 작은
섬나라 속에 전승되어 온 독자적인
에도 문화의 막을 내리게 했다.

이렇게 메이지가 끝나고 시대는
다이쇼, 쇼와로 흘러갔다. 그러는
동안에 도쿄는 일본의 수도로서 정
치, 경제, 문화의 중심으로 더욱더
번영하게 되었다.

1923년의 간토대지진으로 도쿄는
한순간에 잔해더미로 변했고 1945
년의 대공습으로 다시 잿더미가 되
었다. 그럴 때마다 도쿄는 부흥하고
이전보다 한층 더 번영해왔다. 그러
나 그와 동시에 도쿄는 점차 무제한
적으로 확대되어 갔지만 도시로서의

기능 정비는 그 스피드를 좀처럼 따라가지 못한 것이 지금의 형편인 것 같다. 그러나 그 어수선한 곳, 도쿄에 사는 즐거움도 있었다. 메이지 특유의 붉은 벽돌건물도 거의 자취를 감추고 고속도로와 고층빌딩으로 메워져가는 현재의 도쿄에서는 이미 수로와 가스등이 운치를 더해주는 메이지 도쿄의 모습을 상상할 수는 없다.

　　　'내리는 눈과 메이지는 멀어져간다.'

　메이지 태생의 배우 나카무라 구사타오中村草田男의 이 유명한 구절을 기념하여 모교 아오야마의 세이난靑南 초등학교 정문 안에 시비가 세워져 있다. 이 글귀를 읊조릴 때마다 떠오르는 생각은 소토사쿠라다外桜田에서 한조몬半蔵門 부근까지의 안쪽 해자의 풍경이다. 현재의 도쿄 어딘가에 메이지의 풍경을 찾아내려고 한다면 역시 여기가 가장 메이지 그대로인 것 같은 느낌이 든다. 메이지라고 하지 않고 에도의 자취가 아직까지 남아 있는 곳도 노송과 흙담이 이어지는 이 근처의 경관이다. 도쿄라는 도시환경 속에 남겨진, 스케일이 큰 아름다운 풍경이라고 말할 수 있을 것이다. 현대의 도쿄는 틀림없이 에도, 그리고 메이지에서 연속되어 있다.

　메이지 도쿄는 지난 날의 기억과 향수의 도시로서는 멀어져 갔다. 그러나 '국가의 도시'와 '시민의 거리'라는 두 개의 얼굴은 지금의 도쿄도 모두 가지고 있다. 그렇게 생각하면 메이지의 도쿄야말로 현재의, 그리고 앞으로 도쿄의 원점으로서 새롭게 우리들에게 커다란 의미를 얘기해 주고 있는 것은 아닐까?

맺음말

　나는 도쿄의 시타마치 태생으로 도쿄는 내가 태어난 고향 입니다.

　메이지는 불과 얼마 안 된 바로 전의 시대입니다. 나의 부모는 메이지 때 태어난 분들입니다. 아버지로부터 들은 〈철도창가〉, 어머니에게 배운 〈전차창가〉도 잊을 수 없습니다.

　생각해 보면 나의 어린 시절에도 메이지의 모습을 느낄 수 있는 것들이 몇 가지 있었던 같습니다. 쓰키지가와築地川 강의 땅거미를 스치며 박쥐가 어지러이 날아다니고 쓰쿠다佃 선착장에는 아직 폰폰증기선이 지나가고 있었습니다. 도대체 메이지란 어떤 시대였을까? 그 시대의 도쿄의 거리는 어떤 모습이었을까? 사람들은 어떤 생활을 하고 있었을까? 여러 생각에 잠겨 있자면, 꼬리를 물고 흥미와 상상이 더해져 혼자서 꾸준히 자료책이나 메이지의 소설류를 탐독하기도 하고, 당시의 지도와 대조해 가면서 니시키에와 사진을 눈여겨보기도 하고 자료관과 도서관에 다니고 온 동네를 실제로 가 보았습니다.

　내가 일러스트를 담당했던 소시샤草思社의 시리즈 《일본인은 어떠한 건축물을 만들어왔는가日本人はどのように建築物をつくってきたか》

중에 《에도의 도쿄江戶の町(上·下)》의 평판이 좋았기 때문에, 그 후 에도가 도쿄로 바뀌고 사람들의 생활과 도시의 모습이 어떻게 변해왔는가를 이 책에서 나 나름으로 글과 그림으로 정리하고 싶었습니다. 따라서 일러스트를 많이 넣어 메이지기에 등장한 서양식 건축물을 포함한 도쿄의 원형을 모색했다고 생각합니다. 그것은 상당히 매력적인 일이었습니다. 〈건축물 시리즈〉 전 10권 중에 5권이 도시를 취급하고 있는 것도 도시만들기라는 장대한 행위가 지닌 매력 때문이라고 생각합니다.

메이지는 체제, 정치, 경제, 문화도 역사적으로 일본이 시작된 이래 큰 변화를 이룬 시대였습니다. 세상 사람 모두가 서구주의의 시대를 냅다 달려 그전까지 없던 서양식 건축, 풍속과 사회현상이 일본의 근대화를 목표로 향하고 있었습니다. 과연 그것은 잘한 일이었을까, 그 과정에서 근대화의 대상으로서 버려지거나 잃어버린 것도 많았을 것입니다.

도쿄에 초점을 맞춘다는 의미에서 메이지의 국가적인 역사 분야와 문학, 예술일반은 그다지 다루지 않았습니다. 제국 도시라는 입장에서 전혀 다루지 않을 수도 없지만 가령 청일·러일전쟁도 기록하지 않았습니다.

최초의 발상은 《에도의 도쿄》 간행 직후였습니다만, 그 무렵부터 에도·도쿄학 붐이 일어나 에도·도쿄박물관 등도 생겨서 전문가의 복원모형 등이 차례로 공개되고 현재는 신바시역과 미쓰비시 1호관 등의 실물도 복원되어 있습니다. 그로 인하여 이미지가 풍부해져 공부할 기회가 많아졌습니다. 메이지를 그린 TV드라마도 방영되어 인기를 끌고 있습니다.

그렇다고 쇼와시대에 태어난 나는 학자도 연구자도 아니고, 나 자신이 실제로 보기도 하고 듣기도 한 이야기만을 담을 수는 없었습니다. 물론 모든 것은 책의 내용을 참고로 나름대로의 이미지에 의해 그림과 글로 엮어 완성할 수밖에 없었습니다. 선인의 귀중한 연구와 업적을 마음대로 차용한 것을 용서해 주시길 바라며 다시 한 번 깊이 감사의 마음을 전할 따름입니다.

메이지를 근대사로서 공부할 기회는 전문가와 취미를 가지고 있는 사람 이외의 일반인은 많지 않은 것 같아서, 또 내가 학교를 다닐 적엔 학교에서의 사회과 역사의 수업이라고 하면 메이지에 들어가기 전에 학기가 끝나거나 졸업해버려서 나 자신은 배운 기억이 별로 없습니다. 그런 경험이 있으신 분들도 많으시지요?

내 나름의 메이지를 즐기면서 집필할 수 있어서 매우 행복했습니다.

2010년 10월 팔순을 맞이하며
호즈미 가즈오

해설 –
철저한 댄디즘 속의 건전함

가시마 시게루鹿島茂[72]

《메이지의 도쿄絵で見る明治の東京》의 그림과 글을 집필한 호즈미 가즈오 작가님은 우리들 단카이団塊 세대(1947년에서 1949년 사이에 태어난 일본의 베이비 붐 세대)에게는 패션 일러스트레이터로 알려져 있다.

호즈미 작가님의 저작과 최초로 만난 것은 1964년, 중학교 3학년 때이다. 갑자기 멋에 자각하여 요코하마 이세자키쵸伊勢佐木町의 유린도有隣堂라는 서점에서 호즈미 작가님의 처녀작 《입을 건가, 입힐 건가着るか着られるか》(三一新書, 草思社文庫)를 내 돈으로 처음 사서 봤을 때의 일이다. 가벼운 노하우 책이라고 생각해서 읽기 시작했는데 이것은 예상을 뒤집은 훌륭한 댄디즘의 입문서였다.

우선 《입을 건가, 입힐 건가》라는 타이틀이 〈벨 건가, 베일 건

---

72 일본의 프랑스 문학자, 평론가. 메이지대학 국제일본학 부교수.

가斬るか斬られるか〉라는 사무라이 미학에 기초한 댄디즘에서 왔다고 적혀 있는 것에 놀라 매우 계몽되었다.

이 댄디즘에 대한 '가르침'은 나중에 대학의 불문과에 진학하여 샤를 보들레르를 읽고, 발터 벤야민의 《보를레르의 작품에 나타난 제2제정기의 파리》 독해에 도전했을 때 마치 계시처럼 기억 속에서 되살아나 다음과 같은 텍스트의 이해를 도와주었다.

'보들레르는 예술가에 대한 그의 이미지를 영웅에 대한 이미지에 맞춘 치장이었다. (중략) 바레스의 주장에 의하면 "보들레르의 글에는 어떤 하찮은 단어 속에서도 그에게 이렇게도 위대한 것을 성취시킨 고통의 흔적을 확인할 수 있다". 레미 드 구루몽은 "보들레르에게 있어서 그의 신경의 격동 크리제 속까지 무엇인가 건강한 것이 유지되고 있다"라고 적고 있다. 제일 말을 잘한 사람은 상징주의자인 귀스타브 칸이다. "보를레르의 작품은 혹독한 육체노동 그 자체로 보였다"라고 그는 말한다. 이렇게 말했던 증거는 작품 속에서 찾아낼 수 있다—사사로운 일에 깊이 파고 든 고찰에 상당하는 한 개의 은유 중에서.

그것은 검객이라는 은유이다. 이 은유를 사용해서 전사적戰士的인 여러 특징을 예술가의 그것으로 해서 제시한 것을 보들레드는 좋아했다'《발터 벤야민 저작집6 보들레드 신편증보》》

조금 길게 인용했지만 그 진의를 이해할 수 있을까요?

즉, 보들레르의 이 한 구절을 읽었을 때 나는 호즈미 가즈오 작가님의 '입을 건가, 입힐 건가=벨 건가, 베일 건가'를 곧바로 연상한 것은, 예술가와 시인이 가진 이상의 이미지를 검객 속에서 본 보들레르의 미학과 호즈미 작가님이 설명하려고 했던 댄디즘의 정신이 기본적으로 같은 것이며 그 마음은 모리스 바레스와 구루몽과 칸이 모두 지적하고 있듯이 자기억제이고 자기단련이며, 조심누골彫心鏤骨(마음에 새기고 뼈에 사무친다)이면서 의외로 건전한 노고, 나아가 '가치'를 생산해 내기 위해 소비한 방대한 시간인 것을 순간적으로 이해할 수 있었기 때문이다.

그 정도로 중학교 3학년 때에 읽은 이 댄디즘 입문은 큰 영향을 나에게 주고 있었던 것이다.

그러나 지금 메이지의 도쿄 건축물과 풍속 일러스트의 복원본인 이 책의 해설에는 적합하지 않다. 개인적 추억에서 시작한 것은 마땅히 그럴만한 이유가 있다. 이 도입부는 호즈미 작가님이 지금까지 이룩해 온 일과 결코 관계가 없지 않다.

왜일까?

매우 가볍고 담백하게 그린 것처럼 보이는 호즈미 작가님의 일러스트 중에 찾을 수 있는 것은 실은 '자기억제', '자기단련' 바로 그것이다. '조심누골이면서' 그러나 '의외로 건전한 노고', 〈가치〉를 창조하기 위해 소비한 방대한 시간'이기 때문이다.

구체적으로 말해보자.

우선 '메이지 도쿄'의 상징인 긴자 벽돌거리를 그린 34쪽을 펼쳐보자. 이것은 오와리쵸라고 불렀던 현재의 긴자 4쵸메의 교차점을 그린 일러스트로, 시대는 메이지 20년(1887)대 후반에서

30년(1897)대 초두에 걸친 풍경이라고 생각된다. 다음에 242쪽을 열면 이번에는 같은 시점에 서서 메이지 후기, 즉 메이지 30년 (1897)대 후반에서 40년(1907)대에 걸친 긴자 오와리쵸의 일러스트가 그려져 있다. 이 두 개의 일러스트를 비교하는 것으로 독자는 메이지의 긴자 벽돌거리의 이미지를 쉽게 획득할 수 있을 것이다. 어느 것이나 아무런 망설임없이, 마치 뇌에 있는 이미지를 붓으로 그대로 옮겨 그린 걸작이다.

그러나 《잃어버린 파리의 복원—발자크 시대의 거리를 걷다失われたパリの復元—バルザックの時代の街を歩く》(新潮社)라는 책을 출판해서 잃어버린 도상학적 복원이 얼마나 힘든 것인지 뼈에 사무치게 알고 있는 나는 첫눈에 단순히 일러스트에 소비된 방대한 시간을 쉽사리 상상할 수 있었다.

첫 번째로 이 일러스트를 그리는 데에는 자료수집부터 시작하지 않으면 안 된다. 더구나 그 자료라고 하는 것은 2차 자료라면 소용이 없다. 왜냐하면 2차 자료는 취사선택이 이루어진 결과이기 때문에 원하는 지점을 완전히 복원하기는 불가능하다. 때문에 필연적으로 1차 자료수집이 필요하지만, 그러기에는 말할 필요도 없이 돈과 시간이 든다.

두 번째는 가령 딱 들어맞는 도상자료가 발견되더라도 그것을 그대로 도면에 그려넣을 수는 없다. 왜냐하면 건축 일러스트, 길거리 일러스트라는 것은 45도의 투사각도에서 바라본 도상을 에셔(그래픽 아티스트)와 같이 어떤 의미, 머리속에서 마술적

으로 재구성하지 않으면 '사실적으로 보인다'는 이미지를 얻을
수 없기 때문이다. 도상자료를 콜라주해서 '리얼로 보이는 가상
의 영상'을 만들어내지 않으면 안 된다.

　그러나 이것만으로는 충분하지 않다. 세부적인 것이 남아 있
기 때문이다. 예를 들어, 긴자 4쵸메의 랜드마크였던 '아사노 신
문사' 건물 밖은 어떤 주춧돌이 사용되고 있었는지, 그 간판이
어떻게 걸려 있었는지, 심지어 '아사노 신문사' 옆에 있던 건물의
피뢰침과 탑은 어떤 모양이었는지 세부를 그리는 데는 이 시대
의 증언과 회상에 대조해 맞추어 볼 필요가 있다. 게다가 건물
내부는 어떤 구조로 되어 있었는가 하는 것도 중요하다. 확실히
외모는 서양식 벽돌거리라고해도 상점 뒤로 돌아가면 그곳은 일
본인의 전통적인 생활양식이 지배하는 세계였기 때문이다. 이것
도 똑같이 증언과 회상에 기초하여 복원해야 한다. 또 점경으
로서 배치된 행인의 복장도 시대고증을 엄밀하게 따져 볼 필요
가 있다.

　이렇게 이야기하면 사람에 따라서는 거기까지 고집할 필요는
없잖아, 모르는 것은 상상으로 그리면 되잖아, 논문이 아니니까
그렇게까지 하지 않아도 되지요라고 말할지도 모른다.

　그러나 '자기억제', '자기단련'을 축으로 하는 댄디즘=검객이라
는 호즈미 작가님으로서는 그러한 '적당함', '무책임'이라는 것이
야말로 절대 용납할 수 없는 일이다. 왜냐하면 자기가 정한 규
율과 금기를 엄격히 지키려는 자세야말로 댄디=검객의 본질이

기 때문이다.

그렇지만, 이러한 검객적인 금욕은 조금도 병적인 조심누골을 뜻하지 않는다. 오히려, 일러스트에서 느껴지는 것은 구르몽이 말한 '건전한 것', 철저한 댄디즘 속에서만 일관되게 느껴지는 건전함이다. 건전함은 균형감각이 잘 유지되고 있다는 것을 의미한다. 호즈미 작가님의 일러스트가 시대의 경과에도 불구하고 조금도 낡지 않는 것은 참으로 건전한 감각이다.

나는 최근, 잃어버린 파리의 복원과 동시에 간다 진보쵸神保町의 역사적 복원도 시도하고, 《간다 진보쵸 서점가 고찰—세계유산적 〈책의 거리〉의 탄생부터 현재까지神田神保町書肆街考——世界遺産的〝本の街〟の誕生から現在まで》(筑摩書房)라는 책을 출판했는데 그때 간다 진보쵸에 모여 있던 여러 학교나 간다 긴키칸, 땡땡 전차 등의 세부적인 것을 조사한 호즈미 작가님의 저작에서 학문적으로 얼마나 많은 배움의 은혜를 입었는지 모른다.

최근 잡지에서 그분의 근영을 발견했다. 팔순을 넘긴 연세임에도 불구하고 여전히 정정하고, 댄디즘도 그대로였다. 그래, 정말 멋지다. 바로 라스트 사무라이가 여기에 있고, 있었다.

그 외의 저작도 소시샤 문고에 들어가 보기를 간절히 바란다.

메이지 도쿄 관련 연표

1868	慶応 4년 明治 원년	도바·후시미 전투, 우에노 전투, 쓰치지 거류지 개설, 쓰키지호텔 개관 게이오기쥬쿠 개교, 신시마바라 유곽 영업개시
1869	明治 2년	전신업무 개시, 네즈 유곽 영업개시
1870	明治 3년	인력거 발명
1871	明治 4년	새 화폐제도 실시, 구미시찰단 도항, 신토미 극장 낙성, 포병공창 설치
1872	明治 5년	긴자 대화재, 제1국립은행 준공, 학제실시, 철도개통, 태양력 실시, 도쿄 니치니치신문 발간
1873	明治 6년	쓰키지 세이요켄 개점, 징병제 실시, 단발 장려
1874	明治 7년	에키테이료 준공, 다케바시 진영 준공, 가스등 설치
1875	明治 8년	미타연설관 개관
1876	明治 9년	폐도령 실시, 지폐료 준공
1877	明治 10년	세이난 전쟁 발발, 제1회 내국권업박물관 개최, 긴자 벽돌거리 완성, 도쿄제국대학 개교
1878	明治 11년	다케바시 소동 발발, 오쿠보 도시미치 암살, 도쿄 15구 설치

1879	明治 12년	다카하시 오덴 처형
1880	明治 13년	개척사물산매팔소 준공
1881	明治 14년	제국박물관 개관, 료고쿠 대화재
1882	明治 15년	철도마차 개통, 도쿄전문학교(와세다대학), 아크등, 교운도(杏雲堂) 병원
1883	明治 16년	로쿠메이칸 개관
1884	明治 17년	지치부 사건 발발, 요시와라 가도에비로 준공, 시노바즈노이케 연못 경기장 개설
1885	明治 18년	부인속발회, 우에노역 개업
1886	明治 19년	관청집중계획, 아즈마 코트 유행, 찰리네 곡마단 방일
1887	明治 20년	아즈마바시 개통, 일본적십자병원 개원, 하나이 오우메 사건, 도쿄미술학교 개교
1888	明治 21년	시구개정조례실시
1889	明治 22년	제국헌법 발표, 가부키극장 완성
1890	明治 23년	료운가쿠, 파노라마관, 제국호텔 개관, 중의원 선거 실시, 국회개설, 제1차 제국의사당 준공
1891	明治 24년	제2차 제국의사당, 니콜라이 대성당 준공
1892	明治 25년	전염병연구소 개소
1893	明治 26년	메이지극장 개장
1894	明治 27년	청일전쟁 발발, 미쓰비시 1호관
1895	明治 28년	

1896	明治 29년	일본은행 준공
1897	明治 30년	활동사진 영업개시
1898	明治 31년	수도 개시, 사이고 다카모리 동상, 도쿄시청 개설, 박품관 개관, 자동차가 달리다
1899	明治 32년	게이힌센 개통
1900	明治 33년	공중전화 설치, 세이로카 병원, 아사쿠사에 축음기 전문점 개업
1901	明治 34년	
1902	明治 35년	
1903	明治 36년	히비야 공원 개원, 시가전차 영업개시, 헤이민 신문 발간, 아사쿠사 전기관 개업
1904	明治 37년	러일전쟁 발발, 담배 전매제 실시, 와세다·게이오전 시작
1905	明治 38년	히비야 방화사건이 일어나다
1906	明治 39년	
1907	明治 40년	메구로 경마장 개설
1908	明治 41년	적기사건, 미쓰코시 임시점포 개업
1909	明治 42년	료고쿠 국기관 개관, 동궁어소 준공, 아마노테센 전기화
1910	明治 43년	루나파크 개원, 요요기 비행실험, 핼리 혜성 출현, 대역사건이 일어나다.

1911	明治 44년	니혼바시 개통, 요시와라 대화재, 지고마 유행, 제국극장 개장, 경시청 준공
1912	明治 45년 大正 원년	만세이바시 준공, 메이지 천황 서거

참고문헌

江戸東京学事典 三聖堂

ビジュアル・ワイド明治時代館 小学館

明治事物起原 石井研堂

東京風俗志 平出鏗二郎

東京案内 東京史編纂

東京道の百年 県民100年史 石塚裕道ほか 山川出版社

文明開化東京 川崎房五郎 光風出版社

日本近代の建築の歴史 村松貞次浪 岩波書店

日本の近代建築・その成立過程 SD選書 稲垣栄三 鹿島出版会

明治の東京計画 藤森照信 岩波書店

日本の近代建築(上) 藤森照信 岩波書店

近代日本の異色建築家 近江栄・藤森照信 朝日選書

都市の明治 初田亨 築摩書房

東京の空間人類學 陣内秀信 築摩書房

東京の町を讀む 陣内秀信ほか 相模書房

東京記録文学事典 槌田滿文 柏書房

明治東京歳時記 槌田滿文 青蛙選書

明治大正の新語・流行語 槌田滿文 角川選書

明治開化奇談 篠田鑛造 角川選書

明治の東京生活 小林重喜 角川選書

新門雑志発生事情　興津要　角川選書

明治東京逸聞史(1・2)　森銑三　東洋文庫

東京年中行事(1・2)　若月紫蘭　東洋文庫

図説・日本文化歴史(11)明治　小学館

江戸東京年表　小学館

明治大正昭和世相史　加藤秀俊ほか　社会思想社

明治大正図志　東京(1・2)　築摩書房

画報近代百年史　國際文化情報社

明治の東京100話　日本風俗史学会　つくばね舎

明治風俗史(上・下)　藤沢衛彦　三笠書房

近代日本服飾史　昭和女子大學

服飾近代史　遠藤武　雄山閣

明治・東京時計塔記　平野光雄　青蛙房

明治物売図聚　三谷一馬　立風書房

都市紀要　東京馬車鐵道紀要　東京道

都市紀要　近代東京の渡船と1錢蒸氣　東京道

明治世相百話　山本笑月　中公文庫

明治大正見聞史　生方敏郎　中公文庫

東京の三十年　田山花袋　岩波書店

新編東京繁盛記　木村荘八　岩波書店

日本之下層社会　横山源之助　岩波書店

東京故事物語　高橋義孝　河出書房

トヨタ博物館紀要NO.3

日本の'創造力'全巻　NHK出版

寫眞図集・明治百年の記録　講談社

開化寫眞鏡　大和書房

街・明治大正昭和 村松貞次郎監修 都市研究会

よみがえる明治の東京 玉井哲雄偏集 角川書店

明治東京名所図会 講談社 その他風俗画報復刻版各種

江戸東京歴史讀本 小林隆吉 弘文堂

日本ホテル館物語 長谷川堯 プレジデント社

寫眞にみる日本洋裝史 遠藤武・石山彰 文化出版局

百年前の日本 モ—ス・コレクション寫眞編 小学館

淺草12階 細馬雄通 青士社

明治大正諷刺漫画と世相風俗年表 岩崎爾郎・清水勲 自由國民社

新聞錦絵の世界 高橋克彦 PHPグラフィックス

明治百年100大事件(上・下) 松本清張監修 三一新書

Josiah Conder建築図面集(1・2・3) 中央公論美術出版

Josiah Conder展図錄

復元・文明開化・銀座煉瓦街 江戸東京博 UCブックス

復元・鹿鳴館・ニコライ堂・第1國立銀行 江戸東京博 UCブックス

Meizi no Tokyo

by Hozumi Kazuo

© 2017 by Hozumi Kazuo
Originally published in 2017 by SOSHISHA PUBLISHING CO, Tokyo.
This Korean language edition published in 2017
by Nonhyung, Seoul
by arrangement with the proprietor c/o SOSHISHA PUBLISHING CO, Tokyo.

메이지의 도쿄

초판 1쇄 발행 2019년 2월 20일
초판 2쇄 발행 2019년 12월 5일

글과 그림 호즈미 카즈오
옮긴이 이용화
펴낸곳 논형
펴낸이 소재두
등록번호 제2003-000019호
등록일자 2003년 3월 5일
주소 서울시 영등포구 양산로 19길 15 원일빌딩 204호
전화 02-887-3561
팩스 02-887-6690
ISBN 978-89-6357-211-6 03910
값 18,000원

이 도서의 국립중앙도서관 출판예정도서목록(CIP)은 서지정보유통지원시스템 홈페이지(http://
seoji.nl.go.kr)와 국가자료공동목록시스템(http://www.nl.go.kr/kolisnet)에서 이용하실 수
있습니다.(CIP제어번호: CIP2018036362)